KENWOOD

CREATE MORE

W0385134

Rezepte für Kenwood Chef & Major

Jennie Shapter

Publiziert für Kenwood Ltd.
Edition 2008

Gestaltungskonzeption: Turquoise Creative
Redaktion: Jennie Shapter
Fotografie: Dave King
Food Stylist: Jennie Shapter
Prop Stylist: Jo Harris

Copyright: Dave King, für Fotografie
Copyright: Jennie Shapter, für Text

Nachdruck, auch auszugsweise, nur mit ausdrücklicher Genehmigung und mit Quellenangabe gestattet.

Trotz sorgfältiger Zusammenstellung dieses Buches übernimmt der Verlag und alle Beteiligten keinerlei Haftung bei eventuellen Fehlern.

ISBN 978-0-9558472-3-3

Kochnotizen

Für alle Rezepte werden die Mengen in metrischen Maßen angegeben. Alle Löffelmaße sind gestrichene Löffel, wenn nicht anders beschrieben.

Benutzen Sie mittelgroße Eier, wenn nichts anderes angegeben ist. Die Kochdauer kann, abhängig von den einzelnen Herden, etwas schwanken. Überprüfen Sie gegen Ende der angegebenen Kochdauer, ob das Gericht schon fertig ist.

Falls nicht anders im Rezept erwähnt, sollten alle Gerichte in der Ofenmitte platziert werden.

Vorbereitungszeiten und Kochdauer gelten als allgemeine Richtlinien. Insbesondere sind die angegebenen Vorbereitungszeiten ungefähr, d.h. auf die nächsten 5 Minuten gerundet. Sie beinhalten jedoch nicht die Zeit, die ein für ein Rezept notwendiges Grundrezept in Anspruch nehmen würde.

In einigen Rezepten werden rohe Eier benutzt. Achten Sie darauf, dass die Eier so frisch wie möglich sind. Schwangere Frauen, kleine Kinder und infektionsanfällige Menschen sollten Speisen, die rohe Eier enthalten, vermeiden.

INHALT

Mit der Wahl einer Kenwood Küchenmaschine haben Sie sich für ein einzigartiges Produkt entschieden, das Ihnen Premium-Qualität bis ins kleinste Detail verspricht. Mit diesem exklusiven Kochbuch in limitierter Auflage bieten wir Ihnen viele ausgewählte und erlesene Rezepte, die Ihnen mit Ihrer neuen Kenwood Küchenmaschine optimal gelingen werden.

Die Kenwood Küchenmaschine macht durch ihre einzigartige Auswahl an Zubehör zeitaufwendige Vorbereitungsaufgaben zum Kinderspiel. Der K-Haken, der Ballonschneebesen und der Knethaken helfen zum Beispiel, Kuchen, Nachtische, Biskuits, Gebäck und Brot sowie Gemüsepürees, Pasteten, Füllungen, Burger, Braten und andere Fleischgerichte vorzubereiten. Die Vielzahl an Zubehörteilen lässt keine Wünsche offen sei es, Zutaten für einen knackigen Salat oder eine Gemüsepfanne zuzubereiten, Obst und Gemüse für Suppen und Saucen zu pürieren, Teig für flache und röhrenförmige Pasta zu kneten und zu formen, Kaffee oder Gewürze für Marinaden zu mahlen, Smoothies zu zaubern, Würstchen/Würstel zuzubereiten, Früchte zu entsaften und Eis zu mischen und zu gefrieren – mit Ihrer Kenwood Küchenmaschine können Sie all das schnell und einfach bewerkstelligen.

Dieses Buch wurde speziell für die Kenwood Chef und Major Küchenmaschinen geschrieben, und es illustriert mit fast 200 Rezepten deren vielfältigen Nutzen. Im ersten Teil dieses Buches finden Sie detaillierte Erklärungen zu den Chef und Major Maschinen sowie deren Zubehör. Die zahlreichen Photos bieten Ihnen eine optimale Veranschaulichung der verschiedenen Verwendungsmöglichkeiten.

Der Rezeptteil ist in Kapitel unterteilt, was ihn für Sie sehr übersichtlich macht. Er beinhaltet Rezepte für Suppen, Vorspeisen, Eier und Käse, von denen viele als Snack, aber auch als Hauptgericht zubereitet werden können. Vielleicht möchten Sie aber lieber als Hauptgericht ein Fisch- oder Fleischrezept kochen, Kuchen oder Brot zubereiten? Wählen Sie einfach das, was Ihnen am besten schmeckt. Die Rezepte sind international mit einer großen Auswahl an Zutaten. Sie reichen von schnell und einfach bis hin zu sehr anspruchsvoll, alle kann man jedoch mit der Küchenmaschine sehr einfach bewältigen, und Ihre Gäste werden beeindruckt sein.

Jedes Rezept in diesem Kochbuch ist selbstverständlich mit einer Kenwood Küchenmaschine zubereitet worden. Wenn Sie ein Rezept für ein bestimmtes Zubehör suchen, schlagen Sie im nach Zubehör eingeteilten Index auf den Seiten 172-173 nach.

Probieren Sie auch Ihre aktuellen Lieblingsrezepte aus, aber berücksichtigen Sie bitte die zusätzlichen Informationen im ersten Teil des Buches. Welches Gericht auch immer Sie mit Ihrer Kenwood Küchenmaschine zubereiten, wir wünschen Ihnen viel Spaß und Zufriedenheit mit Ihrer neuen Küchenmaschine und guten Appetit!

Die Geschichte von Kenwood fing vor mehr als einem halben Jahrhundert an, als Kenneth Wood seine erste Firma in Woking, Surrey, gründete. 1947 begann er unter dem Namen Kenwood Manufacturing Limited Company, elektrische Geräte herzustellen. Wood wollte Geräte produzieren und verkaufen, die der Kunde einerseits als Luxusartikel betrachtet, aber andererseits auch täglich benutzt.

Sein erstes Produkt war ein Toaster, gefolgt von einem Mixer mit Doppelschneebesen. Obwohl sich der Mixer sehr gut verkaufte, musste sich Wood insbesondere gegen die amerikanische Konkurrenz mit einer neuen Produktinnovation behaupten. Zusammen mit seinem Konstrukteurteam begann er, den Kenwood Mixer umzugestalten und die Kenwood Chef Generation ins Leben zu rufen.

Im März 1950 zeigte er die Maschine zum ersten Mal auf der renommierten Ideal Home-Ausstellung in London. Da die Funktionen dieser Maschine für die einfache Bezeichnung „Mixer" zu vielseitig waren, musste auch noch ein neuer Name gefunden werden. Wood nannte seine Innovation schließlich Kenwood Electric Chef A 700. Die erste Kenwood Chef wurde kurz darauf auch schon damals zum stolzen Preis von 19 Englischen Pfund verkauft.

Dies sprach sich schnell herum, und bald wurde die Chef nach Westeuropa, Kanada, Südamerika und in die USA exportiert.

Die Chef fand immer weiter Anklang und wird mittlerweile in über 100 Ländern auf der Welt verkauft. Über fünfzig Jahre Erfahrung bei der Zubereitung von Speisen und die kontinuierliche Produktweiterentwicklung haben weitere neue Modelle wie z.B. Titanium und New Generation ins Leben gerufen. Seit die erste Kenwood Chef die Fertigungstraße verlassen hat, sind über 10 Millionen Geräte weltweit verkauft worden. Die heutige Serie bietet dem Verbraucher jetzt sogar noch mehr Optionen mit neuem Zubehör, verbessertem Design und verbesserter Technik und einer Auswahl an Größen und Farben. Kenwood Küchenmaschinen mit 700 bis zu 1.500 Watt sind ein ständiger und gern gesehener Gast in allen Küchen, ob bei Hobbyköchen oder bei Profis.

Oben links: *Kenneth Wood*
Oben: *Kenwood Serie von 1950 bis 1976*

TITANIUM, PREMIER UND CLASSIC

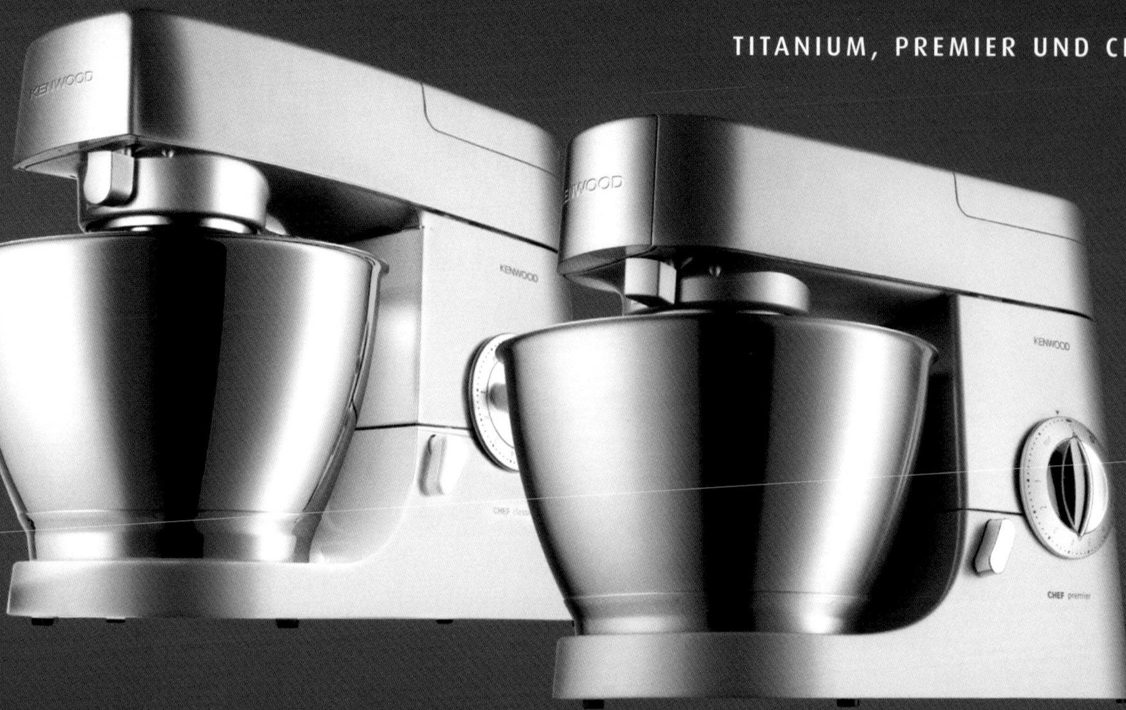

Kenwood bietet Modelle im gleichen Design für die Chef und Major Modelle an.

All diese Modelle verfügen über das planetarische Rührsystem, einen Niedrigdrehzahlanschluß und einem Hochgeschwindigkeitsanschluß um eine Vielzahl an Zubehörteilen anzuschließen.

Die Titanium Chef und Major Modelle verfügen darüber hinaus noch über einen Multi-Pro-Anschluß, der den Anschluß eines Food Prozessors erlaubt.

DIE CHEF UND MAJOR KÜCHENMASCHINEN

Egal für welches der beiden Modelle Sie sich entschieden haben, sie erfüllen die gleichen Funktionen und unterscheiden sich nur bezüglich der Wattzahl und der Schüsselkapazität. Die Major hat eine größere Schüssel und einen stärkeren Motor und kann somit zusätzliche Mengen verarbeiten. Lesen Sie die mit der Maschine mitgelieferte Bedienungsanleitung, um sich über die maximalen Aufnahmekapazitäten zu informieren.

DAS PATISSERIE-SET

K-Haken, Schneebesen und Knethaken, die zur Grundausstattung Ihrer Maschine gehören, sind aus gegossenem Edelstahl und führen sämtliche Funktionen des Knetens, Mischens und Schlagens zur Zubereitung von Kuchen, Gebäck, Blätter- und Hefeteig, Schlagsahne/Schlagobers, Soufflé, Baiser und Mousse perfekt aus.

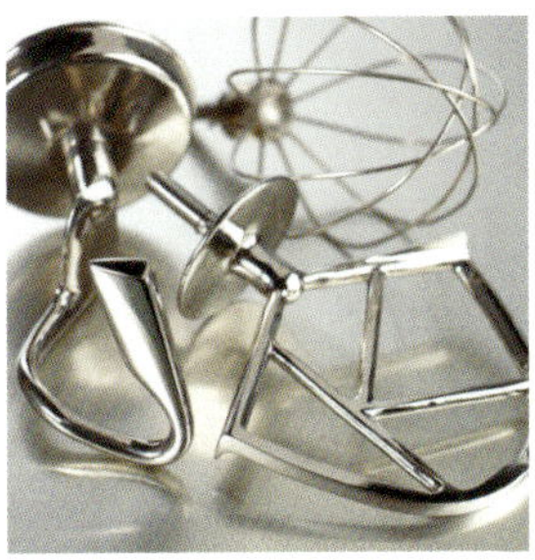

Das oben erwähnte 3-teilige Patisserie-Set besteht aus drei Rührelementen, die am Arm der Küchenmaschine fixiert und vom planetarischen Rührsystem betrieben werden. Bei diesem einzigartigen Rührsystem drehen sich die Rührelemente um ihre eigene Achse und gleichzeitig entlang des Schüsselrandes. Die Masse wird somit ständig in die Mitte geschoben, was ein perfektes Rühr- bzw. Knetergebnis garantiert.

Weitere Informationen zum Kneten, Mixen und Schlagen finden Sie auf den Seiten 9–11.

DIE SCHÜSSELN

Die Chef und Major Modelle werden mit einer runden Edelstahlschüssel geliefert. Nachgekauft werden können Rundschüsseln aus weißem Kunststoff und die Edelstahlschüsseln.

Die serienmäßige Edelstahlschüssel bietet den Vorteil, dass die Schüssel selbst und somit auch die Zutaten kühl bleiben. Sie eignet sich insbesondere zur Zubereitung von Blätterteig, Schlagsahne/Schlagobers und Eischnee. Sie hat praktische Henkel zum einfachen Heben und Gießen.

ZUBEHÖR

Spritzschutz

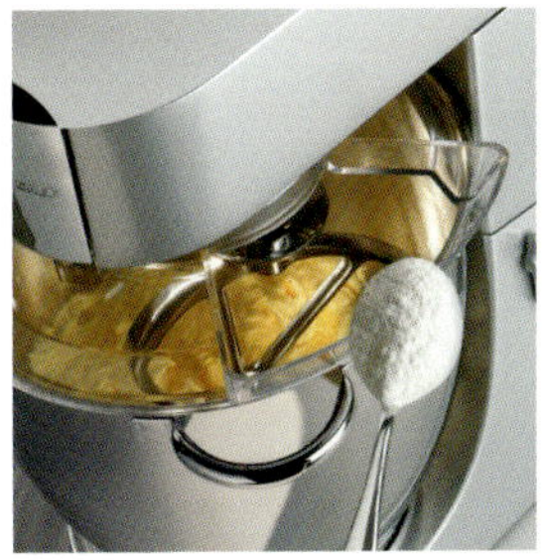

Der Spritzschutz wird an der Maschine oberhalb der Patisserie-Set-Werkzeuge angebracht, so dass diese einfach und ohne Abschrauben gewechselt werden können. Er hat eine abgedeckte Öffnung, durch die man neue Zutaten leicht in die Schüssel geben kann.

Der Spritzschutz verhindert, dass Flüssigkeiten und Pulver, wie z. B. Mehl, beim Beimischen über den Schüsselrand spritzen bzw. aufstauben.

Teigschaber

Ein sehr nützliches Accessoire, mit dem auch die letzten Reste aus Ihrer Schüssel entfernt werden können.

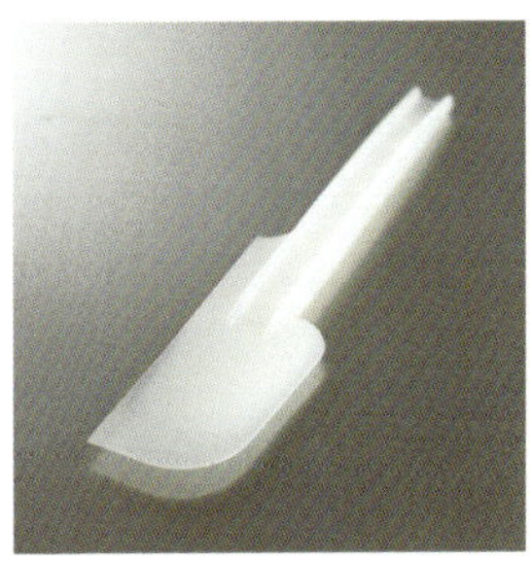

Nur in Österreich erhältlich: Schutzhülle

Eine attraktive, abwaschbare Schutzhülle, die Ihre Küchenmaschine, wenn Sie nicht in Betrieb ist, vor Schmutz und Staub schützt.

Digitale Kuchenwaage

Die digitale Küchenwaage ist speziell für den Einsatz mit den Chef und Major Modellen entwickelt worden.

Sie verfügt über eine rutschfeste Auflage mit Aussparungen für die Chef und Major-Arbeitsschüsseln und kann auch große Mengen bis zu 8 kg abwiegen. Das digitale Display zeigt selbst Mengen bis zu 1 g an.

Darüber hinaus hat sie eine hygienische Glasplattform zur einfachen Reinigung, eine Reset-Einstellung TAR und eine Einstellung zur Auswahl von Gramm oder Pfund. So können Sie bequem alle Zutaten in der Arbeitsschüssel abwiegen und anschließend an Ihre Küchenmaschine anschließen - ohne eine zweite Schüssel zu benötigen.

K-HAKEN

Der K-Haken ist wahrscheinlich das meistbenutzte Zubehör, da er eine vielseitige Hilfe bei der Zubereitung von süßen und pikanten Speisen ist. In Kombination mit dem planetarischen Rührsystem stellt die Form des K-Hakens sicher, dass alle Bereiche der Schüssel erreicht werden – beim Mischen cremiger Teigmixturen ebenso wie beim Rühren von Füllungen.

WANN SOLLTEN SIE DEN K-HAKEN BENUTZEN?

Cremiger Teig

Dieser Teig wird traditionell für die Zubereitung von Obst- und Schokoladenkuchen, Sandkuchen und Biskuits verwendet. Mit dem K-Haken kann man Fett und Zucker ganz einfach zu einer cremigen Masse verarbeiten. Der Teig erhält gleichzeitig Volumen, was ein luftig-lockeres Ergebnis garantiert.

Mit dem K-Haken können dann die Eier auf höchster Stufe ohne Probleme untergemischt werden. Die Schlagkraft des K-Hakens verhindert, dass die Mischung gerinnt und der Teig später beim Backen zusammenfällt. Um das Mehl beizumischen, wählen Sie die niedrigste Geschwindigkeitsstufe.

Streusel

Mit dem K-Haken lassen sich Kekse ganz einfach zu Streuseln, Obst-, Käsekuchen- und anderen ungebackenen Böden verarbeiten. Wählen Sie die Stufe 1 oder Stufe 2, und zerdrücken Sie die Kekse vorsichtig mit dem K-Haken. Geben Sie dann die geschmolzene Butter oder andere Zutaten Ihrer Wahl für den Boden hinzu.

Glasur

Eine Buttercremeglasur ist eine beliebte Glasur für festliche Torten. Mit dem K-Haken können Sie Butter, Zucker und Geschmacksstoffe cremig rühren, so dass eine klümpchenfreie, luftige Glasur entsteht. Der K-Haken hilft Ihnen natürlich auch bei schwierigen Aufgaben wie zum Beispiel Mandel- und anderen Glasuren für festliche Torten.

Gemüse pürieren

Benutzen Sie den K-Haken, um Kartoffeln, Rüben/Karotten und Pastinaken zu pürieren. Kochen Sie das Gemüse in Wasser, bis es weich ist. Gießen Sie es ab, und geben Sie es dann in die Rührschüssel. Benutzen Sie die Schaltstufe 2, bis das Gemüse püriert ist. Geben Sie nun wahlweise Milch, Butter und Gewürze hinzu.

Mischen

Teige für Lebkuchen, Honigkuchen und einige Teekuchen können mit dem K-Haken leicht gemischt werden. Natürlich gilt das auch für Backmischungen, zu denen nur noch Margarine hinzugefügt wird. Benutzen Sie den K-Haken außerdem, um Eier in Blätter- und Biskuitteig zu mischen. Die Vielseitigkeit des K-Hakens ist fast unendlich. Auch für pikante Rezepte ist er unersetzlich, er mischt Ihnen mit Leichtigkeit Pâtés, Füllungen aller Art, Fleischbällchen und Wurstmasse.

Geriebene Teige

Der K-Haken eignet sich hervorragend zum Mischen von Mehl und Fett zu einem streuseligen, geriebenen Teig als Basis für viele Mürbeteigkuchen, Kekse und Streuselgebäck. Mit dem K-Haken können Sie auch die Streusel in einen anderen Kuchen-, Biskuit- und Gebäckteig hineinmischen.

Der aus gegossenem Edelstahl hergestellte K-Haken hält den Teig kühl, was zum Beispiel für das gelingen von Blätterteig ausschlaggebend ist. Benutzen Sie jedoch nur die Stufe 2 oder niedriger.

TRICKS UND TIPPS

❶ Für ein gutes Ergebnis sollte das Fett, wenn es untergemischt wird, immer Zimmertemperatur haben – außer, das Rezept verlangt etwas anderes.

❷ Benutzen Sie Ihren Spritzschutz, um Mehl, Puderzucker und andere Pulver während des Mischens in der Schüssel zu halten.

Der Ballonschneebesen eignet sich zum Schlagen von luftigleichten Mischungen. Die Ballonform erleichtert das Unterschlagen von Luft, um somit mehr Volumen in der Mischung herzustellen. Der Ballonschneebesen kann erfolgreich nur ein Eiweiß schlagen oder, wenn notwendig, auch bis zu 16, wie beim Major Modell.

Teig

Mit dem Ballonschneebesen können Mehl, Milch und Eier sekundenschnell gemischt und geschlagen werden, für leckere Pfannkuchen und Crêpes. Geben Sie Mehl, Eier und die Hälfte der Milch in die Rührschüssel und schlagen Sie ab der kleinsten Stufe bis maximal Stufe 3 alles zu einem dickflüssigen, gleichmäßigen Teig. Geben Sie dann allmählich die übrige Milch hinzu.

Eiweiß

Ob Sie nun Pavlova, Nussbaiser, Baisertorte, Dessertsauce oder Eischnee für Soufflés und Mousses machen, der Ballonschneebesen wird jedes Mal eine perfekte Masse zaubern. Schlagen Sie das Eiweiß auf höchster Stufe. Beim Schlagen wird das Eiweiß erst schaumig, dann voluminös, schließlich steif und formt kleine Spitzen. Rezepte, bei denen Eiweiß untergehoben wird, wie zum Beispiel Mousse oder Soufflé, verlangen meist nach einem nicht ganz steif geschlagenen Eischnee, der sanfte Spitzen formt. Wenn man den Schneebesen herausnimmt, kippen die Spitzen um. Wenn man jedoch für Baiser zum Beispiel das Eiweiß vollständig steif schlägt, wird das Eiweiß trocken erscheinen, und die Spitzen werden nicht umkippen.

Mayonnaise

Die Zubereitung wird oft als schwierig erachtet, weil die Mayonnaise ohne Benutzung eines elektrischen Schneebesens leicht gerinnt. Wenn Sie jedoch das Olivenöl zum Eigelb hinzugeben, während der Schneebesen auf höchster Schaltstufe betrieben wird, können Sie sicher sein, dass die Zutaten sich gut vermengen.

Geschlagene Desserts

Es gibt eine ganze Vielfalt von Rezepten, die man mit dem Ballonschneebesen zubereiten kann. Zum Beispiel konnen Sie Sahne/Obers und Eiweiß für Soufflés oder Eigelb und pürierte Früchte für Mousses mischen.

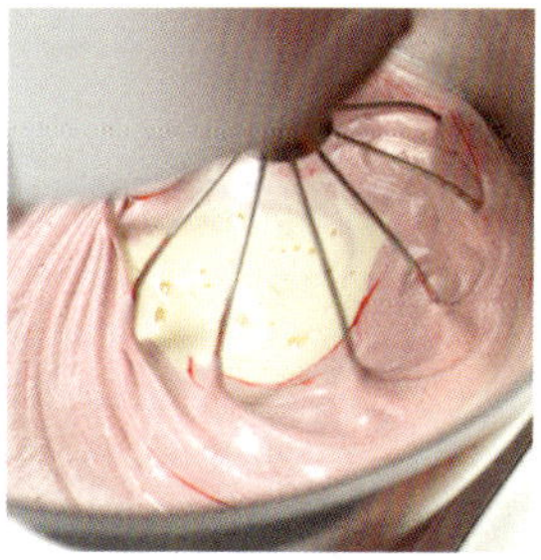

Schlagsahne/Schlagobers

Der Ballonschneebesen eignet sich hervorragend zum Schlagen von Sahne/Obers, die dann Torten ziert, Kuchen und Profiteroles füllt oder zu Mousses, Souffles und Käsekuchen beigemischt werden kann. Benutzen Sie Ihre Edelstahlschüssel, um die Sahne/Obers kühl aufzubewahren. Schlagen Sie die Sahne/Obers maximal auf Stufe 3, bis sie/es sanfte Spitzen formt. Schlagen Sie die Sahne/Obers nicht zu schnell, damit sie/es nicht „zu Butter" wird.

Biskuitteig

Ob Sie einen fettfreien Biskuit oder einen Wiener Biskuit zubereiten möchten, das Gelingen dieses Teiges hängt ganz und gar vom Luftanteil, der in den Teig geschlagen wird, ab. Um einen guten Biskuit zuzubereiten, müssen Eier und Zucker cremig geschlagen werden. Achten Sie darauf, dass der Teig dick genug ist, um eine Spur zu hinterlassen, wenn Sie den Schneebesen hochheben und über die Teigoberf läche hin- und herbewegen.

Beginnen Sie auf niedrigster Stufe und schalten Sie ziemlich schnell bis zur Maximalgeschwindigkeit hoch. Seien Sie vorsichtig, wenn Sie Mehl und andere Zutaten unterheben, um die Luft dem Teig nicht wieder zu entziehen.

TRICKS UND TIPPS

1. Bewahren Sie die Eier bei Raumtemperatur auf oder holen Sie sie 30 Minuten vor der Zubereitung des Biskuitteiges aus dem Kühlschrank.

2. Stellen Sie sicher, dass die Schüssel, in der Sie das Eiweiß schlagen wollen, keine Krümel oder Fett enthält. Dies würde verhindern, dass das Eiweiß vollständig aufgeschlagen werden kann.

3. Entfernen Sie den Spritzschutz vor der Benutzung des Ballonschneebesens, damit während des Schlagens genügend Luft zugeführt werden kann.

Die Zubereitung von Brot mit der Kenwood Küchenmaschine ist eine der beliebtesten Funktionen. Der Knethaken nimmt Ihnen die schwere Arbeit beim Brotbacken nämlich einfach ab. Erst mischt er alle Zutaten zu einer weichen Masse, um dann einen elastischen Teig zu kneten. So wird das Gluten im Mehl entwickelt, dass das Brot dann aufgehen lässt. Das Zusammenspiel von planetarischem Rührsystem und Knethaken stellt sicher, dass Sie einen glatten und elastischen Teig zubereiten.

Brot, Brötchen, Pizza und süßer Teig

Welches Brot auch immer Sie backen wollen, der Knethaken wird es für Sie mischen und kneten. Starten Sie zum Mischen auf der niedrigsten Schaltstufe und schalten Sie auf Stufe 1, um

den Teig anschließend zu kneten. Wenn Sie erst die Kunst des Weißbrotes gemeistert haben, versuchen Sie doch mal Vollkorn-, Mehrkorn- und Weizenbrot, oder auch süße Brote wie Brioche, Stollen und Zopf, Stückchen und natürlich Pizzaböden.

Weiche Hefeteige

Manche Hefekuchen und Nachtische wie Savarin, Gugelhupf und Rumbaba werden aus dickflüssigem oder sehr weichem Teig gemacht. Diese Köstlichkeiten werden idealerweise mit dem

Knethaken zubereitet, da dieser das Gluten freisetzt.

Der Knethaken kann auch beim Unterrühren von zusätzlichen Zutaten, wie zum Beispiel getrocknetes Obst oder Nüsse, nachdem der Teig schon aufgegangen ist, benutzt werden.

Setzen Sie den Knethaken auch ein, um Blinis, russische Pfannekuchen aus Buchweizenmehl und Hefe, zu machen.

Umgang mit frischer Hefe

Bei den meisten hefehaltigen Rezepten wird empfohlen, Trockenhefe zu verwenden. Sie erleichtert das Vorgehen beim Brotbacken. Die Trockenhefe wird direkt in das Mehl gestreut, bevor Flüssigkeit zugegeben und mit dem Knethaken die Masse durchgeknetet wird. Man kann jedoch auch frische Hefe verwenden, die besonders bei frucht-, ei- und fetthaltigen Teigen bessere Ergebnisse liefert. Frische Hefe können Sie in manchen Supermärkten, besonders in

denen mit eigener Bäckerei, und in guten Reformhäusern kaufen. Sie müssen die frische Hefe im Kühlschrank aufbewahren und innerhalb von 3 Tagen verwenden. Ansonsten können Sie die Hefe auch portionsweise einfrieren, müssen sie aber auch dann innerhalb von 3 Monaten aufbrauchen. 15 g frische Hefe oder 7 g getrocknete Hefe reichen meist aus, um 750 g Mehl aufgehen zu lassen. Sollte der Teig sehr viele andere Zutaten beinhalten, muss man eventuell mit etwas mehr Hefe rechnen, da ein solcher Teig schwerer aufgeht. Um die frische Hefe richtig zu verwenden, mischen Sie diese einfach mit Flüssigkeit, wie im Rezept beschrieben, und heben Sie sie dann zusammen mit den übrigen Zutaten unter.

Pasta-Teig

Für die Zubereitung von Pastateig setzen Sie den Knethaken auf den Geschwindigkeitsstufen 3 oder 4 ein. Mit dem Pasta-Aufsatz können Sie anschließend verschiedene Nudelsorten zaubern. Weitere Informationen und Anregungen dazu finden Sie auf Seite 80.

TRICKS UND TIPPS

1. Überschreiten Sie niemals die maximal angegebene Teigmenge, damit der Motor Ihrer Küchenmaschine nicht überlastet wird. Die maximal zulässigen Mengen sind in der Bedienungsanleitung aufgeführt.

2. Arbeiten Sie nur mit lauwarmen Flüssigkeiten – zu warme können die Hefe kaputt machen und zu kalte die Wirkung der Hefe verhindern.

3. Lassen Sie den Hefeteig immer in der Kenwood Schüssel aufgehen. Danach können Sie dann immer wieder mit dem Knethaken in den Teig hineingehen und ihn nachkneten, bevor Sie ihn dann formen.

PROFI-PATISSERIE-HAKENE

Der Patisserie-Haken ist ideal für delikate Mixturen wie Mousse oder Süßspeisen geeignet.

Das aus Metall bestehende Rührelement, ist mit einer Gummischicht überzogen, damit es wie ein Spatel perfekt am Schüsselrand entlanggeführt wird.

So lassen sich Zutaten die besonders schonend verarbeitet werden müssen, perfekt mischen und das Ergebnis ist absolut gleichmäßig.

Aufgeschlagene Butter und Zucker

In vielen Rezepten für Süßspeisen

und Cakes wird das Aufschlagen von Butter und Zucker zu einer leichten lockeren Masse vorgegeben.

Der Patisserie-Haken ermöglicht genau dies.

250g weiche Butter und 250g Zucker in Ihre Chef/Major Schüssel geben. Um beste Resultate zu erzielen, muss die Butter weich sein.

Den Patisserie-Haken einsetzen und in die Schüssel senken.

Mischen Sie auf Stufe 2-3 Butter und Zucker bis daraus eine weiche

und lockere Masse entsteht.

Schokoladen-Mousse

Bevor Sie starten, stellen Sie sicher, dass der Patisserie-Haken der Schüssel angepasst ist (siehe unter Tricks und Tipps).

Verwenden Sie folgende Zutaten: 3 Eier, 150 g Schokolade, 30 g süße Butter, 1 Teelöffel Zucker. Die Schokolade in kleine Stücke brechen, sachte mit der Butter in einer Pfanne oder im Wasserbad schmelzen.
Die Eier in Eiweiß und Eigelb trennen. Das Eiweiß auf höchster Stufe 3-4 Minuten steif schlagen bis sich Spitzen bilden.
Ein Eigelb nach dem anderen in die warme geschmolzene Schokolade geben und auf Stufe 4 mit dem Patisserie-Haken mischen.

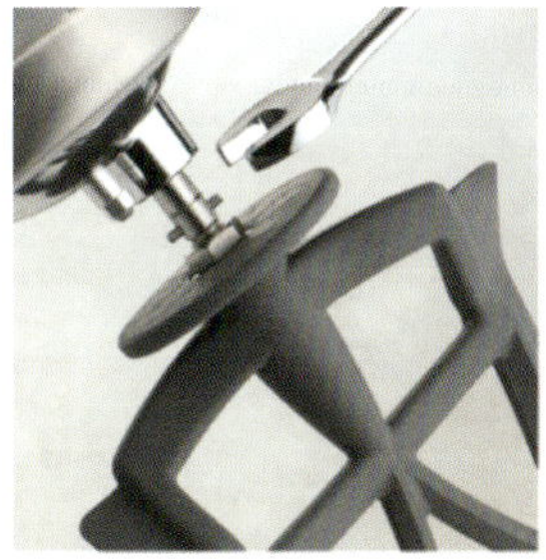

Sobald die Masse gut vermischt ist, das steife Eiweiß hinzufügen und auf niedriger Stufe 1-2 Minuten untermischen.
In geeignete Schalen geben und im Kühlschrank 2-3 Stunden vor dem Servieren kühl stellen.

TRICKS UND TIPPS

1. Vor dem Gebrauch sicher stellen, dass der Patisserie-Haken an die Schüssel angepasst ist. Benützen Sie dazu den mitgelieferten Schlüssel. Das Rührelement muss leicht den Boden der Schüssel berühren. Der Arm der Maschine sollte sich jedoch ohne Probleme senken lassen.

2. Wir empfehlen, die Butter einige Stunden vorher aus dem Kühlschrank zu nehmen, wenn sie diese für das Unterrühren von Cremes verwenden möchten (Raumtemperatur).

Der Mixeraufsatz wird zum Pürieren und Mischen einer Vielzahl von Zutaten verwendet. Er hat ein sehr scharfes Edelstahlmesser, das mit hoher Geschwindigkeit rotiert. Die Zutaten werden in den Mixeraufsatz gegeben und kommen durch die Rotation automatisch früher oder später mit dem Messer in Kontakt. So werden sie entweder sehr fein gehackt oder – nach einiger Zeit – püriert. Der Mixer püriert die Zutaten meist noch feiner als der Food Prozessor.

Abhängig vom Modell ist Ihrer Kenwood Küchenmaschine teilweise ein Glasmixeraufsatz beigepackt. Nachgekauft werden können auch ein Edelstahl- und ein Acrylmixeraufsatz sowie der Glasmixaufsatz. Der Edelstahlmixeraufsatz sieht gut aus und kühlt die Zutaten, was für die Zubereitung von Cocktails, Fruchtgetränken, Milchshakes ideal ist.

Der Acrylbehälter ist leicht und daher einfach zu verwenden. Wie der Glasmixer ist er durchsichtig, und Sie können so den Mixvorgang beobachten. Beim Glasmixeraufsatz ist das Glas kratzfest, was bei der Verwendung von harten und kantigen Zutaten wie Zucker, Eis und manchen Gewürzen wirklich von Vorteil ist. Die Einsatzmöglichkeiten von Mixeraufsätzen sind nahezu endlos. Deshalb möchten wir Ihnen ein paar Ideen vorstellen.

Keksstreusel

Kekse für Dessertböden und Käsekuchen können schnell im Mixeraufsatz zu Krümeln verarbeitet werden. Am besten brechen Sie die Kekse in Teile und geben sie durch die Deckelöffnung in den Mixeraufsatz, während dieser läuft. Verarbeiten Sie die Kekse portionsweise, damit Sie den Behälter nicht überfüllen.

Semmelbrösel

Nutzen Sie den Mixeraufsatz, um Semmelbrösel aus hellem oder dunklem Brot herzustellen. Schneiden Sie die Ränder ab und würfeln oder brechen Sie das Brot in Stücke, die durch die Deckelöffnung passen. Verwenden Sie möglichst kein frisches Brot, da dieses gerne zusammenklebt.

Trockenes Brot eignet sich besser. Wenn Sie eine große Menge an Semmelbrösel herstellen möchten, gehen Sie am besten portionsweise vor.

Nüsse hacken

Verwenden Sie nur geschälte Nüsse. Geben Sie kleine Nussmengen durch die Deckelöffnung in den laufenden Mixeraufsatz. Für die Verarbeitung größerer Mengen sollten Sie lieber das Food Prozessor Zubehörteil benutzen.

Eiszerkleinern

Zerkleinern Sie Ihre Eiswürfel mit dem Mixeraufsatz, um Getränke zu kühlen oder Cocktails zu mixen. Sollten Sie nur Eis zerkleinern, ist es wichtig, beim Vorgang ein wenig Wasser dazuzuschütten. Nehmen Sie für Rezepte, die Eis beinhalten, am besten den Edelstahl- oder Glasbehälter.

Getränke

Von Milchshake über Smoothie bis hin zu einer Vielzahl von Cocktails, der Mixeraufsatz wird Ihnen in Sekunden Ihren Lieblingsdrink mixen. Geben Sie nur Milch, frisches Obst, zum Beispiel Erdbeeren oder Mango, und ein Bällchen Eis in den Behälter, und mixen Sie das Ganze zu einem frischfruchtigen Shake. Oder versuchen Sie es doch mal mit einem Bananen-Nuss-Shake mit einer in Scheiben geschnittene Banane, einem Haselnussjoghurt und 300 ml Milch.

Mayonnaise

Nutzen Sie statt dem Schneebesen den Mixeraufsatz, um leckere Mayonnaise zuzubereiten. Geben Sie Eigelb, Gewürze und Essig oder Zitronensaft in den

Behälter, und setzen Sie den Aufsatz auf Ihre Kenwood Küchenmaschine. Gießen Sie dann, während die Maschine läuft, das Öl langsam und gleichmäßig in den Behälter.

Das Edelstahlmesser mischt Eigelb und Öl sanft miteinander, so daß eine cremige Mayonnaise entsteht. Verwenden Sie mindestens 2 Eigelb, damit das Messer bedeckt ist.

MIXERAUFSATZ

Pâtés

Feines Hühnerleberpâté, Gemüsepâté und Dips wie zum Beispiel Knoblauch-Bohnen-Paté, Hummus oder Avocado-Dip lassen sich alle erfolgreich im Mixeraufsatz herstellen. Um schnell einen Avocado-Dip zuzubereiten, geben Sie 2 reife, gehackte Avocados mit 60 ml Crème fraîche, 60 ml Mayonnaise und den Saft einer Zitrone oder Limone in den Mixeraufsatz und lassen die Zutaten mischen. Danach nach Belieben würzen und bis zum Servieren kühlen.

Am besten benutzen Sie bei Pâtés und Dips eine niedrige Geschwindigkeitsstufe oder die Impulsfunktion. Mit dem Teigschaber können Sie die Zutaten von den Behälterwänden entfernen.

Saucen

Würzige Saucen wie Pilz-, Paprika- und Tomatensauce als Beigabe zu Pasta, Fisch, Fleischbällchen oder Steaks können im Mixeraufsatz schnell und einfach zubereitet werden. Kochen Sie die Sauce, bevor Sie sie pürieren.

Weiche Früchte wie Himbeeren, Erdbeeren oder Mangos können roh mit etwas Zucker und Saft, Wein oder Wasser püriert werden, während hartes Obst wie zum Beispiel Äpfel, Pflaumen oder Johannisbeeren am besten vorher in etwas Zuckerwasser weich gekocht werden, weil sie sich dann besser pürieren lassen.

Sogar Saucen, die während der Zubereitung klumpig geworden sind, können durch den Mixeraufsatz gerettet werden.

Suppen

Viele Gemüsesuppen aus Erbsen, Karotten, Pilzen, Spargel und Artischocken werden nach dem Kochen püriert, damit so eine cremige Suppe entsteht. Geben Sie dem gekochten Gemüse etwas Bouillon bei und mixen Sie es auf der höchsten Geschwindigkeitsstufe. Gehen Sie bei größeren Mengen portionsweise vor.

Kalte Gemüsesuppen wie Gazpacho werden roh hergestellt. Fischsuppen können ebenfalls im Mixeraufsatz zubereitet werden.

RICHTIGE BENUTZUNG

1. Versichern Sie sich, dass der Verschlussring richtig in der Messereinheit sitzt, um ein Auslaufen der Zutaten zu verhindern. Platzieren Sie danach den Behälter auf der Messereinheit und drehen ihn kräftig, um die Einheiten miteinander zu verschließen.

2. Überfüllen Sie den Mixer nicht. Oft ist es besser, die Zutaten portionsweise zu verarbeiten, anstatt die Einheit zu überlasten.

3. Geben Sie die Zutaten in den Behälter, und verschließen Sie diesen dann mit dem Deckelverschluss. Erst dann bringen Sie den Mixeraufsatz am Hochgeschwindigkeits-Anschluss an.

4. Lassen Sie heiße Flüssigkeiten immer erst abkühlen, bevor Sie sie mixen, für den Fall, dass der Deckel doch noch nicht sicher auf dem Behälter steckt.

5. Trockene Zutaten sollten immer in den Behälter gegeben werden, während der Mixeraufsatz in Betrieb ist. Am besten füllen Sie sie durch die Deckelöffnung ein.

6. Verarbeiten Sie die Zutaten immer auf höchster Stufe wenn im Rezept nicht anders angegeben.

TRICKS UND TIPPS

1. Schrauben Sie den Behälter niemals an oder ab, wenn die Messereinheit auf einer Arbeits- oder anderen Fläche ruht, da sonst die Verriegelungstasten beeinträchtigt werden.

2. Lassen Sie den Mixer nie länger als eine Minute arbeiten, da er sonst vielleicht heißläuft. Schalten Sie die Chef oder Major sofort ab, wenn Sie mit der Verarbeitung fertig sind.

3. Bevor Sie die Messereinheit abmontieren, sollten Sie immer den Behälter entleeren.

4. Vermeiden Sie es, harte oder kantige Gewürze, wie zum Beispiel Nelken, Dillkörner und Kümmel im Acrylbehälter zu verarbeiten, da dieser dabei zu Schaden kommen könnte.

5. Benutzen Sie gerade bei dickflüssigen Mischungen die Impulsfunktion, um die Zutaten besser über die Messereinheit zu treiben.

FLEISCHWOLF

Es gibt einige leckere Rezepte, die Hackfleisch/Faschiertes beinhalten. Mit dem Fleischwolf können Sie Ihr eigenes Hackfleisch/Faschiertes zubereiten und bestimmen so Art und Fettgehalt des Fleisches. Sie können nicht nur gängige Fleischsorten, sondern auch Huhn, Ente, Fisch, Kaninchen, Nüsse und Gemüse im Fleischwolf verarbeiten und damit Pasteten, Terrinen und Füllungen für Pasta und Quiche ganz leicht zubereiten.

LOCHSCHEIBEN

Da Sie die Wahl zwischen 3 Lochscheiben haben, können Sie zwischen einer feinen, mittleren oder groben Einstellung wählen.

FEINE LOCHSCHEIBE

Benutzen Sie die feine Lochscheibe, um rohes Fleisch für Wurst und Fisch für Pâté durchzudrehen. Füllungen für Snacks und Vorspeisen, wie thailändische Fischbällchen, chinesische Wantans, Blätterteigstückchen und fleischgefüllte Ravioli können auch mit fein gemahlenem Fisch, Rind, Lamm oder fein gehackter Ente zubereitet werden. Außerdem eignet sich diese Lochscheibe zusätzlich zum Mahlen von gekochtem Fleisch für Rind- und Lammkebbe und für kleine Nüsse.

Die feine Lochscheibe ist ideal für eine schnell zubereitete Räucherlachspastete. Drehen Sie die Räucherlachsstücke durch. Dann das Gehackte mit ein wenig Sahne/Obers, geschmolzener Butter, Zitronensaft und Gewürzen mischen. 30 Minuten lang kalt stellen, und schon ist der ideale Snack fertig.

MITTLERE LOCHSCHEIBE

Die mittlere Lochscheibe ist ideal zum Mahlen von Rindfleisch für Hamburger, Chili con Carne, Hackbraten, Moussaka und Tacos. Auch Lamm für Fleischbällchen und Koftas lässt sich mit dieser Lochscheibe ideal verarbeiten.

Sollten Sie auf den Fettgehalt bedacht sein, können Sie zur Abwechslung auch leichtes Huhn für Ihre Burger verwenden. Diese Lochscheibe ist auch für Gemüse, Hartkäse und Nüsse geeignet.

GROSSE LOCHSCHEIBE

Damit können Sie leckere, grobe Wurstfüllungen zubereiten oder rohes Schweinefleisch, Zwiebeln und Leber durchlassen, um grobe Pâtés herzustellen.

Aus kandierten Obstschalen können Sie mit dieser Lochscheibe dekorative Streifen für die Garnitur von Torten und Kuchen raspeln. Oder probieren Sie es doch mal mit Zitronenschale, die eine besonders schöne Dekoration im Marmeladenglas ist.

Auch Hartkäse kann, nachdem er in Stücke geteilt wurde, durchgedreht werden. So kann man ihn dann leicht auf Quiches oder Fondues und in Saucen geben.

RICHTIGER GEBRAUCH DER LOCHSCHEIBEN

① Stecken Sie die Metallschnecke in den Fleischwolf und setzen Sie dann das Messer ein. Vergewissern Sie sich, dass die Schneidseite nach außen zeigt.

② Passen Sie nun die ausgewählte Lochscheibe ein und befestigen Sie die Scheibe mit dem Metallring am Fleischwolf.

③ Legen Sie das Fleisch in das Tablett und drücken Sie es sanft mit dem Plastikstopfer in den Fleischwolf. Überladen Sie den Fleischwolf-Aufsatz nicht und drücken Sie nur Stück für Stück durch. Das Fleisch sollte in 2,5 cm breite Streifen geschnitten werden und eine Temperatur von angefroren bis höchstens 6 ° C haben.

TRICKS UND TIPPS

① Schieben Sie nach jeder Benutzung einige Brotstücke durch den Fleischwolf, um Fleisch- und Fischreste herauszudrücken.

② Den Schutzdeckel können Sie auch als Behälter für das Gehackte verwenden.

③ Den Wurstfüller, den Kebbe-Aufsatz und die Lochscheiben, die Sie gerade nicht benutzen, können Sie im Plastikstopfer aufbewahren.

FLEISCHWOLF MIT WURSTFÜLLER UND KEBBE-AUFSATZ

WURSTFÜLLER

Auf der Welt gibt es eine große Vielfalt an Wurstarten, die sich je nach Herkunftsregion voneinander unterscheiden. Länder wie Frankreich, Deutschland, Österreich und Italien haben mindestens so viele Arten wie Regionen.

Da frische Würste/Würstel leicht verderben, gibt es eigentlich keine bessere Lösung als sie dann zuzubereiten, wenn man sie braucht. Außerdem können Sie experimentieren, indem Sie Ihre bevorzugten Fleischkombinationen auswählen und Sie mit Ihren Lieblingsgewürzen, wie zum Beispiel Rosmarin, Salbei, Thymian, Fenchel, Knoblauch, Chili, Ingwer oder Zitrone würzen. Natürlich ist es auch möglich, Fisch, Meeresfrüchte, Nüsse und Linsen zu Wurstfüllung zu verarbeiten.

Die meisten Wurstfüllungen beinhalten Semmelbrösel, um die Masse zu verlängern und leichter zu machen. Binden Sie die Zutaten mit Ei. Im Rezeptteil dieses Buches finden Sie eine tolle Auswahl an Möglichkeiten.

RICHTIGE BENUTZUNG

Der Wurstfüller wird vorne auf den Fleischwolf aufgesetzt. Dazu entfernen Sie, nachdem Sie das Fleisch durchgedreht haben, die Lochscheibe und das Messer und ersetzen sie durch die Führungsscheibe und einen Fleischfülleraufsatz. Es gibt zwei Aufsätze, einen für dünne und einen für dickere Würstchen/Würstel.

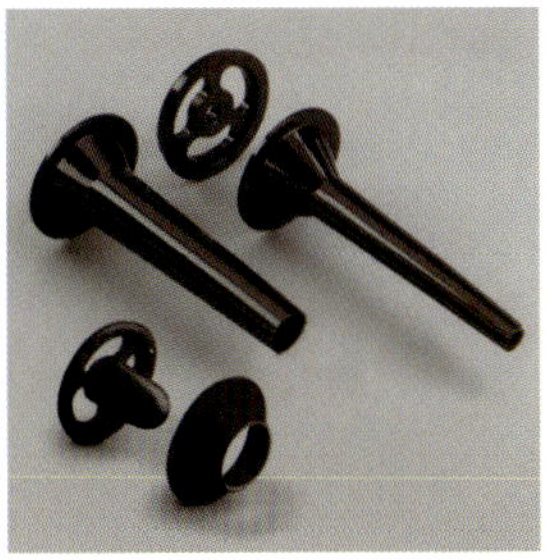

Sie können wahlweise Natur- oder Kunstdarm verwenden oder die Würstchen/Würstel in Semmelbrösel oder in einer Gewürzmehlpanade rollen, bevor Sie sie kochen.

Wenn Sie Darm verwenden, ist es meist einfacher, diesen erst auf der Wurstfüllerdüse zu befestigen, bevor der Wurstfüller auf den Fleischwolf aufgesetzt wird. Befeuchten Sie die Düse mit Wasser und stülpen Sie den Darm einfach darüber. Sie haben die Auswahl zwischen 2 Größen: Schweinedarm für die große Düse und Schafsdarm für die kleine Düse. Den Darm erhalten Sie bei Ihrem Metzger und er sollte nach dem Kauf und vor der Verwendung in Wasser eingelegt und im Kühlschrank aufbewahrt werden. Sollten Sie nach der Zubereitung Ihrer Würstchen/Würstel noch Darm übrig haben, können Sie diesen ganz einfach in Wasser einfrieren.

FÜLLEN

1. Legen Sie Ihre Wurstfüllung auf das Tablett. Schalten Sie Ihre Chef oder Major auf Stufe 3 oder 4.

2. Drücken Sie die Füllung mit dem Plastikstopfer langsam in den Fleischwolf. Halten Sie dabei gleichzeitig den Darm an seinem Ende fest. Heben Sie den Darm vorsichtig an, während sich die Wurst füllt.

3. Sobald der Darm voll und die Fülle aufgebraucht ist, können Sie in Abständen von ungefähr 10 cm für normale Würste/Würstel und 4 cm für Cocktailwürste/-würstel den Darm abdrehen, so dass einzelne Würste/Würstel entstehen.

KEBBE-AUFSATZ

Kebbe ist ein traditionelles Gericht aus dem Mittleren Osten. Die zylindrische Hülle besteht aus Lammfleisch und Bulgur-Weizen und die Füllung aus gewürztem Hackfleisch/Faschiertem. Die beiden Enden werden zugedrückt, und das Ganze wird anschließend frittiert.

Zum Formen der Kebbe-Hülle braucht man viel Erfahrung. Der Kebbe-Aufsatz allerdings formt die Hülle und das Fleisch kann eingefüllt werden. Im Rezeptteil finden Sie Anleitungen für vegetarisches und für Fleisch-Kebbe.

RICHTIGE BENUTZUNG

1. Nachdem Sie das Fleisch für die Kebbe-Hüllen und die Fülle gehackt haben, tauschen Sie die Lochscheibe und das Messer gegen den Kebbe-Aufsatz aus und befestigen diesen mit dem Metallring am Fleischwolf.

2. Geben Sie die Kebbe-Mischung auf das Tablett, und schalten Sie die Maschine auf Stufe 1. Drehen Sie nun das Fleisch durch den Fleischwolf und benutzen Sie den Stopfer.

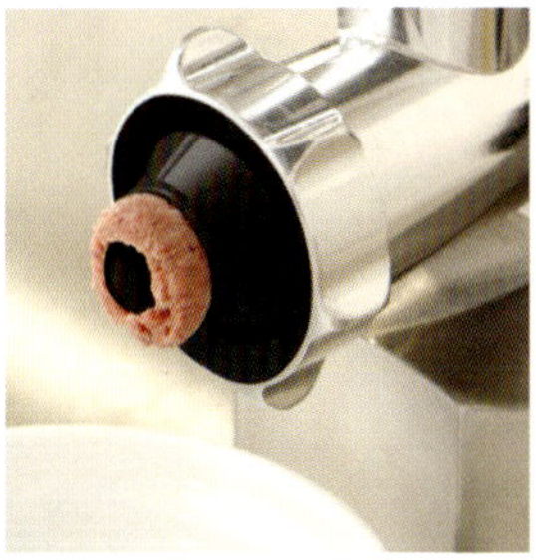

3. Schneiden Sie in gleichmäßigen Abständen von 7,5 cm die Kebbe-Hüllen zu kleineren Kebbe-Hüllen, und legen Sie diese auf das Tablett. Sobald die gesamte Mischung geformt ist, kann sie gefüllt und gekocht werden.

Das Schnitzelwerk (Gemüseschnellschneider) schneidet und raspelt Gemüse und Salate schnell und einfach. Es arbeitet mit einer flachen, rotierenden Scheibe, die das Gemüse schnell und sauber in gleich große Stücke oder Scheiben schneidet bzw. raspelt. Das Schnitzelwerk (Gemüseschnellschneider) eignet sich perfekt zur Zubereitung großer Gemüsemengen, da das zu verarbeitende Gemüse in einem kontinuierlichen Prozess in den Einfülltrichter eingefüllt, durch den Auswurf an der Unterseite ausgeworfen und in der Auffangschüssel aufgefangen wird.

GROBE SCHNEID- UND RASPELSCHEIBE

Sie kann auf beiden Seiten benutzt werden. Die grobe Schneidscheibe ist perfekt für Rote Beete, Karotten, Kohl, Zucchini, Lauch,

Zwiebeln, Paprika und Kartoffeln sowie ideal für Käse, Äpfel, Bananen oder Birnen. Lange, dünne Gemüsestreifen wie Karotten und Lauch legen Sie länglich in den Einfülltrichter, damit sie gleichmäßig geschnitten werden. Zwiebeln schälen Sie am besten und vierteln sie.

Die grobe Raspelseite reibt Käse, raspelt Karotten und Kohl für Rohkostsalat sowie Äpfel, Zucchini und rohe Kartoffeln für Rösti.

FEINE SCHNEID-UND RASPELSCHEIBE

Diese wendbare Scheibe besteht aus einer Seite zum Schneiden von feinen, dünnen Zwiebel- und Gurkenscheiben. Die Raspelseite reibt und raspelt sämtliches Gemüse und Käse wie die grobe Scheibe – nur feiner.

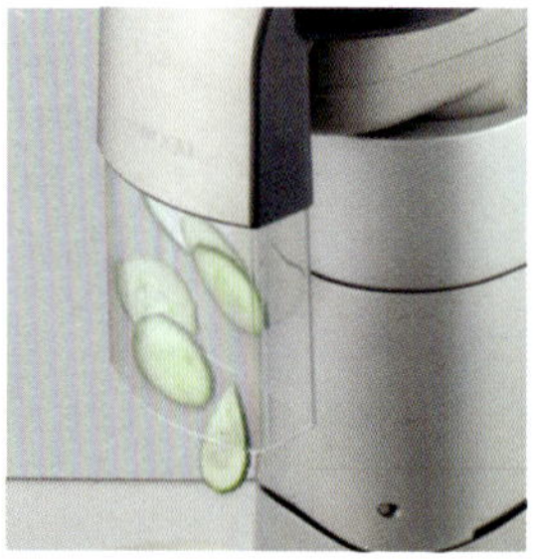

Geriebene Karotten, beträufelt mit Zitronensaft, passen übrigens hervorragend in jeden Salat.

JULIENNE-SCHEIBE

Sie schneidet „dünne Stäbchen" im Julienne-Stil für extrem dünne Pommes frites, Karotten und Zucchini für ein Wok-Gericht und Gurke und Sellerie für Salate und Dips.

BOHNEN-SCHNEIDWERK

Es ist ideal, um grüne Bohnen zu schneiden. Sie werden in längliche, dünne, gleichmäßige Streifen geschnitten.

Per Hand kann ein ähnliches Schneidergebnis nur schwer und langsam erreicht werden. Einfacher geht es mit der groben Schneidseite der groben Schneid- und Raspelscheibe. Sie muss nach oben zeigen. Geben Sie die Bohnen dann durch die dafür vorgesehene Öffnung des Einfülltrichters in die Einheit. Schalten Sie Ihre Küchenmaschine auf die niedrigste Geschwindigkeitsstufe.

RICHTIGER GEBRAUCH DES SCHNITZELWERKS/GEMÜSESCHNELLSCHNEIDERS

1. Beide Edelstahlscheiben können beidseitig benutzt werden. Eine Seite zum Raspeln und eine zum Schneiden. Vergewissern Sie sich, dass die gewünschte Seite nach oben zeigt.

2. Setzen Sie den Einfülltrichter mit Deckel auf und drehen Sie ihn im Uhrzeigersinn, bis er einklickt. Setzen Sie dann das Schnitzelwerk (Gemüseschnellschneider) auf die Chef oder Major auf und stellen Sie eine Schüssel unter den Auswurf, in die das Raspel-und Schneidgut fallen kann.

3. Geben Sie das zu Verarbeitende in den Einfülltrichter und wählen Sie die kleinste Geschwindigkeitsstufe oder Stufe 1.

TRICKS UND TIPPS

1. Füllen Sie den Einfülltrichter, bevor Sie die Maschine anschalten.

2. Benutzen Sie immer den Stopfer, um das Gemüse und den Käse durch den Einfülltrichter zu schieben.

3. Füllen Sie den Einfülltrichter immer vollständig, so dass das Gemüse sich nicht seitlich quer stellt und gleichmäßige Scheiben/Schnitzel geschnitten/geraspelt werden.

TROMMELRAFFEL

Verwenden Sie die Trommelraffel als Alternative zum Schnitzelwerk (Gemüseschnellschneider), um Gemüse, Salate, Käse, Nüsse und sogar Schokolade zu zerkleinern. Die nach traditionellem Prinzip arbeitenden Trommeln reiben und raspeln langsam, was insbesondere für Käse und Schokolade geeignet ist, da weniger Hitze und Reibung entsteht, was verhindert, dass die Schokolade beim Reiben schmilzt. Vier Trommeln werden mitgeliefert, zwei zum Scheiben schneiden und zwei zum Raspeln.

REIBETROMMELN

Es gibt eine feine Reibetrommel – Nummer 1 – und eine grobe Reibetrommel – Nummer 2. Mit beiden kann Käse gerieben werden. Die feine ist am besten für Hartkäse wie Parmesan, Pecorino und Grana Padano geeignet.

Andere Käsesorten wie Cheddar, Emmentaler, Gruyère und Manchego reibt man am besten mit der groben Reibetrommel.

Schokolade raspelt die grobe Trommel in Stücke, die Sie perfekt zum Dekorieren von Kuchen und Desserts oder als Streusel auf einer Tasse heißer Schokolade verwenden können.

Haselnüsse können sowohl mit der groben als auch mit der feinen Trommel gerieben werden, je nachdem, welches Ergebnis Sie erzielen möchten. Dasselbe gilt für Mandeln und Walnüsse.

Karotten, Kartoffeln, Gurken, Pastinaken und Zucchini können alle mit der Trommelraffel geraspelt werden. Schneiden Sie Karotten und Zucchini, Gurke und Pastinake in 5–6 cm lange Stücke und stellen Sie sie in den Einfülltrichter. Achten Sie darauf, genügend Platz für das Bedienen des Stopfers zu lassen.

SCHNEIDTROMMELN

Auch hier stehen Ihnen zwei Trommeln zur Verfügung. Die grobe – Nummer 3 – und die feine – Nummer 4.

Die feine Schneidtrommel zerkleinert Äpfel, Nüsse, Schokolade, Zwiebeln, Gurken und Kartoffeln.

Die grobe Schneidtrommel zerschneidet auch Nüsse und Gemüse, ist aber eher ideal für Rote Beete und Kohl.

Schneiden Sie den Kohl in Keile und entfernen Sie jeweils die Stängel. Stellen Sie die Keile dann aufrecht in den Einfülltrichter.

Benutzen Sie den Plastikstopfer und wählen Sie die Geschwindigkeitsstufen 3 oder 4 zum Kohlschneiden.

RICHTIGE BENUTZUNG

1. Wählen Sie die Trommel aus, die Ihnen am ehesten Ihr gewünschtes Reib- oder Schneidergebnis liefert, und setzen Sie sie in die Einheit ein.

2. Sichern Sie die Trommel mit dem Trommelhalter und prüfen Sie noch einmal, ob die Trommel befestigt ist.

3. Schließen Sie die Trommelraffel an den Niedrigdrehzahl-Anschluss (Niedertouren-Anschluss) an und drehen Sie sie noch einmal hin und her, bis sie eingerastet ist.

4. Stellen Sie eine Kenwood Schüssel unter die Trommelraffel, um das Verarbeitete aufzufangen.

5. Füllen Sie nun die Zutaten in den Einfülltrichter und schalten Sie Ihre Chef oder Major auf Geschwindigkeitsstufen 3 oder 4. Schieben Sie die Zutaten mit dem Plastikstopfer in Richtung Trommel.

TRICKS UND TIPPS

1. Füllen Sie den Einfülltrichter immer so, dass sich die zu schneidende Stücke nicht quer stellen können.

2. Schalten Sie Ihre Küchenmaschine erst ein, wenn Sie den Einfülltrichter gefüllt haben. Dadurch erhalten Sie gleichmäßigere Schneidergebnisse.

3. Füllen Sie den Einfülltrichter nur zu 2/3, damit Sie mit dem Stopfer die Zutaten sanft in die Trommel drücken können.

KARTOFFELSCHÄLER
(nicht erhältlich in Deutschland und Österreich)

Kartoffeln und Wurzelgemüse sind ein wichtiger Bestandteil einer ausgewogenen Ernährung, doch die tägliche Zubereitung dieser Gemüsesorten ist eine Aufgabe, die den meisten Leuten wenig Spaß macht. Der Kartoffelschäler schält, wie der Name schon sagt, Kartoffeln. Er kann aber auch für anderes Wurzelgemüse, zum Beispiel Rüben, Karotten und Pastinaken, verwendet werden.

Der Kartoffelschäler besteht aus einer Schüssel mit seitlichen Reibflächen, welche die Schale vom Gemüse abreiben. Sobald sich der Schüsselfuß zu drehen beginnt, werden die Zutaten an die Schüsselseiten gepresst, wo die Schale sanft abgerieben wird. Sie können den Kartoffelschäler jederzeit anhalten und somit neue Kartoffeln beispielsweise nur putzen, aber nicht schälen.

Da dieses Zubehör nur sehr wenig Schale abreibt, bleiben viele Nährstoffe, die sich ja unter der Schale konzentrieren, erhalten.

Bereiten Sie doch zur Abwechslung als Beilage mal Gemüsebällchen vor. Karotten und Kartoffeln oder Pastinaken in 4 cm lange Stücke schneiden, in den Kartoffelschäler geben und den Boden mit Wasser bedecken.

Schalten Sie nun den Kartoffelschäler ein, und lassen Sie das Gemüse schälen. Die Stücke werden sich langsam in Kugeln verwandeln.

Waschen Sie dann die Kugeln mit kaltem Wasser ab, um Schalenreste wegzuspülen. Nun kochen, dünsten oder backen Sie Ihre Gemüsebällchen nach Wunsch.

RICHTIGER GEBRAUCH DES KARTOFFELSCHÄLERS

❶ Setzen Sie den rotierenden Schüsselboden in die Schüssel ein und bedecken Sie ihn mit kaltem Wasser.

❷ Geben Sie das Gemüse in die Schüssel und sichern Sie die Abdeckung.

❸ Lassen Sie die Schüssel entgegen des Uhrzeigersinns in der vorgesehenen Halterung Ihrer Küchenmaschine einrasten. Vergewissern Sie sich, dass der Metallstift des Mixerkopfes sich in der Plastiköffnung von der Rotationsscheibe befindet.

❹ Schalten Sie dann auf Geschwindigkeitsstufe 2 oder 3 und lassen Sie sich Ihre Zutaten schälen.

❺ Waschen Sie sie dann mit kaltem Wasser ab, um eventuelle Schalenreste wegzuspülen, bevor Sie die Kartoffeln oder das Gemüse kochen oder weiterverarbeiten.

TRICKS UND TIPPS

❶ Die besten Ergebnisse erhalten Sie, wenn Sie nicht zu viel Gemüse in den Kartoffelschäler einfüllen. Verarbeiten Sie Ihre Lebensmittel lieber portionsweise.

❷ Versuchen Sie, Kartoffeln zu wählen, die alle ungefähr gleich groß sind. Kleine Kartoffeln, sowie neue Kartoffeln können in einem Stück bleiben, während größere Kartoffeln zur Verarbeitung in Stücke geschnitten werden müssen.

❸ Großes Gemüse wie zum Bespiel Karotten und Rüben sollten in kleinere Stücke geschnitten werden.

❹ Neue Kartoffeln lassen sich schneller schälen als ältere. Das Schälen dauert bei neuen Kartoffeln ungefähr eine Minute, während es bei anderen Kartoffelsorten bis zu fünf dauern kann. Die Schäldauer richtet sich allerdings auch danach, wie viele Kartoffeln in den Kartoffelschäler gegeben werden.

PASSIERAUFSATZ

Das Aussehen, die Qualität der Zutaten und die Konsistenz eines Gerichts sind genauso wichtig wie sein Geschmack. Ein perfekt gleichmäßiges Püree ist eine Balance aus Farbe, Geschmack und Konsistenz. Sollte eine gleichmäßige Konsistenz für ein Gericht wichtig sein, sollten Sie diesen Effekt auf alle Fälle erzielen können.

Der Passieraufsatz hat einen rotierenden Flügel, der die Zutaten vorsichtig durch die Siebeinlegscheibe presst und damit eine gleichmäßige Konsistenz erzielt. Er püriert Obst und Gemüse, Suppen und Saucen und verarbeitet außerdem Kekse zu Krümelmehl.

Sie können zwischen zwei verschiedenen Einlegscheiben – einer feinen und einer groben – wählen. Beide Scheiben haben eine feine und eine grobe Seite und können entweder mit der groben oder der feinen Seite nach oben benutzt werden, je nachdem, welche Zutaten zu passieren sind.

FEINE SIEBEINLEGSCHEIBE

Die feine Seite ist ideal zum Sieben von Mehl für Kuchen und Brote. Praktischerweise kann das Mehl direkt in die Kenwood Schüssel zur weiteren Verarbeitung gesiebt werden.

Die grobe Seite des feinen Siebs ist zum Pürieren von weichen Früchten wie Himbeeren oder Erdbeeren geeignet, da gleichzeitig auch die Kerne entfernt werden. Süßen Sie das Püree dann wiederum mit Puderzucker.

GROBE SIEBEINLEGSCHEIBE

Früchte wie zum Beispiel Pflaumen und Aprikosen können durch die feine Seite des groben Siebs püriert werden. Bereiten Sie dann mit diesem Püree die tollsten Früchtedesserts, Mousses und Saucen zu.

Die grobe Seite eignet sich für Obst wie zum Beispiel Rhabarber und Bananen. Benutzen Sie diese Seite auch, um Kartoffeln, Sellerie und Süßkartoffeln zu einem sämigen Püree zu verarbeiten. Nach dem Pürieren sollten Sie noch etwas Butter und Würze hinzufügen, und schon ist das Püree servierfertig.

Auch Kekse können Sie mit dem Passieraufsatz zerkleinern, so dass Sie daraus Böden für Desserts und Käsekuchen zaubern können.

Äpfel können sowohl mit der feinen als auch mit der groben Seite passiert werden. Für Stachel- und Blaubeeren eignet sich die feine Seite besser, um die Kernchen aufzufangen.

RICHTIGE BENUTZUNG

1. Setzen Sie die Passierschüssel auf die Kenwood Schüssel und passen Sie das Sieb Ihrer Wahl ein.

2. Setzen Sie den rotierenden Flügel in Ihre Küchenmaschine ein und stellen Sie die Passierschüssel mit dem Sieb darunter.

3. Geben Sie jetzt die Zutaten hinein und verarbeiten Sie alles auf niedrigster Stufe. Erhöhen Sie die Geschwindigkeit allmählich auf Stufe 1 oder 2. Reduzieren Sie sie jedoch wieder sobald die Zutaten spritzen sollten.

TRICKS UND TIPPS

1. Vergewissern Sie sich, dass der Flügel auch tief genug montiert ist, um die Zutaten durch das Sieb zu pressen. Die Flügelblätter sollten sich leicht gegen das Sieb lehnen, aber noch beweglich bleiben. Schauen Sie in ihre Bedienungsanleitung, wenn Sie den Flügel entsprechend anpassen müssen.

2. Die beiden Einlegscheiben können auch zusammen benutzt werden, um besonders feine Pürees herzustellen. Das ist insbesondere bei Früchten mit kleinen Kernchen zu empfehlen.

3. Lassen Sie alle gekochten Zutaten erst abkühlen, bevor Sie sie passieren.

4. Passieren Sie bis zu maximal 450 g. Wenn Sie mehr verarbeiten möchten, gehen Sie bitte portionsweise vor und säubern Sie das Sieb zwischendurch.

PASTA-AUFSATZ „PASTA FRESCA"

Es gibt nichts Besseres als selbst gemachte, frische Pasta. Mit frischen Eiern zubereitete Nudeln sind im Geschmack tatsächlich unvergleichlich. Am besten verwenden Sie das feine Mehl vom Typ 00, das Sie in italienischen Delikatessenläden und in manchen Supermärkten finden. Sollten Sie dieses Mehl nicht bekommen, können Sie auch weißes Brotmehl benutzen.

Ihren Pasta-Teig können Sie mit Kräutern, Tomatenpüree, Spinat oder Tintenfischtinte geschmacklich verändern. Um einen nussigeren Geschmack zu erzielen, sollten Sie Vollkornmehl ausprobieren. Die Kräuter geben einen gesprenkelten Effekt, während Spinat die Nudeln grün und Tintenfischtinte sie schwarz einfärbt.

Wenn Sie mit dem K-Haken den Pasta-Teig gerührt haben, können Sie z.B. mit dem Pasta Fresca-Aufsatz (Modell A 910) Rigatoni herstellen.

PASTAFORMEN

Durch die große Auswahl an verschiedenen Pasta-Einsätzen können Sie Nudeln jeder beliebigen Form und Größe herstellen.

Die Einsätze aus qualitativ hochwertiger Bronze geben Ihrer selbst gemachten Pasta eine raue Oberfläche, an der die Soße gut anhaftet, wodurch der volle, authentische Geschmack entsteht. Welche Pasta-Form Sie auch wählen, wichtig ist die richtige Konsistenz Ihres Teiges. Das Grundrezept für einen Pasta-Teig lautet 125 g Weizenmehl Typ 00 pro mittelgroßes Ei. Der Teig sollte nach dem Mixen mit dem K-Haken wie Semmelbrösel aussehen.

Sie haben die Auswahl zwischen unterschiedlichen Pastaformen und Größen – von Fusilli (spiralförmig) bis bis zu Pappardelle (breite Bandnudeln).

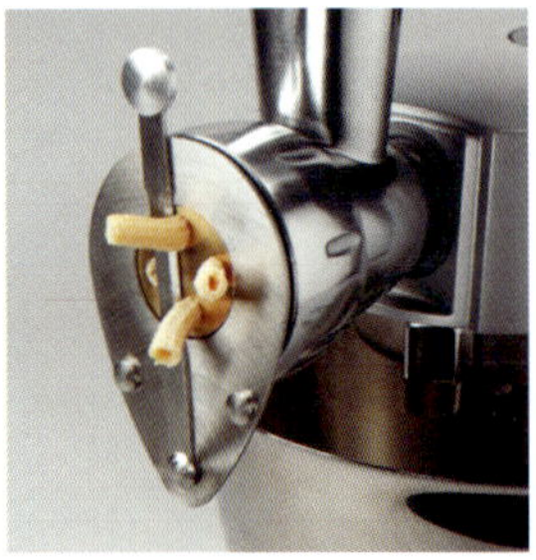

Für den Aufsatz gibt es ferner einen Spritzgebäckvorsatz aus rostfreiem Edelstahl, mit dem Sie Plätzchen in unterschiedlichen Formen herstellen können.

RICHTIGE BENUTZUNG

1. Setzen Sie den Pasta-Aufsatz mit dem gewünschten Einsatz auf den vorderen Anschluss Ihrer Chef oder Major Küchenmaschine.

2. Schalten Sie die Maschine auf Stufe 1 oder 2, und schieben Sie kleine Teigportionen in Streuselform durch den Einfülltrichter. Überfüllen Sie die Maschine nicht. Lassen Sie den Teig erst vollständig durchlaufen, bevor Sie weiteren einfüllen.

3. Drücken Sie die Teigmischung sanft mit dem Stopfer durch den Pasta-Aufsatz. Keine anderen Hilfsmittel verwenden und nicht zu fest drücken, da andernfalls Gefahr besteht, dass Sie den Aufsatz beschädigen.

4. Um den gewählten Einsatz wieder herauszunehmen, öffnen Sie bitte die Halterung und schalten Sie die Küchenmaschine auf Stufe 1 runter. Der Einsatz lässt sich dann leicht entfernen.

TRICKS UND TIPPS

1. Teig, der zu trocken ist oder zu schnell durch den Aufsatz gedrückt wird, könnte Ihre Küchenmaschine beschädigen. Befolgen Sie also bitte genau das Rezept auf Seite 80 oder die Hinweise in Ihrer Bedienungsanleitung.

2. Am besten lassen Sie Ihre frische Pasta vor dem Kochen mindestens 30 Minuten oder, wenn es die Zeit erlaubt, noch länger trocknen. Rigatoni und Makkaroni sollten aber spätestens vier Stunden nach der Zubereitung verarbeitet werden. Spaghetti und Tagliatelle können auch in einer Plastiktüte eingefroren werden.

3. Die Einsätze lassen sich am einfachsten säubern, wenn Sie sie über Nacht trocknen lassen oder eine Stunde in den Gefrierschrank legen, damit sich die Teigreste lösen. Anschließend die Teigreste mit Hilfe des Reinigers aus den Lochscheiben entfernen.

ITALIENISCHER PASTA-AUFSATZ

Viele Pasta-Rezepte empfehlen ausgerollten oder in Streifen geschnittenen Teig. Der Italienische Pasta-Aufsatz (A 970) vereinfacht Ihnen die Zubereitung. Er rollt den Teig für Sie in der richtigen Stärke aus und schneidet ihn mit Hilfe anderer Aufsätze zu verschiedenen Nudelformen.

Der Teig für dieses Zubehörteil ist ähnlich dem vorher beschriebenen. Es ist absolut wichtig, einen Teig mit der richtigen Konsistenz zu kneten. Befolgen Sie deshalb bitte das Rezept auf Seite 80. Nachdem Sie das Mehl und Ei mit dem Knethaken gemischt haben, lassen Sie den Teig so lange kneten, bis er gleichmäßig und elastisch ist.

RICHTIGE BENUTZUNG DES ITALIENISCHEN PASTA-AUFSATZES

1 Setzen Sie den Aufsatz am Niedrigdrehzahl-Anschluss Ihrer Küchenmaschine mit Hilfe des Adapters ein. Schlagen Sie dazu gegebenenfalls in Ihrer Bedienungsanleitung nach.

2 Drehen Sie den Knopf an der Seite des Pasta-Aufsatzes auf die Stufe 1, maximale Stärke. Bestäuben Sie nun die Rolle mit etwas Mehl, damit der Pasta-Teig nicht festklebt.

3 Drücken Sie eine kleine Menge Teig flach, schalten Sie Ihre Küchenmaschine auf Stufe 1 und lassen Sie den Teig durch die Rollen gleiten. Falten Sie dann den Teig in 3 Teile, wenden diese und lassen Sie sie noch einmal durch den Aufsatz gleiten.

4 Stellen Sie die Stärke des Teiges etwas dünner ein und lassen Sie den Teig erneut durchlaufen.

5 Stellen Sie die Stärke des Teiges immer wieder etwas dünner ein und lassen Sie den Teig erneut durchlaufen, bis er die gewünschte Stärke hat.

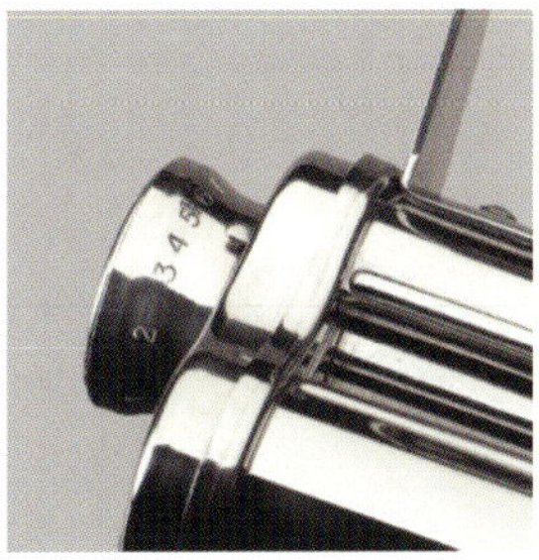

Eine Teigstärke zwischen 5 und 7 wird empfohlen. Dieser Teig kann dann für Lasagne, Ravioli und Cannelloni in längliche Streifen geschnitten werden. Für Lasagnestreifen schneiden Sie den Teig am besten in 10 x 15 cm große Rechtecke, für Ravioli in 30 bis 40 cm lange Streifen und für Cannelloni in 10 cm große Vierecke. Wählen Sie dann Ihre Füllung und wickeln Sie die Ravioli. Für Bandnudeln und Spaghetti benutzen Sie die anderen Einsätze.

WEITERE PASTA-EINSÄTZE

Sie können zwischen vier Einsätzen wählen, die zu dem Italienischen Pasta-Aufsatz passen. Es gibt drei verschiedene Bandnudelformen: die 1,5 mm breiten Trenette, die 4 mm breiten Tagliolini und die 7 mm breiten Tagliatelle.

Der vierte Einsatz ist ein traditioneller Spaghettischneider.

RICHTIGE BENUTZUNG

Welchen Einsatz Sie sich auch ausgesucht haben, der Teig muss erst mit dem Pasta-Aufsatz ausgerollt werden. Setzen Sie dann den Einsatz Ihrer Wahl ein und lassen Sie den Teig erneut durchlaufen um Trenette, Tagliolini, Tagliatelle oder Spaghetti herzustellen.

Es wird Ihnen vielleicht einfacher erscheinen, den Teig erst in 25-30 cm lange Streifen zu schneiden, bevor Sie ihn durch den Einsatz geben.

TRICKS UND TIPPS

1 Lassen Sie den Pastateig 10–15 Minuten in Frischhaltefolie oder ein sauberes Küchentuch eingewickelt ruhen. Sie können den Teig später besser ausrollen und schneiden.

2 Sollte die Pasta an den Rollen festkleben, bestäuben Sie diese mit etwas Mehl.

3 Die Stärke Ihrer Pasta sollte davon abhängen, wie Sie sie gerne servieren würden. Die Nudeln sollten für eine Buttersauce sehr dünn, für eine Cremesauce etwas dicker und für eine Tomaten- oder Fleischsauce noch breiter sein. Experimentieren Sie ein wenig, um Ihre bevorzugte Form zu finden.

4 Schalten Sie die Kenwood Küchenmaschine immer aus, bevor Sie die Rollen für die Einsätze auswechseln.

KRÄUTER- UND GEWÜRZMÜHLE

Sie ist ein Multitalent für alle lästigen und zeitaufwendigen Arbeiten. Die Mühle mahlt nicht nur feste Zutaten, wie zum Beispiel manche Gewürze. Sie kann mit ihren scharfen Klingen auch perfekt hacken und mixen.

MINI-ZERKLEINERER

Die Mühle hat scharfe Klingen, die sich hervorragend zum Zerkleinern von kleinen Mengen eignen. Diese lassen sich mit der Hand nur mühsam hacken und sind zu wenig, um die anderen Zubehörteile optimal auszulasten. Mit dem Mini-Zerkleinerer können Sie kleine Mengen an frischen Kräutern, Knoblauch und Zwiebeln hacken. Schälen und vierteln Sie die Zwiebel, bevor Sie sie in den Zerkleinerer geben.

Dieses Zubehör wird auch Nüsse schnell zerkleinern oder fein mahlen, die in Kuchen oder Desserts Verwendung finden oder zu Dekorationszwecken dienen können.

Brauchen Sie nur ein bis zwei Löffel Semmelbrösel, so verwenden Sie den Mini-Zerkleinerer statt des Mixeraufsatzes oder des Food Prozessors.

MINI-MÜHLE

Sie mahlt Ihnen ganze Gewürze zu einem groben Pulver – ideal für Currys und Marinaden.

Ganze schwarze Pfefferkörner können grob gemahlen werden, um dann auf Steaks und Geflügel oder in die Wurstfülle gegeben zu werden. Verfeinern Sie damit auch Ihre Saucen.

Das Aroma und der Geschmack von frisch gemahlenen Kaffeebohnen ist einzigartig. Die Mini-Mühle kann auch kleine Mengen wie zum Beispiel für eine Tasse mahlen. Wählen Sie die Konsistenz Ihres Kaffeepulvers selbst – für die Kaffeemaschine zum Beispiel sehr fein, für Percolatoren eher gröber.

MINI-MIXER

Als Mini-Mixer püriert die Mühle kleinere Mengen, die sich in dem großen Mixeraufsatz verlieren würden. Früchtepürees und Saucen, Babynahrung, Curry- und Gewürzpaste, Nussbutter, Pestosauce und Salatdressings können in einigen Sekunden zubereitet werden.

Machen Sie doch mal eine schnelle Marinade für Fleisch, Geflügel oder Fisch! Dazu geben Sie eine geschälte Knoblauchzehe, eine kleine rote Chili, 2 Petersilienstängel, 45 ml (3 EL) Zitronensaft und 30 ml (2 EL) Olivenöl in den Mini-Mixer. Mixen Sie die Zutaten einige Sekunden lang, bis Knoblauch, Chili und Gewürze fein zerkleinert sind. Gießen Sie die Marinade dann über Fischfilet, Kebabs, Schweinesteaks oder Hähnchenbrust. Nach kurzem Einziehen können Sie dann mit dem Grillen beginnen.

Die Kräuter- und Gewürzmühle wird mit Aufbewahrungsgläschen inklusive luftdicht verschließenden Deckeln geliefert. Glas stellt sicher, dass sich die Aromen von Knoblauch, Gewürzen und Kaffee nicht vermischen – anders als bei Plastikbehältern.

RICHTIGE BENUTZUNG

1. Bitte überfüllen Sie die Mühle nicht. Geben Sie die Zutaten nur bis zum Maximalpunkt hinzu.

2. Stellen Sie sicher, dass der Gummiverschluss richtig auf die Messereinheit gesetzt wurde, um ein Auslaufen zu vermeiden. Drücken Sie auf den Mühlenbehälter und schrauben Sie ihn mit der Messereinheit zusammen.

3. Verwenden Sie die Mini-Mühle immer auf höchster Geschwindigkeitsstufe, falls im Rezept nicht anders gewünscht.

TRICKS UND TIPPS

1. Mahlen Sie nie länger als zwei Minuten, da die Mühle heiß laufen kann. Die meisten Verarbeitungen dauern sowieso weniger als eine Minute.

2. Gewürze mahlen Sie am besten trocken. Wenn diese noch feucht sind, lassen Sie sie erst auf einem Küchenpapier austrocknen. Gegebenenfalls mahlen Sie portionsweise.

3. Bei der Zubereitung der Babynahrung sollten Sie den gekochten Zutaten immer etwas Wasser beigeben, bevor Sie pürieren.

4. Um harte Lebensmittel wie frischen Ingwer oder Zitronengras einfacher zu zerkleinern, schneiden Sie diese vorher in dicke Scheiben.

GETREIDEMÜHLE

Die Getreidemühle wird Ihnen das Getreide und die Hülsenfrüchte in der Stärke mahlen, in der Sie sie gerne hätten, ob grob oder fein.

Indem Sie daheim Ihr eigenes Mehl mahlen, können Sie sich der Qualität und Reinheit des Getreides sicher sein, was besonders bei Mehlallergien wichtig ist. Allergiker können zum Beispiel kein Gluten vertragen, das in Weizen, Roggen, Hafer und Dinkel enthalten ist. Dinkelgetreide ist ein sehr altes Getreide, das seit Jahrhunderten nicht mehr modifiziert wurde, und obwohl es glutenhaltig ist, können es viele Allergiker trotzdem vertragen. Wenn Sie jedoch auf Gluten allergisch reagieren, sollten Sie erst mit Ihrem Arzt sprechen, bevor Sie Dinkel in Ihren Speiseplan aufnehmen.

Die Getreidemühle ermöglicht es Ihnen, glutenfreies Mehl aus Reis, Buchweizen oder Kichererbsen herzustellen.

Reismehl ist für Blätterteig eine tolle Alternative, während Buchweizen-, Bulgur- und Kichererbsenmehl schon seit langer Zeit in traditionellen Rezepten für Fladenbrote und Pfannkuchen in Osteuropa und Indien verwendet werden.

Normalerweise können Sie diese Mehlsorten nur in Spezialgeschäften kaufen, jedoch können Sie sie nun mit der Getreidemühle auch ganz einfach selbst herstellen. Natürlich mahlt die Getreidemühle auch alle traditionellen Getreidesorten von Weizen über Roggen und Gerste bis Hafer.

GEBÄCK AUS BRAUNEM REIS

Brauner und weißer Reis können mit diesem Zubehör zu einer bekömmlichen Alternative für Weizenmehl gemahlen werden. Mehl aus braunem Reis hat einen nussigen Geschmack und lässt sich ideal für die Zubereitung von Teig für süße und pikante Kuchen und Torten verwenden.

Für eine Kuchenform mit 23 cm Durchmesser

1. Wählen Sie die feinste Stufe der Getreidemühle, und mahlen Sie 115 g braunen Reis direkt in die Kenwood Schüssel.

2. Würfeln Sie dann 75 g Butter oder Margarine und mischen Sie diese mit dem K-Haken auf niedrigster Stufe unter, bis feine Semmelbrösel entstehen. Geben Sie 30–45 ml kaltes Wasser hinzu und rühren Sie einen gleichmäßigen Teig.

3. Rollen Sie den Teig dann auf einer mit Reismehl bestäubten Fläche aus. Legen Sie Ihre Kuchenform damit aus oder drücken Sie die Kuchenform umgekehrt in den flach ausgelegten Teig, um dann die Kuchenform mit dem Teig zu füllen.

4. Backen Sie den Teig nun 15 Minuten lang bei 190 °C und belegen Sie ihn dann nach Wunsch.

TRICKS UND TIPPS

1. Manchmal behindern Getreidekörner, die in dem Mahlwerk zurückbleiben, das Abmontieren der Getreidemühle. Stellen Sie sicher, dass das gesamte Getreide gemahlen worden ist, bevor Sie die Getreidemühle entfernen.

2. Mahlen Sie immer nur so viel Mehl, wie Sie auch wirklich brauchen.

3. Vergewissern Sie sich, dass das Getreide vor dem Mahlen trocken ist, sonst verstopft eventuell die Mühle.

RICHTIGE BENUTZUNG

1. Füllen Sie den Behälter mit dem gewünschten Getreide und wählen Sie die Mahlstärke von 1 für sehr feines bis 6 für grobes Mehl.

2. Stellen Sie die Kenwood Schüssel unter den Getreidemühlen-Ausgang. Schalten Sie Ihre Chef oder Major nun auf die höchste Stufe und sammeln Sie das fertige Mehl in der Schüssel.

3. Schütteln Sie alle verbliebenen Körner aus der Mühle und, wenn nötig, nehmen Sie die Mühle auseinander, damit sie von Ihnen ausgebürstet werden kann. Vermeiden Sie es jedoch, die inneren Teile der Mühle mit Wasser in Kontakt zu bringen.

ZITRUSPRESSE

Mit der Zitruspresse geht die Zubereitung frischer Säfte sehr einfach und schnell. Frische Zitrussäfte haben einen hohen Vitamingehalt, der jedoch mit zunehmender Aufbewahrungsdauer abnimmt. Deshalb ist es immer das Beste, den Saft gleich nach dem Pressen zu verwenden.

Die Zitruspresse besteht aus einem Sieb aus rostfreiem Edelstahl und einem opaken Auffangbehälter.

Mit der Zitruspresse kann schnell und einfach Saft aus Orangen, Zitronen, Limonen und Grapefruit zubereitet werden.

Der Presskegel rotiert, so dass die jeweilige Zitrushälfte entsaftet wird, die Kerne in das Sieb fallen und nur der Saft in der Schüssel aufgefangen wird.

Den Saft können Sie zum Trinken oder zur Verfeinerung von Desserts, Kuchen, Sorbets, Soufflés und Grützen verwenden. Während Sie Dips, Dressings und Saucen zubereiten, können Sie problemlos und schnell frisch gepressten Zitronen- oder Orangensaft dazugeben. Durch Beträufeln mit Zitrussaft können Sie auch verhindern, dass sich manche Frucht- und Gemüsesorten verfärben.

Der Presskegel kann auch zum Entsaften von großen, reifen Tomaten verwendet werden. Schneiden Sie ein wenig von dem oberen Teil Ihrer Tomaten ab und pressen Sie sie dann aus.

Die ausgehöhlten Tomaten können Sie übrigens mit einer delikaten Füllung als Vorspeise servieren. Oder füllen Sie die Tomaten mit Gemüse und Reis und servieren Sie sie als Beilage oder vegetarisches Gericht.

RICHTIGE BENUTZUNG

1. Bei den Küchenmaschinen Modellen KM 300 - KM 800 und PM 400 - PM 900 setzen Sie die Zitruspresse auf den Hochgeschwindigkeits-Anschluß auf. Bei den Titanium Modellen auf den Multi Pro Anschluß

TRICKS UND TIPPS

1. Halbieren Sie alle Früchte, die Sie entsaften möchten.
2. Sollten Sie viel Saft zubereiten wollen, so tun Sie dies portionsweise, und schalten Sie die Maschine zwischendrin immer mal wieder ab.
3. Benutzen Sie die Zitruspresse auf Geschwindigkeitsstufe 2.
4. Leeren Sie die Schüssel in regelmäßigen Abständen aus, so dass der Saft nicht bis zum Sieb aufsteigt.

Weder von Hand noch mit irgendeiner anderen Methode können Sie Obst und Gemüse so einfach in leckere Drinks verwandeln. Die Saftzentrifuge verarbeitet fast alle Obst- und Gemüsesorten zu köstlichen und vitaminreichen Säften.

Mit hoher Geschwindigkeit trennt die Saftzentrifuge den Saft vom Fruchtfleisch. Die meisten Früchte, Gemüse und selbst Ingwer müssen noch nicht einmal geschält oder entkernt werden, da alles, auch Schale und Kerne, verarbeitet wird. Nur große, harte Steine und sehr feste Schalen müssen vorher entfernt werden.

Auch Kokosnussfleisch kann entsaftet werden, um Kokosmilch zum Kochen zu gewinnen.

SÄFTE ZUBEREITEN

Wählen Sie immer die besten und frischesten Zutaten. Leicht unreife, festere Früchte sind besser geeignet als sehr reife Früchte, die mehr aus Fruchtfleisch als aus Saft bestehen.

Manche Säfte, wie zum Beispiel Aprikose, Mango und Pfirsich, können dickflüssig sein, und lassen sich daher je nach Bedarf ideal mit Wasser verdünnen. Obstsorten wie Kiwi, Trauben, Johannisbeeren oder Ananas können auch gemischt werden.

Allerdings sollten am besten jeweils nur zwei Aromen gemixt werden wie zum Beispiel Pfirsich und Erdbeere, Himbeere und Melone oder Ananas und Mango.

Versuchen Sie doch mal Apfel mit Minze oder Karotte mit Ingwer, um ein vitalisierendes Getränk zuzubereiten. Ihre Kräuter sollten Sie zuerst in die Saftzentrifuge geben. Das nachfolgende Obst oder Gemüse schiebt dann die Kräuterreste automatisch aus dem Entsafter heraus.

Ingwer, der ja bekanntlich etwas grob ist, kann zusammen mit den

Karotten ungeschält entsaftet werden. Geben Sie dem Karottensaft etwas Orangensaft bei. Rote Beete lassen sich gut mit Apfel und Ingwer oder Karotte zu Saft kombinieren. Diese entfernen auch gut den Farbstoff der Roten Beete in der Zentrifuge.

Eine Vielzahl an Gemüse kann entsaftet werden. Versuchen Sie doch einmal Paprika, Spinat, Wasserkresse, Tomaten, Blumenkohl und Sellerie. Sehr aromatische Zutaten wie Fenchel, Sellerie und Brokkoli werden am besten in kleinen Mengen und in Kombination mit anderem Obst und Gemüse verarbeitet, damit ihr Geschmack nicht zu intensiv ist.

RICHTIGE BENUTZUNG

1. Wenn Sie die Saftzentrifuge an der Küchenmaschine anbringen, stellen Sie sicher, dass Filter und Pressplatte im Entsafter befestigt sind und der Verschlussdeckel richtig platziert ist.

2. Schneiden Sie Ihr Obst und Gemüse in Stücke, die sie problemlos durch den Einfülltrichter pressen. Entfernen Sie Kerne und harte Schalen wie zum Beispiel bei Melonen und Ananas.

3. Vergessen Sie nicht, das Glas zum Auffangen des Saftes und den Behälter für das Fruchtfleisch unterzustellen.

4. Falls nicht anders im Rezept vorgesehen, benutzen Sie die Saftzentrifuge auf Geschwindigkeitsstufe 1.

TRICKS UND TIPPS

1. Montieren Sie die Saftzentrifuge von Ihrer Küchenmaschine ab, bevor Sie sie reinigen.

2. Verfärbungen wie zum Beispiel durch Karottensaft können mit einem in Pflanzenöl getränkten Tuch abgerieben werden.

3. Wenn Fruchtfleisch den Saftaustritt behindert, schalten Sie die Küchenmaschine aus und entfernen Sie das Fruchtfleisch.

4. Zitrusfrüchte können auch entsaftet werden, wenn Sie vorher die Schale und die Kerne entfernen, damit der Saft nicht bitter schmeckt. Mit der Zitruspresse oder dem Zitrusentsafter ist es allerdings einfacher.

Dieses Zubehörteil ist sehr vielseitig. In Sekunden können Suppen und Früchte püriert werden. Es kann gemixt, geraspelt, gerieben und geschnitten werden. Der Food Prozessor besteht aus einem Edelstahlmesser zum Mixen, Häckseln, Hacken und Pürieren, zwei Schneid- und Raspelscheiben – eine grob, die andere fein – und einer Julienne-Scheibe. Drei weitere Edelstahlscheiben sind erhältlich, eine Schneidscheibe für dickere Pommes frites, eine Kartoffelreibscheibe und eine extra grobe Reibscheibe für Gemüse.

EDELSTAHLMESSER

Zerkleinern

Mit dem Messer können Sie feste und weiche Lebensmittel zerkleinern. Gleichmäßige Ergebnisse erhalten Sie am besten, wenn Sie die zu zerkleinernden Zutaten in gleich große Stücke schneiden. Benutzen Sie die Impulsfunktion, um Fleisch, Fisch, Obst, Gemüse und Nüsse in grobe Stücke zu zerkleinern. Sollten Sie gemahlene Nüsse wünschen, dann wählen Sie die Geschwindigkeitsstufe 2 oder 3. Das geht besonders schnell bei Zwiebeln, Pilzen, Sellerie oder Tomaten. Chilischoten und Knoblauchzehen können einfach bei laufendem Motor in den Einfülltrichter gegeben werden. Um zum Beispiel Knoblauchbutter zuzubereiten, müssen Sie ganz einfach Knoblauch und Petersilie in der Schüssel verarbeiten und dann Butterwürfel dazugeben.

Die Zutaten werden dann gemischt. Damit die Kräuter nicht noch vom Waschen nass sind, trocknen Sie sie am besten vorher. Mit dem Edelstahlmesser können Sie auch Brot zerkrümeln, das Sie vorher in kleinere Stücke zerkleinert haben. Kekse wie zum Beispiel Amaretti oder Mürbekekse können kinderleicht zu Kuchen- und Dessertböden verarbeitet werden.

Pürieren

Früchtegelees, Pürees und Saucen können Sie in Sekundenschnelle mit dem Edelstahlmesser zubereiten. Weiche Früchte wie Waldbeeren, Kiwis, Mangos und Pfirsiche können roh verarbeitet werden. Entkernen, entsteinen, schälen Sie Ihre Zutaten und schneiden Sie sie in gleich große Stücke. Wir empfehlen, festes Obst wie Äpfel, Aprikosen, Pflaumen, Birnen und Rhabarber in ein wenig Zuckerwasser vorher weich zu pochieren. Gießen Sie die Zutaten ab und geben Sie diese in den Food Prozessor Behälter. Fügen Sie ein wenig der abgegossenen Flüssigkeit hinzu und pürieren Sie Ihre Zutaten wie gewünscht mit dem Edelstahlmesser.

Geben Sie das Püree dann wieder zu der übrigen Flüssigkeit in Ihren Topf. Rühren Sie nun, bis sich die Zutaten vermengen.

Mixen

Mit dem Edelstahlmesser können Sie auch Marinaden, Salatsaucen oder Mayonnaise zubereiten. Außerdem können Sie damit auch hervorragend Frischkäse oder Joghurt mit Gemüse und Kräutern mixen, um damit Dips oder Crêpeteig herzustellen. Sie können mit dem Edelstahlmesser auch kleine Mengen Mürbeteig und Streusel zubereiten, indem Sie Mehl und kalte Butter in den Behälter geben, die Butter dann grob würfeln und einige Sekunden verarbeiten, bis die Mischung krümelig wird.

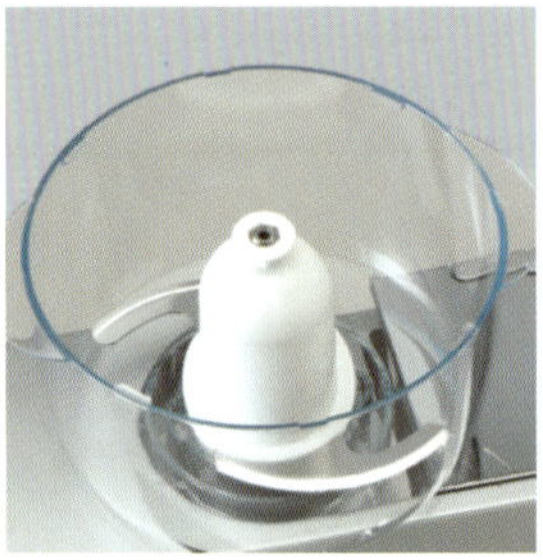

Sollten Sie Mürbeteig zubereiten, geben Sie am besten ein wenig Wasser durch den Einfülltrichter zum Teig hinzu, während die Küchenmaschine arbeitet.

DICKE SCHNEID- UND GROBE RASPELSCHEIBE

Diese wendbare Scheibe ist auf der einen Seite eine dicke Schneidscheibe und auf der anderen eine grobe Raspelscheibe. Schneiden Sie große Stücke in kleinere, die Sie dann einfach durch den Einfülltrichter zugeben können, und Sie erhalten gleichmäßige Schneid- oder Raspelergebnisse.

Lange, dünne Gemüsesorten wie Lauch, Zucchini und Karotten sollten vertikal eingefüllt werden, damit sie in gleichmäßige Scheiben geschnitten werden.

Sollten Sie nur eine Zutat schneiden wollen, können Sie auch den kleinen Einfülltrichter benutzen.

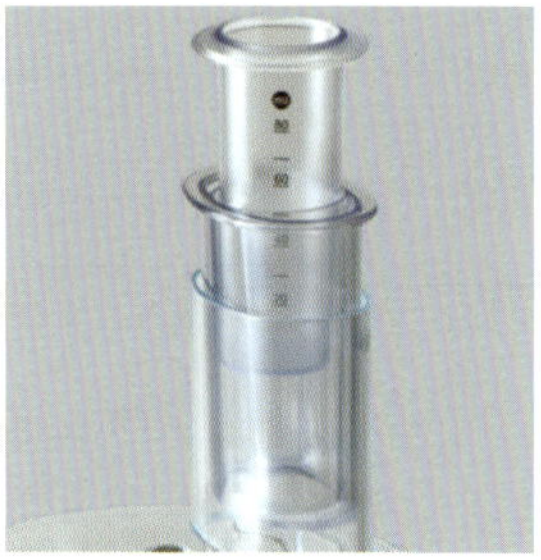

Auch hier geben Sie die Karotte, den Lauch, die Zucchini und die Gurke vertikal in den Einfülltrichter.

Die dicke Schneidscheibe kann auch für Rote Beete, Sellerie, Zwiebeln, Paprika, Fenchel und Kartoffeln verwendet werden. Schälen und vierteln Sie die Zwiebeln. Halbieren und entkernen Sie die Paprika und schieben Sie sie dann vertikal in den Einfülltrichter.

Bananen sollten hochkant in den Einfülltrichter gegeben werden, damit sie in gleichmäßige Stücke geschnitten werden. Entkernen und vierteln oder halbieren Sie Früchte wie Birnen und Äpfel, bevor Sie diese in den großen Einfülltrichter geben.

Die grobe Raspelseite ist für viele Zutaten geeignet. Benutzen Sie diese Seite, um Käse, Kartoffeln, Zucchini, Karotten oder Kohl zu reiben. Der Kohl muss allerdings erst gesäubert und von seinem Strunk befreit werden. Schneiden Sie ihn dann in Keile, und geben Sie diese hochkant in den Einfülltrichter. Möchten Sie einen leckeren Krautsalat zubereiten, sollten Sie dem Kohl noch ein paar Karottenraspeln hinzufügen.

Geben Sie die Zutaten in eine Schüssel, verfeinern Sie den Salat mit Mayonnaise oder Dressing und schon können Sie servieren.

DÜNNE SCHNEID-/FEINE RASPELSCHEIBE

Diese doppelfunktionale Edelstahlscheibe schneidet und raspelt ebenfalls, nur dünner und feiner. Die dünne Schneidscheibe ist ideal für feine Sellerie-, Gurken-, Pilz- und Radieschenscheiben, die sich in jedem Salat gut machen. Benutzen Sie für die Radieschen und den Sellerie den kleinen Einfülltrichter.

Geben Sie die Pilze horizontal übereinander in den Einfülltrichter, um gleichmäßige Schneidergebnisse zu erzielen.

Die feine Raspelscheibe ist ideal zum Verarbeiten von Hartkäse für Saucen und Salate und für Gratinkäse. Außerdem kann man damit auch aus knusprigen Äpfeln im Handumdrehen Füllungen für Strudel und anderes Gebäck zaubern.

Benutzen Sie die feine Raspelscheibe für Karotten, Zucchini oder Sellerie, um entweder köstliche Salate zu mischen oder Füllungen für Fleischpasteten zuzubereiten.

JULIENNE-SCHEIBE

Für dünne Pommes frites oder Gemüsestreifen für den Wok ist diese Scheibe ideal. Sie eignet sich für Rote Beete, Karotten, Sellerie, Zucchini, Gurken, Paprika, Kartoffeln und Rüben.

Dünne, längere Gemüsesorten wie Karotte, Gurke und Zucchini sollten in 6,5 cm lange Stücke geschnitten und horizontal gestapelt in den Einfülltrichter gegeben werden.

TRICKS UND TIPPS

1. Wenn Sie mit den Edelstahlscheiben arbeiten, füllen Sie den Einfülltrichter zuerst, bevor Sie die Küchenmaschine einschalten.

2. Benutzen Sie immer den Stopfer, um die Zutaten im Einfülltrichter hinunterzudrücken. Benutzen Sie den kleinen Einfülltrichter für einzelne oder kleine Zutaten, damit diese nicht wegrutschen können.

3. Benutzen Sie nicht den Food Prozessor, sondern die Kräuter- und Gewürzmühle, um Kaffeebohnen zu mahlen.

4. Flüssigkeit kann aus dem Behälter tropfen. Wenn Sie Suppen pürieren möchten, lassen Sie die Zutaten erst abkühlen und abtropfen, bevor Sie sie in den Food Prozessor Behälter geben. Mixen Sie dann die Zutaten und fügen Sie gegebenenfalls wieder Brühe hinzu. Wenn nötig, wärmen Sie die Suppe kurz wieder auf.

5. Mit der Impulsfunktion können Sie gut kontrollieren, wie grob oder fein Ihre Zutaten verarbeitet werden sollen. Insbesondere für grobe Schneid- und Mixergebnisse benutzen Sie am besten immer die Impulsfunktion.

6. Beginnen Sie immer mit einer niedrigeren Geschwindigkeitsstufe, da die Zutaten in diesem Zubehörteil sehr schnell verarbeitet werden. Eine niedrige Geschwindigkeitsstufe ist ideal zum Schneiden, Raspeln und Reiben, eine etwas höhere Geschwindigkeitsstufe zum Pürieren und Mixen.

Mit dem Eiscremebereiter-Aufsatz können Sie cremiges Milch- oder Sorbeteis zubereiten. Er besteht aus einem Rührer und einer Schüssel, in der das Eis beim Rühren gefroren wird.

Um perfektes Eis und Sorbet zu machen, muss die Mischung während des Gefriervorgangs kontinuierlich in der vorgekühlten Schüssel gerührt werden. Nach 20–30 Minuten ist das Eis gefroren und kann dann gleich als Softeis oder nach einiger Zeit im Gefrierfach als härteres Eis serviert werden.

Mit dem Eiscremebereiter können Sie Eis ganz nach Ihrem Geschmack und nur mit natürlichen Zutaten, ohne künstliche Geschmacksverstärker, herstellen, zum Beispiel aus Milch und Vanille oder aus einem Früchtepüree mit Joghurt.

RICHTIGE BENUTZUNG

1 Kühlen Sie die Eisbereiter-Schüssel vorher für mindestens 24 Stunden im Gefrierschrank.

2 Bereiten Sie Ihre Eismischung zu und kühlen Sie auch diese vor. Je kälter die Zutaten und die Schüssel sind, umso besser wird das Eis.

3 Montieren Sie den Eisbereiter an Ihre Küchenmaschine inklusive Rührer, schalten Sie das Gerät ein und geben Sie dann die Eismischung in die Schüssel. Damit vermeiden Sie, dass die Creme in der Schüssel sofort gefriert. Am besten füllen Sie die Mischung durch den Schacht im Spritzschutz ein.

4 Lassen Sie die Mischung so lange rühren, bis sie zu Eis gefroren ist. Das dauert ca. 20–30 Minuten. Das Eis hat dann eine ähnliche Konsistenz wie Schlagsahne/Schlagobers.

5 Sie können Ihr Eis sofort als Softeis genießen oder noch einmal für 20–30 Minuten im Gefrierschrank gefrieren.

TRICKS UND TIPPS

1 Der Eiscremebereiter funktioniert nur perfekt mit der mitgelieferten Kunststoffschüssel.

2 Sollten Sie in Ihrem Gefrierschrank genug Platz haben, bietet es sich an, die Schüssel dort immer zu lagern, damit Sie jederzeit frische Eiscreme zubereiten können. Kurz vorher können Sie dann noch den Spritzschutz und den Rührer kühlen.

3 Nach der Zubereitung sollten Sie Ihre Eiscreme in einem Plastikbehälter einfrieren, bis Sie sie genießen möchten.

4 Möchten Sie die gefrorene Eiscreme servieren, so sollten Sie sie vorher für eine halbe Stunde im Kühlschrank weich werden lassen.

5 Frieren Sie niemals schon aufgetautes Eis wieder ein.

DIE ZUBEREITUNG VON SORBET

Auch Früchtesorbets können im Eiscremebereiter auf ganz ähnliche Art und Weise hergestellt werden.

1 Bereiten Sie einen Zuckersirup aus 125 g Zucker und 300ml Wasser zu. Erhitzen Sie den Sirup, so dass sich der Zucker vollständig auflöst. Rühren Sie die Masse gelegentlich um. Kochen Sie den Sirup für etwa zwei Minuten auf und lassen Sie ihn danach abkühlen.

2 Für Zitronensorbet pressen Sie nun drei Zitronen mit der Zitruspresse aus oder drei Orangen für ein Orangensorbet. Rühren Sie den Saft dann vorsichtig in den Sirup ein und kühlen Sie die Mischung anschließend.

3 Schlagen Sie ein Eiweiß mit einer Gabel und heben Sie dieses unter die Mischung. Montieren Sie jetzt Ihren Eiscremebereiter und schalten Sie Ihre Küchenmaschine ein. Füllen Sie die Eismischung durch den Schacht im Spritzschutz ein.

4 Mixen Sie Ihr Sorbet für 20–30 Minuten, bis es andickt und gefriert.

5 Das fertige Sorbet wird kleine Eiskristalle aufweisen und heller als die Ursprungsmischung sein.

NOTIZ: Wenn Sie lieber kein rohes Eiweiß verwenden möchten, können Sie es auch weglassen.

Im Folgenden stellen wir Ihnen eine Reihe von Rezepten vor, anhand der wir Ihnen zeigen möchten, welche vielfältigen Aufgaben Sie mit Ihrer Kenwood Küchenmaschine erledigen können – insbesondere mit der großen Auswahl an Zubehör. Die Rezepte umfassen sowohl traditionelle als auch internationale, aktuelle Gerichte. Sie sind in zwölf Kapitel nach Thematik geordnet. Wir möchten Ihnen Anregungen für Suppen und Vorspeisen, Fisch- und Geflügelgerichte und für eine Reihe vegetarischer Rezepte mit Eiern, Käse, Reis, Getreide und Nudeln geben. Eine Auswahl an köstlichen Desserts und Kuchen sowie frischen Brotsorten runden die umfassende Rezeptsammlung ab.

REZEPTE

Es gibt kaum etwas Schmackhafteres als eine selbst gemachte Suppe, frisch und mit kräftigem Aroma. Mit dem Mixeraufsatz können Sie in Sekundenschnelle cremige Suppen zubereiten und mit dem Passieraufsatz ist die perfekte Tomatensuppe ohne Kerne auch kein Problem mehr. Das Schnitzel-/Hobelwerk liefert Ihnen im Handumdrehen Gemüsestückchen für “Suppen mit Biss”.

Der Fleischwolf ist das ideale Zubehör für gelungene Fleischpasteten oder Fleischfüllungen, für Vorspeisen wie gefüllter Blätterteig oder pikantes Gebäck. Bereiten Sie außerdem mit dem Schnitzel-/Hobelwerk in Windeseile Crudités vor und zaubern Sie dazu mit dem Mixeraufsatz ganz einfach den passenden Avocado- oder Käsedip.

SUPPEN UND VORSPEISEN

FISCHERS CREMESUPPE

ZUTATEN

30ml (2 EL) Sonnenblumenöl
2 Kartoffeln, geschält und zerkleinert
1 Zwiebel, geschält und zerkleinert
2 Tomaten, halbiert
2 Knoblauchzehen, geschält und zerkleinert
600ml Gemüse- oder Fischbrühe
300ml Milch
225 g geschälte Shrimps oder Garnelen, aufgetaut
Salz und frisch gemahlener schwarzer Pfeffer

FÜR 4 PERSONEN VORBEREITUNGSZEIT: 10 MINUTEN KOCHDAUER: 35 MINUTEN
ZUBEHÖR: MIXERAUFSATZ

❶ Erhitzen Sie das Öl in der Pfanne, Kartoffeln, Tomaten und Zwiebel dazugeben und 10 Minuten anbraten lassen.

❷ Knoblauch, Brühe, Milch und Shrimps oder Garnelen hinzugeben, kurz aufkochen und dann abgedeckt für 20 Minuten köcheln lassen.

❸ Die Suppe langsam abkühlen lassen, dann im Mixeraufsatz pürieren, wenn nötig in mehreren Portionen, bis die Suppe geschmeidig ist.

❹ Mit Salz und dem frisch gemahlenen Pfeffer abschmecken und im Topf nochmals kurz erwärmen.

KAROTTEN-ZITRONEN-SUPPE

FÜR 4 PERSONEN VORBEREITUNGSZEIT: 10 MINUTEN KOCHDAUER: 15–20 MINUTEN
ZUBEHÖR: SCHNITZELWERK (GEMÜSESCHNELLSCHNEIDER) ODER FOOD PROZESSOR

ZUTATEN

1 Stange Lauch, oben und unten abgeschnitten
325 g Karotten, geschält oder geraspelt
30ml (2 EL) Sonnenblumenöl
1 kleine Knoblauchzehe, zerdrückt
Geriebene Schale und Saft von einer Zitrone
700ml Gemüse- oder Hühnerbrühe
30ml (2 EL) frisch gehackter Schnittlauch
Salz und frisch gemahlener schwarzer Pfeffer

❶ Setzen Sie die grobe Schneidscheibe in das Schnitzelwerk (Gemüseschnellschneider) oder den Food Prozessor und schneiden Sie den Lauch in Scheiben. Verwenden Sie als Nächstes die grobe Raspelscheibe und zerkleinern Sie die Karotten.

❷ Erhitzen Sie das Öl in einer Pfanne. Lauch, Karotten und Knoblauch hinzugeben und bei geschlossener Pfanne 5–10 Minuten oder bis das Gemüse weich wird anbraten lassen. Von Zeit zu Zeit umrühren.

❸ Die geriebene Zitronenschale und die Brühe hinzugeben und 10 Minuten köcheln lassen. Die Pfanne von der Kochplatte nehmen und den Zitronensaft und die Petersilie unterrühren. Mit Salz und frisch gemahlenem schwarzem Pfeffer abschmecken und sofort servieren.

SELLERIE-STILTON-SUPPE

ZUTATEN

325 g Sellerie
15ml (1 EL) Zitronensaft
25 g Butter
1 Kartoffel, geschält und zerkleinert
1 kleine Zwiebel, geschält und gewürfelt
600ml Gemüsebrühe
75 g Stiltonkäse, zerbröckelt
75ml Crème fraîche
2 Scheiben Schinken, knusprig gebraten, zum Garnieren

FÜR 4 PERSONEN VORBEREITUNGSZEIT: 15 MINUTEN KOCHDAUER: 45 MINUTEN
ZUBEHÖR: MIXERAUFSATZ

1. Den Sellerie schälen und in 1 cm große Würfel schneiden. In eine Schüssel mit Wasser und Zitronensaft geben, um Verfärbung zu vermeiden.

2. Bei schwacher Hitze lassen Sie die Butter in einem Kochtopf schmelzen, die Kartoffel und die Zwiebel hinzugeben und 3–4 Minuten leicht anbraten. Den Sellerie abtrocknen, in den Topf geben und weitere 5 Minuten kochen lassen.

3. Die Brühe hinzugeben und 30 Minuten leicht köcheln lassen, bis das Gemüse weich ist. Den Kochtopf von der Kochplatte nehmen und den Stilton und die Crème fraîche unterrühren.

4. Die Suppe langsam abkühlen lassen, dann im Mixeraufsatz auf niedriger Stufe pürieren, bis eine sämige Masse entsteht. Danach die Suppe in einen sauberen Kochtopf geben und abschmecken. Langsam aufwärmen, nicht mehr zum Kochen bringen.

5. Servieren Sie die Suppe in vorgewärmten Terrinen. Zerteilen Sie den Schinken in kleine Stücke und streuen Sie sie über die Suppe.

FRÜHLINGSGEMÜSE-SUPPE

ZUTATEN

225 g gekochte Kartoffeln
1 Karotte, in dünne Scheiben geschnitten
1 Stange Lauch, in dünne Scheiben geschnitten
1 Stange Sellerie, dünn geschnitten
1 Tomate, geviertelt
600ml heiße Gemüse-, Rindfleisch- oder Hühnerbrühe
Salz und frisch gemahlener schwarzer Pfeffer
Stangenweißbrot als Beilage

FÜR 4 PERSONEN VORBEREITUNGSZEIT: 10 MINUTEN
ZUBEHÖR: MIXERAUFSATZ

1. Lassen Sie die Brühe 2 Minuten abkühlen und geben Sie die gekochten Kartoffeln, Karotte, Lauch, Sellerie und Tomaten in den Mixeraufsatz. Dann das Gemüse im Mixeraufsatz mit der abgekühlten Brühe bedecken.

2. Das Ganze auf kleinster Stufe 2–3 Minuten pürieren, bis das Gemüse weich ist. Mit Salz und frisch gemahlenem schwarzem Pfeffer abschmecken und als Snack sofort mit dem Stangenweißbrot servieren.

Tipp vom Koch: Stellen Sie sicher, dass der Deckel und der Einfüllstöpsel gut verschlossen sind, da die Suppe beim Pürieren noch sehr heiß ist.

GAZPACHO

ZUTATEN
450 g reife Tomaten
1 Knoblauchzehe, geschält
2 Zweige frische Petersilie oder Basilikum
15ml (1 EL) Tomatenmark
¼ Gurke, geschält und klein geschnitten
300ml Tomatensaft
2 Frühlingszwiebeln, fein zerkleinert
1 kleine grüne Paprika, entkernt und sehr fein zerkleinert
Ein 5 cm langes Stück Gurke, sehr fein zerkleinert
15ml (1 EL) Zitronensaft
30ml (2 EL) Olivenöl
Salz und frisch gemahlener schwarzer Pfeffer
Eiswürfel und Croutons als Dekoration nach Belieben

FÜR 6 PERSONEN VORBEREITUNGSZEIT: 15 MINUTEN PLUS ABKÜHLZEIT
ZUBEHÖR: MIXERAUFSATZ ODER FOOD PROZESSOR

❶ Die Tomaten in kochendes Wasser ca. 15 Sekunden eintauchen, mit einem Löffel herausnehmen, kurz abkühlen lassen, dann die Haut entfernen und in grobe Stücke schneiden.

❷ Die Tomaten in den Mixeraufsatz oder den Food Prozessor Behälter geben und den Knoblauch, Petersilie oder Basilikum, Tomatenmark und die Gurke dazugeben und pürieren, bis eine geschmeidige Masse entsteht.

❸ Anschließend durch ein Nylonsieb in eine Schüssel drücken.

❹ Die Frühlingszwiebeln, die Paprika und die fein zerkleinerte Gurke mit dem Zitronensaft und dem Olivenöl untermischen. Schmecken Sie mit Salz und Pfeffer ab und 2 Stunden im Kühlschrank abkühlen lassen.

❺ Vor dem Servieren nochmals abschmecken, da durch das Abkühlen die Intensität der Gewürze beeinträchtigt wird. Das Ganze in vorgekühlte Schalen geben und evtl. mit einem oder zwei Eiswürfel pro Schale und den Croutons verzieren.

WINTERGEMÜSE-SUPPE

ZUTATEN
1 kleine Zwiebel, geschält und längs halbiert
2 Karotten, geschält
2 Kartoffeln, geschält
175 g Kohlrüben, geschält und gewürfelt
175 g weiße Rüben, geschält und gewürfelt
3 Tomaten, halbiert
15ml (1 EL) gehackte frische Petersilie
900ml Gemüsebrühe
Salz und frisch gemahlener schwarzer Pfeffer

FÜR 4 PERSONEN VORBEREITUNGSZEIT: 10 MINUTEN KOCHDAUER: 35 MINUTEN
ZUBEHÖR: FOOD PROZESSOR ODER SCHNITZELWERK (GEMÜSESCHNELLSCHNEIDER)/PASSIERAUFSATZ

❶ Setzen Sie die grobe Schneidscheibe in den Food Prozessor oder das Schnitzelwerk (Gemüseschnellschneider) und schneiden Sie die Zwiebeln, Karotten und Kartoffeln in Scheiben. Geben Sie die Gemüsescheiben zusammen mit der Kohlrübe, der weißen Rübe, den Tomaten, der Petersilie und der Brühe in einen Kochtopf.

❷ Alles zum Kochen bringen und 30 Minuten leise köcheln lassen, bis das Gemüse weich ist. 5 Minuten abkühlen lassen.

❸ Das grobe Sieb in den Passieraufsatz einsetzen, grobe Seite nach oben, und die Suppe pürieren. Danach in einen sauberen Topf füllen, langsam wieder aufwärmen und mit Salz und Pfeffer abschmecken. Eventuell mit einigen Scheiben Bauernbrot servieren.

FRISCHE TOMATENSUPPE MIT BASILIKUMÖL

ZUTATEN

2 Zwiebeln, geschält und geviertelt
1 Knoblauchzehe, geschält
30ml (2 EL) Olivenöl
25 g Butter
2 Karotten, geschält
900 g pürierte Tomaten
600ml Gemüsebrühe
30ml (2 EL) Tomatenmark
Salz und frisch gemahlener schwarzer Pfeffer

Für das Basilikumöl:

12 Basilikumblätter
90ml Olivenöl

FÜR 4–6 PERSONEN VORBEREITUNGSZEIT: 15 MINUTEN KOCHDAUER: 30–35 MINUTEN
ZUBEHÖR: FOOD PROZESSOR/KRÄUTER- UND GEWÜRZMÜHLE/PASSIERAUFSATZ

1 Setzen Sie das Edelstahlmesser in den Food Prozessor ein und lassen Sie Zwiebeln und Knoblauch grob zerkleinern. Öl und Butter in einem Topf erhitzen, Zwiebeln und Knoblauch hinzufügen und 10–15 Minuten oder bis sie gar sind, anbraten.

2 Mit dem Food Prozessor erst die Karotten, dann die Tomaten grob schneiden und mit der Brühe und dem Tomatenmark in den Topf geben, zum Kochen bringen und abgedeckt 15 Minuten sanft köcheln lassen.

Siehe Abbildung auf Seite 30.

3 Währenddessen das Basilikumöl vorbereiten. Die Basilikumblätter und das Olivenöl in die Kräuter- und Gewürzmühle geben und pürieren. Danach durch ein feines Handsieb filtern und das Basilikumöl beiseite stellen.

4 Setzen Sie die feine Siebeinlegscheibe in den Passieraufsatz, grobe Seite nach oben, und passieren Sie die Suppe. Zurück in den Topf füllen, abschmecken und aufwärmen. In vorgewärmten Schalen servieren und vorher mit Basilikumöl beträufeln.

BRUSCHETTA MIT KNOBLAUCHPASTE, TOMATEN, RUCOLA UND MOZZARELLA

ZUTATEN

8 dicke Scheiben Baguette oder Ciabattabrot
50 g Rucolablätter
15ml (1 EL) kaltgepresstes Olivenöl
15ml (1 EL) Balsamico-Essig
12 Cocktailtomaten, halbiert
12 Stück Party-Mozzarella, jeweils in 3 Scheiben geschnitten
Extra Olivenöl zum Übergießen

Für die Paste:

6 Zweige Petersilie
225 g abgetropfte Butterbohnen, frisch gekocht oder aus der Dose
1 große Knoblauchzehe, geschält
15ml (1 EL) Zitronensaft
30ml (2 EL) Olivenöl
Salz und frisch gemahlener schwarzer Pfeffer

FÜR 4 PERSONEN VORBEREITUNGSZEIT: 15 MINUTEN KOCHDAUER: 5 MINUTEN
ZUBEHÖR: FOOD PROZESSOR

1 Für die Paste das Edelstahlmesser in den Food Prozessor einsetzen und die Petersilie fein hacken. Danach nehmen Sie die zerhackte Petersilie aus dem Behälter und stellen sie zur Seite.

2 Bohnen, Knoblauch, Zitronensaft, Olivenöl und 15 ml kaltes Wasser in den Behälter geben und zu einer groben Paste mixen. Falls die Paste zu zäh ist, weitere 15 ml Wasser untermischen. Die geschnittene Petersilie unterrühren und mit Salz und Pfeffer abschmecken.

3 Das Brot auf beiden Seiten rösten und mit der Paste bestreichen. Währenddessen die Rucolablätter mit Olivenöl und Balsamico-Essig anmachen.

4 Die Bruschetta auf vier Teller verteilen und jede mit Tomatenhälften, Mozzarella und einigen angemachten Blättern belegen. Mit etwas Olivenöl begießen und mit schwarzem Pfeffer bestreuen.

SPARGEL MIT LIMONEN-HOLLANDAISE-DRESSING

ZUTATEN

450 g Spargel, geschält

Für das Limonen-Hollandaise-Dressing:

2 Limonen
15ml (1 EL) Weißweinessig
1 Schalotte, fein geschnitten
125 g Butter, gewürfelt
2 Eigelb
Salz und frisch gemahlener schwarzer Pfeffer

FÜR 4 PERSONEN VORBEREITUNGSZEIT: 15 MINUTEN KOCHDAUER: 10 MINUTEN
ZUBEHÖR: ZITRUSPRESSE/MIXERAUFSATZ ODER FOOD PROZESSOR

1. Den geschälten Spargel in 2 gleiche Bunde binden. Mit dem Kopf nach oben in einen Topf mit kochendem Salzwasser stellen und mit geschlossenem Deckel 8–10 Minuten köcheln.

2. Währenddessen reiben Sie die Schale einer Limone ab. Beide Limonen halbieren und mit der Zitruspresse $1\frac{1}{2}$ Limonen entsaften. Die übrige Limonenhälfte zum Garnieren zur Seite legen.

3. Den Essig und die Schalotte in einem kleinen Topf zum Kochen bringen. Ca. 1 Minute kochen lassen, um den Sud auf 15 ml (1 TL) zu reduzieren. Dann den Limonensaft unterrühren. Zur selben Zeit die Butter in einen Topf geben und langsam erwärmen, bis sie anfängt zu schäumen.

Siehe Abbildung gegenüber.

4. Die Eigelb mit einer Prise Salz in den Mixeraufsatz oder den Food Prozessor Behälter geben und auf niedriger Stufe die Limonen-Essig-Mischung hinzugeben. Langsam die Butter hinzufügen und für ein paar Sekunden weitermixen, bis die Sauce glatt und cremig ist.

5. Den Spargel abtrocknen, auf vorgewärmten Tellern anrichten und mit dem Limonen-Dressing garnieren. Mit frisch gemahlenem schwarzem Pfeffer bestreuen und mit der geriebenen Limonenschale und Limonenstücken dekorieren.

SALAT AUS MELONE, MANGO UND GRAPEFRUIT

ZUTATEN

1 reife Galia-Melone, gekühlt
1 reife Mango, gekühlt
2 Pink Grapefruit, gekühlt
45ml (3 EL) Zitronensaft
Minzblätter zum Garnieren

FÜR 4 PERSONEN VORBEREITUNGSZEIT: 20 MINUTEN
ZUBEHÖR: MIXERAUFSATZ ODER FOOD PROZESSOR

1 Die Melone halbieren und die Kerne entfernen. Das Fruchtfleisch mit Hilfe eines Melonenlöffels herauslösen und in eine Schüssel geben. Das restliche Fruchtfleisch mit einem Löffel von der Schale lösen und in den Mixeraufsatz oder den Food Prozessor mit dem eingesetzten Edelstahlmesser geben.

2 Die Mango längs 1 cm hin zur Mitte schneiden, um den Kern herauszulösen. Das Fruchtfleisch vom Kern abtrennen. Das Fleisch zu kleinen Würfeln schneiden und zu den Melonenbällchen hinzugeben.

3 Mit einem scharfen, zackigen Messer die Grapefruits schälen und entkernen. Dabei die Grapefruits über eine Schüssel halten, um den Saft aufzufangen. Die Haut entfernen und das Fruchtfleich mit der Melone und der Mango vermischen.

4 Den Grapefruitsaft und den Zitronensaft mit den Melonenstücken in den Mixeraufsatz füllen und zu einem Püree verarbeiten. Melonenbällchen und Mangostückchen mit dem Grapefruitfleisch auf die Teller geben und mit der Fruchtsauce übergießen und mit den Minzblättern garnieren.

WÜRZIGE KARTOFFELECKEN MIT SAUERRAHM-SCHNITTLAUCH- UND TOMATEN-CHILI-DIP

ZUTATEN

1 Orange, halbiert
1 Zitrone, halbiert
30ml (2 EL) Dijon-Senf
5ml (1 TL) Salz
2,5ml (1/2 TL) Chilipulver
45ml Sonnenblumenöl
4 x 150 g Kartoffeln, geputzt und in 6 Längsscheiben geschnitten

Für den Sauerrahm-Schnittlauch-Dip:
20–30 frische Schnittlauchstängel, in 2,5 cm lange Stücke geschnitten
150ml Sauerrahm

Für den Tomaten-Chili-Dip:
2 Frühlingszwiebeln, geviertelt
50 g sonnengetrocknete Tomaten in Öl
30ml (2 EL) Olivenöl
1 kleine Chilischote, sehr fein geschnitten oder
2,5ml (1/2 TL) Chilipulver
2 Tomaten, halbiert, entkernt und fein geschnitten

FÜR 4 PERSONEN VORBEREITUNGSZEIT: 15 MINUTEN KOCHDAUER: 30–35 MINUTEN
ZUBEHÖR: ZITRUSPRESSE/FOOD PROZESSOR

1. Einen Bräter in den Ofen stellen und auf 220 °C vorheizen. Mit der Zitruspresse die Orange und die Zitrone auspressen. Mit dem Senf, Salz und Chilipulver mischen.

2. Das Öl und die Kartoffeln in die heiße Bratform geben und vermengen. 5 Minuten braten. Das Zitrus-Senf-Dressing dazugeben und vermengen. 20–35 Minuten backen, nach 15 Minuten umrühren.

3. Währenddessen die Dips vorbereiten. Das Edelstahlmesser in den Food Prozessor einsetzen und den Schnittlauch grob hacken. Mit dem Sauerrahm mischen und in eine Servierschale geben.

4. Mit dem Food Prozessor die Frühlingszwiebeln grob hacken und beiseite stellen. Die sonnengetrockneten Tomaten und Olivenöl in den Food Prozessor Behälter geben und zu einer groben Masse verarbeiten. Die gehackten Chilischoten oder das Chilipulver, die Zwiebeln und die gehackten Tomaten unterrühren und in eine Servierschale füllen.

5. Die heißen Kartoffelecken mit den beiden Dips servieren.

KNUSPRIGE ENTENPÄCKCHEN IN ORANGENSAUCE

ZUTATEN

175 g Entenbrust, ohne Haut in Stücke geschnitten
1 Knoblauchzehe, zerdrückt
2,5 cm frische Ingwerwurzel, gerieben
2 Frühlingszwiebeln, fein geschnitten
5ml (1 TL) Sesamöl
2,5ml (1/2 TL) Salz
2,5ml (1/2 TL) chinesisches Gewürzpulver
25 g geschmolzene Butter
8 Blatt Blätterteig in 15 cm großen Quadraten
Korianderstängel zum Garnieren

Für die Orangensauce:

5ml (1 TL) Butter
5ml (1 TL) Zucker
150ml frischer Orangensaft
150ml Hühnerbrühe
1,2 cm frische Ingwerwurzel, gerieben
5ml (1 TL) Sojasauce
5ml (1 TL) Stärkemehl
Salz und frisch gemahlener schwarzer Pfeffer

FÜR 4 PERSONEN VORBEREITUNGSZEIT:30 MINUTEN KOCHDAUER:25 MINUTEN
ZUBEHÖR:FLEISCHWOLF/K-HAKEN

❶ Den Ofen auf 180 °C vorheizen. Die feine Lochscheibe in den Fleischwolf einsetzen und die Entenbruststückchen direkt in die Kenwood Schüssel mahlen. Knoblauch, Ingwer, Frühlingszwiebeln, Sesamöl, Salz und das chinesische Gewürzpulver dazugeben und mit dem K-Haken auf niedrigster Stufe vermischen.

❷ 4 Blatt Blätterteig getrennt auslegen und mit geschmolzener Butter bestreichen. Ein weiteres Blatt versetzt darauf legen, so dass ein 8-eckiger Stern entsteht. Je ein Viertel der Entenpaste in die Mitte jedes Teigsterns geben.

❸ Die Entenpaste mit Butter bestreichen. Die Blätterteigenden um die Füllung falten und in Päckchenform festdrücken. Auf ein eingefettetes Backblech legen, die Päckchen mit der übrigen Butter bestreichen und 25 Minuten oder bis der Teig goldbraun ist backen.

❹ Währenddessen die Sauce vorbereiten. Die Butter in einem kleinen Topf schmelzen, den Zucker dazugeben und erhitzen, bis der Zucker karamelisiert ist. Vorsichtig Orangensaft, Brühe, Ingwer und Sojasauce dazugeben und 5 Minuten köcheln lassen. Das Stärkemehl mit 15 ml (1 EL) kaltem Wasser vermischen, in die Sauce geben und unter ständigem Rühren weiterköcheln lassen, bis die Sauce eindickt. Mit Salz und Pfeffer abschmecken.

❺ Ein wenig Sauce auf die vorgewärmten Teller geben und das Entenpäckchen in die Mitte legen. Mit Korianderstängeln garnieren und servieren.

HÜHNERLEBER-OLIVEN-PÂTÉ

ZUTATEN

1 große Zwiebel, geschält
2 Knoblauchzehen, geschält
100 g Butter
450 g Hühnerleber
20 grüne Oliven, entkernt
30ml (2 EL) Cognac
Salz und frisch gemahlener schwarzer Pfeffer

FÜR 6–8 PERSONEN VORBEREITUNGSZEIT:10 MINUTEN PLUS ABKÜHLZEIT KOCHDAUER: 20 MINUTEN
ZUBEHÖR:FOOD PROZESSOR/MIXERAUFSATZ

❶ Setzen Sie das Edelstahlmesser in den Food Prozessor ein und lassen Sie den Knoblauch und die Zwiebel zerkleinern. Butter in einer Pfanne zergehen lassen, Knoblauch und Zwiebel hinzufügen und dünsten.

❷ Die Hühnerleber hinzufügen und bei mittlerer Hitze braten lassen, gelegentlich wenden. Von der Herdplatte nehmen und Oliven und den Cognac unterrühren. Etwas abkühlen lassen.

❸ Die Zutaten in den Food Prozessor oder den Mixeraufsatz geben und mixen, bis eine glatte Masse entsteht. Mit Salz und Pfeffer abschmecken. Auf Serviertellern anrichten, abdecken und im Kühlschrank 3–4 Stunden abkühlen lassen, bis die Masse fest wird. Mit Toast oder knusprigem Brot servieren.

Variation: Nur 75 g Butter verarbeiten, 25 g geschmolzene Butter über die fertige Pâté geben, um Austrocknen zu vermeiden.

GEMÜSE-SAMOSA

ZUTATEN

225 g Mehl
2,5ml (1/2 TL) Salz
60ml (4 EL) Pflanzenöl

Für die Füllung:

400 g Kartoffeln, ungeschält
1 Zwiebel, geschält und geviertelt
30ml (2 EL) Pflanzenöl
1 Karotte, geschält und fein gewürfelt
2,5 cm frischer Ingwer, geschält und in Scheiben geschnitten
1 grüne Chilischote, entkernt
5ml (1 TL) gemahlener Koriander
5ml (1 TL) Garam Masala
50 g gefrorene Erbsen
eine Hand voll frische Korianderblätter
30ml (2 EL) Zitronensaft
Salz und frisch gemahlener schwarzer Pfeffer
Pflanzenöl zum Frittieren
Zitronenscheiben und Korianderblätter zur Dekoration

FÜR 6–8 PERSONEN **VORBEREITUNGSZEIT:** 30 MINUTEN PLUS ABKÜHLZEIT **KOCHDAUER:** 35–45 MINUTEN
ZUBEHÖR: K-HAKEN/KRÄUTER- UND GEWÜRZMÜHLE

1. Geben Sie Mehl und Salz in die Kenwood Schüssel. Rühren Sie dann nach und nach mit dem K-Haken das Öl hinzu. Vermengen Sie die Masse dann mit ca. 90ml (6 EL) Wasser, bis ein fester Teig entsteht. Rühren Sie den Teig noch 2–3 Minuten, bis er geschmeidig ist. Formen Sie den Teig nun zu einem Ball, decken Sie ihn ab und lassen ihn ruhen, während Sie die Füllung zubereiten.

2. Kochen Sie nun die Kartoffeln 15 Minuten lang in leicht gesalzenem Wasser bis sie fast gar sind. Gießen Sie die Kartoffeln dann ab. Sobald sie etwas abgekühlt sind, sollten die Kartoffeln geschält und in 5 mm große Würfel geschnitten werden.

3. Teilen Sie die Zwiebeln in zwei Portionen. Zerkleinern Sie jeweils beide Portionen nacheinander in der Mühle. Erhitzen Sie dann das Öl in einer Pfanne. Braten Sie nun die Zwiebeln 2–3 Minuten an und geben Sie dann die Karotten für weitere 2 Minuten hinzu.

4. Mahlen Sie nun Ingwer und Chili in der Mühle Geben Sie die Gewürze ebenfalls in die Pfanne und braten Sie sie 2 Minuten lang an. Mischen Sie in den Pfanneninhalt den gemahlenen Koriander, Garam Masala, Kartoffeln und Erbsen. Lassen Sie die Zutaten 2 Minuten lang kochen. Hacken Sie die Korianderblätter in der Mühle fein, um sie und den Zitronensaft dann unter die anderen Zutaten zu rühren. Würzen Sie die Füllung und lassen Sie diese abkühlen.

5. Teilen Sie nun den Teig in 8 Bällchen auf. Sollten Sie die Samosas nicht gleich zubereiten wollen, lassen Sie den Teig jedoch so lange wie möglich zugedeckt. Auf einer leicht mit Mehl bestäubten Oberfläche können Sie dann ein Bällchen zu einem Kreis mit 18 cm Durchmesser ausrollen. Schneiden Sie diesen in zwei gleiche Hälften.
Geben Sie nun einen Esslöffel Füllung auf jeden Halbkreis, befeuchten Sie die Ränder und falten Sie den Teig, so dass sich eine dreieckige Form ergibt. Drücken Sie die Ränder fest zusammen, damit keine Füllung austritt.

6. Erhitzen Sie das Öl in einer Fritteuse oder einem entsprechenden Topf. Frittieren Sie nun jeweils 2–3 Samosas 3 Minuten lang bei 170–180 °C oder bis sie goldbraun sind. Die Samosas dann auf Küchenpapier abtropfen lassen und warm halten. Servieren Sie diese Vorspeise mit Zitronenscheiben und Korianderblättern dekoriert.

Ganz gleich ob für ein einfaches Abendessen oder um Gäste phantasievoll zu bewirten, Fisch essen wird immer beliebter. Benutzen Sie einfach die Kräuter- und Gewürzmühle, um schnell eine Marinade oder gemahlene Gewürze für ein Goa-Curry herzustellen. Der Food Prozessor hilft Ihnen, Salsas als Beilagen zu gegrilltem Fisch oder Fischsteaks zu kreieren oder Füllungen für einen ganzen Fisch vorzubereiten.

Mit dem Mixeraufsatz machen Sie Semmelbrösel für Füllungen, Panaden oder Krusten für Steaks und Filets. Fischsoufflés und Rouladen sind ideale Sommergerichte, und mit dem Schneebesen schaffen Sie den perfekten Eischnee für lockere Soufflés.

FISCH

PÂTÉ AUS LACHS UND FORELLE

ZUTATEN

350 g filetierter, gehäuteter Lachs ohne Gräten
450 g heiße Fischbrühe
250 g geräucherte Lachs- oder Forellenscheiben
10ml (2 TL) Gelatinepulver
30ml (2 EL) Zitronensaft
1 großer Bund Petersilie
1 kleine Hand voll frischen Dill
30ml (2 EL) geschnittener Schnittlauch
225 g geräucherte, scharfe Forellenfilets, gehäutet
75 g Crème fraîche
30ml scharfe Meerrettichsauce
225 g Quark/Topfen
Salz und frisch gemahlener Pfeffer
Frischer Schnittlauch zum Garnieren

FÜR 4 PERSONEN VORBEREITUNGSZEIT: 30 MINUTEN PLUS ABKÜHLZEIT KOCHDAUER: 15 MINUTEN
ZUBEHÖR: FOOD PROZESSOR

1. Den Ofen auf 180 °C vorheizen. Schneiden Sie den Lachs in 3 ca. 1,5 cm breite Streifen und legen Sie diese in eine feuerfeste Schüssel. Überschütten Sie den Lachs mit der Fischbrühe und bedecken Sie das Gericht mit Alufolie, bevor Sie den Fisch im Ofen 8–10 Minuten lang gar werden lassen. Dann stellen Sie die Schüssel zum Abkühlen beiseite.

2. Ölen Sie eine ca. 1-Liter-Terrine ein und legen Sie diese mit einer durchsichtigen Folie aus. Legen Sie nun den Boden und die Seiten der Form mit den Lachs- oder Forellenscheiben aus und heben Sie einige Scheiben für die Garnitur auf.

3. Mischen Sie Gelatine, Zitronensaft und 30ml des pochierten Fischsaftes in einer kleinen Schüssel. Zerhacken Sie im Food Prozessor die Petersilie und den Dill mit dem Edelstahlmesser.

4. Geben Sie die geräucherte Forelle, die Crème fraîche und den Meerrettich in den Food Prozessor Behälter und mixen Sie alles mit der Impulsfunktion. Rühren Sie den Quark/Topfen unter und würzen Sie.

5. Streuen Sie die restlichen Kräuter auf Backpapier und wälzen Sie den abgetropften Lachs darin. Erwärmen Sie die Gelatine bei niedriger Hitze, um sie aufzulösen. Mischen Sie die aufgelöste Gelatine unter die Forellenmischung.

6. Füllen Sie die Hälfte der Forellenmischung in den dafür vorbereiteten Behälter. Legen Sie die Lachsstreifen darauf und pressen Sie diese leicht in die Forellenmasse. Der Rest der Masse wird auf dem Lachs verteilt. Mit den restlichen geräucherten Fischstreifen wird die Terrine abgedeckt (ohne den Behälterrand zu berühren).

7. Stellen Sie die Terrine mindestens 3 Stunden in den Kühlschrank, bis sie fest ist. Stürzen Sie das Gericht auf einen Servierteller und entfernen Sie die Folie. Garnieren Sie mit frischem Schnittlauch und servieren Sie die Pâté in Scheiben aufgeschnitten.

Siehe Abbildung auf Seite 42

FISCH BOULANGÈRE

ZUTATEN

1 Zwiebel, halbiert
30ml (2 EL) Sonnenblumenöl
65 g Butter
675 g Kartoffeln, geschält
15ml (1 EL) frische Thymianblätter
Salz und frisch gemahlener schwarzer Pfeffer
400ml Gemüsebrühe, heiß
675 g Kabeljau- oder Schellfischfilets, in 4 dicke Stücke aufgeteilt
Zitronenscheiben und Dill zur Dekoration

FÜR 4 PERSONEN VORBEREITUNGSZEIT: 15 MINUTEN KOCHDAUER: 60 MINUTEN
ZUBEHÖR: SCHNITZELWERK (GEMÜSESCHNELLSCHNEIDER)

1. Benutzen Sie die feine Schneidscheibe des Schnitzelwerks (Gemüseschnellschneiders) und schneiden Sie die Zwiebel in feine Scheiben. Die Hälfte des Öls in einer Pfanne erhitzen und die Zwiebeln anbräunen.

2. Heizen Sie Ihren Ofen auf 190 °C vor. Fetten Sie nun mit einem Teil der Butter eine 1,7 l feuerfeste Form ein. Schneiden Sie die Kartoffeln mit der Schneidscheibe in dünne Scheiben, um sie dann lagenweise mit den Zwiebeln in die vorbereitete Form zu geben. Würzen Sie jede Lage mit Thymian, Salz und Pfeffer.

3. Übergießen Sie die Lagen nun mit der heißen Gemüsebrühe und verteilen Sie 25g gewürfelte Butter auf der Oberfläche. Die Zutaten können dann 45 Minuten lang gebacken werden.

4. Erhitzen Sie die übrige Butter und das Öl in einer Pfanne, um den Fisch dann rasch auf beiden Seiten anzubraten. Legen Sie die Fischfilets dann auf die Kartoffeln und lassen Sie sie danach 10 Minuten im Ofen backen. Fisch und Kartoffeln sollten nun gar sein. Zum Servieren können Sie ihr Gericht mit Zitronenscheiben und Dill garnieren.

FISCHCURRY NACH GOA-ART

ZUTATEN
5ml (1 TL) Turmerik
2,5ml (1/2 TL) Salz
10ml (2 TL) Mehl
15ml (2 TL) Zitronensaft
4 x 175 g Kabeljau- oder Schellfischsteaks
1 Zwiebel, längs in die Hälfte geschnitten
5ml (1 TL) Kümmelsamen
10ml (2 TL) Koriandersamen
5ml (1 TL) schwarze Pfefferkörner
2 Knoblauchzehen, geschält
5 cm großes Stück Ingwerwurzel, gehackt
1 kleine rote scharfe Chilischote, entkernt
45ml (3 EL) pflanzliches Öl
3 milde grüne Chilischoten, entkernt und in Streifen geschnitten
4 Tomaten, geschält, entkernt und gehackt
10ml (2 TL) Tomatenpüree
400ml Kokosmilch aus der Dose
Frischer Koriander zur Garnierung
Basmatireis

FÜR 4 **PERSONEN** **VORBEREITUNGSZEIT:** 20 MINUTEN **KOCHDAUER:** 30–35 MINUTEN
ZUBEHÖR: SCHNITZELWERK (GEMÜSESCHNELLSCHNEIDER) ODER TROMMELRAFFEL/KRÄUTER- UND GEWÜRZMÜHLE

1. Vermischen Sie Turmerik, Salz und Mehl. Träufeln Sie den Zitronensaft auf die Fischsteaks und reiben Sie diese mit der Turmerikmischung ein.

2. Setzen Sie die grobe Schneidscheibe auf das Schnitzelwerk (Gemüseschnellschneider) bzw. die Trommelraffel auf und zerkleinern Sie damit die Zwiebel.

3. Mahlen Sie in der Kräuter- und Gewürzmühle Kümmel, Pfefferkörner und Koriandersamen. Geben Sie dann den Knoblauch, Ingwer und die rote Chilischote dazu und zermahlen Sie die Gesamtmasse für einige Sekunden.

4. Erhitzen Sie 30 ml Pflanzenöl in einer großen Bratpfanne oder feuerfesten Kasserolle. Braten Sie die Fischsteaks pro Seite 1–2 Minuten an, bis Sie goldbraun sind. Dann legen Sie die Steaks auf einen Teller an die Seite.

5. Geben Sie den Rest des Öls in die Pfanne und braten Sie die Zwiebeln 5–6 Minuten lang an, bis sie gar sind. Nun kommen die grünen Chilis noch hinzu und werden 1–2 Minuten mitgebraten. Jetzt rühren Sie die Gewürzpaste, zerkleinerte Tomaten und Tomatenpüree unter. Lassen Sie die Masse eine weitere Minute lang kochen.

6. Rühren Sie die Kokosmilch unter und bringen Sie sie zum Kochen. Lassen Sie die Zutaten 10 Minuten lang leicht köcheln und fügen Sie dann die Fischsteaks der Sauce bei. Nach 6–8 Minuten ist der Fisch gar und undurchsichtig.

7. Schmecken Sie das Gericht ab und verfeinern Sie mit mehr Gewürzen, falls notwendig. Garnieren Sie das Gericht mit frischen Korianderzweigen und servieren Sie dazu Basmatireis.

Tipp vom Koch: Für ein milderes Curry lassen Sie die rote Chilischote und die Gewürzpaste in Schritt 3 weg.

GEFÜLLTE SEETEUFELSCHWÄNZE

ZUTATEN
25 g getrocknete Steinpilze
1 Zwiebel, geviertelt
1 Knoblauchzehe, geschält
15 g Butter
60ml (4 EL) Olivenöl
50 g Knopfpilze
25 g Walnusshälften
15ml (1 EL) frische Rosmarinblätter
15ml (1 EL) frische Zitronenthymianblätter
1 kg Seeteufelschwanz
2 rote Paprika, entkernt, in 8 Längsstreifen geschnitten
1 Zwiebel, in 8 Ecken geschnitten
4 große Steinpilze
6–8 kleine Maiskölbchen
30ml (2 EL) Zitronensaft
Salz und frisch gemahlener schwarzer Pfeffer
Einige Zitronenthymianzweige
Wahlweise frische Gewürze zur Dekoration

FÜR 4–6 PERSONEN VORBEREITUNGSZEIT: 25 MINUTEN KOCHDAUER: 35 MINUTEN
ZUBEHÖR: FOOD PROZESSOR

1. Die Steinpilze in eine Schüssel legen, mit heißem Wasser übergießen und ca. 20 Minuten einweichen lassen. In der Zwischenzeit schneiden Sie mit dem Edelstahlmesser des Food Prozessors die Zwiebeln und den Knoblauch.

2. Die Butter mit 15ml (1 EL) Olivenöl in einer Pfanne schmelzen, die Zwiebeln dazugeben und ca. 5 Minuten lang sautieren. Die mit dem Food Prozessor Aufsatz geschnittenen Knopfpilze werden zu den Zwiebeln in die Pfanne gegeben und 2–3 Minuten lang angebraten. Dann wird die Pfanne von der Platte genommen.

3. Die Steinpilze werden abgegossen und zusammen mit Walnüssen und Rosmarin im Food Prozessor klein gehackt. Diese Masse wird mit den Zitronenthymianblättern in die Pfanne gegeben und verrührt. Lassen Sie die Pfanne abkühlen. Heizen Sie den Ofen auf 200 °C vor.

Siehe Abbildung

4. Entfernen Sie jegliche Haut und Membrane vom Seeteufel und filetieren Sie ihn, indem Sie jeweils am Knochen entlang schneiden. Legen Sie das erste Filet mit der gehäuteten Seite nach oben, bestreichen Sie diese mit der Pilzpaste und setzen Sie das nächste Filet mit der geschnittenen Seite nach unten darauf. Dann wird der „gefüllte" Fisch mit einem Faden zusammen gebunden. Erhitzen Sie 30ml (2 EL) Öl in einer Pfanne und braten Sie den Fisch 2–3 Minuten darin an, bis er versiegelt ist. Dann beiseite stellen.

5. Die Paprika, Zwiebelecken und Pilze werden schnell in einer Pfanne angebraten, bis sie braun sind. Geben Sie diese mit den Maiskölbchen in eine Auflaufform und legen Sie den Seeteufel darauf. Mit Zitronensaft und restlichem Öl beträufeln und Gewürze und Zitronenthymian darüberstreuen. 20 Minuten lang im vorgeheizten Ofen backen, bis der Fisch milchfarben wird. Nach 10 Minuten Fett abgießen.

6. Die Fäden entfernen und den Fisch auf einer vorgewärmten Servierplatte mit dem Gemüse servieren. Wahlweise mit Gewürzen garnieren.

GEBRATENER HEILBUTT MIT TOMATEN-GEWÜRZ-SALSA

ZUTATEN
1 großes Bund Basilikum
1 kleines Bund Estragon
1 großes Bund frischer Koriander
1 kleine Zwiebel, geschält und geviertelt
3 Tomaten, geschält, geviertelt und entkernt
1 gepresste Knoblauchzehe
Saft und geriebene Schale einer Zitrone
15ml (1 EL) Kapern
60ml (4 EL) Olivenöl
4 Heilbuttsteaks, je 200 g
Salz, Pfeffer aus der Mühle
Frischer Schnittlauch zur Garnierung

FÜR 4 PERSONEN VORBEREITUNGSZEIT: 15 MINUTEN PLUS EINZIEHEN KOCHDAUER: 6–8 MINUTEN
ZUBEHÖR: FOOD PROZESSOR

1. Machen Sie zuerst die Salsa. In den Food Prozessor wird das Edelstahlmesser eingesetzt und Basilikum, Estragon und Koriander werden damit gehackt. Fügen Sie die Zwiebel dazu und hacken Sie auch diese grob. Die Tomaten werden beigegeben und mit der Impulsfunktion wird die Masse weiterhin grob gehackt. Die Salsa wird jetzt in eine Schüssel gegeben.

2. Knoblauch, Zitronenschale und Saft, Kapern und 30ml (2 EL) Olivenöl werden unter die Salsa gerührt. Eine halbe Stunde ziehenlassen.

3. Die Heilbuttsteaks werden mit Salz und frisch gemahlenem Pfeffer gewürzt. Das restliche Olivenöl wird in einer Pfanne erhitzt, worin dann die Steaks je Seite ca. 2–3 Minuten lang angebraten werden, bis sie gar sind.

4. In einer kleinen Pfanne wird die Salsa erhitzt und dann in Löffelportionen auf 4 Tellern verteilt. Die Heilbuttsteaks werden dazugelegt und die Teller dann mit Schnittlauch und frisch gemahlenem Pfeffer garniert. Sofort servieren.

SCHELLFISCH-GARNELEN-PASTETE

ZUTATEN

115 g gereiften Cheddarkäse
900 g mehlige Kartoffeln, geschält und in gleichmäßige Stücke geschnitten
450 g Schellfischfilet
225 g geräuchertes Schellfischfilet
450ml Milch
75 g Butter
40 g Mehl
100ml Sahne/Obers
Salz und frisch gemahlener schwarzer Pfeffer
30ml (2 EL) frisch zerhackte Petersilie
115 g gekochte und geschälte Garnelen

FÜR 6 PERSONEN VORBEREITUNGSZEIT: 20 MINUTEN KOCHDAUER: 55–60 MINUTEN
ZUBEHÖR: TROMMELRAFFEL/K-HAKEN

1. Die grobe Trommel in die Trommelraffel einsetzen und den Käse reiben. Den geriebenen Käse zur Seite stellen. Die Kartoffeln in eine Schüssel mit kochendem Salzwasser geben und 12-15 Minuten kochen, bis sie weich sind. Die gekochten Kartoffeln abgießen.

2. Die Fischfilets werden in eine Pfanne oder einen großen Topf gegeben. 420 ml der Milch werden über den Fisch verteilt und zum Kochen gebracht. Decken Sie jetzt den Topf oder die Pfanne ab, entfernen Sie diese von der Kochplatte und lassen Sie sie 10 Minuten stehen. Die Milch wird dann in ein Glas abgegossen und aufgehoben.

3. Heizen Sie Ihren Ofen auf 200 °C vor. Die Butter wird in einer großen Pfanne geschmolzen und das Mehl langsam untergerührt. Kochen Sie diese Masse 30 Sekunden lang und fügen Sie dann unter ständigem Rühren die abgegossene Milch und die Sahne/das Obers dazu.

4. Unter ständigem Rühren kurz aufkochen und 2–3 Minuten lang sieden lassen. Mit Salz und frisch gemahlenem schwarzem Pfeffer und Petersilie abschmecken und die Hälfte des geriebenen Käses unterrühren.

5. Zerkleinern Sie den Fisch und geben Sie diesen in eine ca. 2-Liter fassende ofenfeste Auflaufform. Mischen Sie die Garnelen unter und gießen Sie die Sauce darüber.

6. Die Kartoffeln werden mit der restlichen Milch und Butter in der Kenwood Schüssel mit dem K-Haken auf Stufe 2 zu Püree geschlagen und mit Salz und Pfeffer abgeschmeckt. Das Püree wird vorsichtig über dem Fisch flach verteilt und mit der Gabel heruntergepresst. Der restliche Käse wird darüber gestreut.

7. 35–40 Minuten lang backen, bis die Kruste goldbraun ist und Blasen entstehen.

FISCHFILETS MIT CHERMOULAKRUSTE

ZUTATEN

115 g Mischbrotscheiben
2 Knoblauchzehen, geschält
1 kleines Bund frischer Koriander
12 große Pfefferminzblätter
10ml (1 TL) gemahlener Kümmel
2,5ml Paprika
Salz und frisch gemahlener schwarzer Pfeffer
Zitronensaft von 1 Zitrone
30ml (2 EL) Olivenöl
4 Lachs- oder Forellenfilets, je 175g
Zitronenscheiben und Koriander zur Garnierung

FÜR 4 PERSONEN VORBEREITUNGSZEIT: 10 MINUTEN KOCHDAUER: 10–15 MINUTEN
ZUBEHÖR: FOOD PROZESSOR ODER MIXERAUFSATZ/KRÄUTER- UND GEWÜRZMÜHLE

1. Der Ofen wird auf 200 °C vorgeheizt. Entfernen Sie die Rinde vom Brot und brechen Sie dieses in kleine Stücke. Mit dem Food Prozessor oder dem Mixeraufsatz zerhacken Sie das Brot zu Bröseln.

2. Koriander und Pfefferminzblätter werden entweder im Food Prozessor oder in der Kräuter- und Gewürzmühle klein gehackt.

3. Vermengen Sie Brotbrösel, gehackte Gewürze, Kümmelpulver, Paprika, eine Prise Salz und Pfeffer, Zitronensaft und Olivenöl und verteilen Sie diese Masse auf den Fischfilets.

4. Die Fischfilets werden auf einem leicht eingeölten Backblech ca. 10–15 Minuten lang gebacken, bis der Fisch zart und gar ist. Servieren Sie den Fisch mit Zitronenscheiben und frischem Koriander.

KRABBENSOUFFLÉ NACH CAJUN-ART

ZUTATEN

15 g (1 EL) geriebener Parmesan
50 g Cheddarkäse
25 g Butter
25 g Mehl
225ml Milch
10 g (2 TL) Cajun-Gewürze
10ml (2 TL) Sardellenpaste
4 Eier, getrennt, plus 1 extra Eiweiß
75 g Krabben, geschält
10ml (2 TL) Limettensaft
Salz und frisch gemahlener schwarzer Pfeffer

FÜR 4 **PERSONEN** **VORBEREITUNGSZEIT:** 20 MINUTEN **KOCHDAUER:** 35 MINUTEN
ZUBEHÖR: SCHNITZELWERK (GEMÜSESCHNELLSCHNEIDER) ODER TROMMELRAFFEL ODER FOOD-PROZESSOR-AUFSATZ/ BALLONSCHNEEBESEN

1. Buttern Sie eine 1,3-Liter-Souffléschüssel und streuen Sie den Parmesan am Boden und an den Rändern gleichmäßig auf. Heizen Sie den Ofen auf 180 °C vor.

2. Setzen Sie die grobe Schneidscheibe in das Schnitzelwerk (Gemüseschnellschneider) oder den Food Prozessor oder benutzen Sie die grobe Trommelraffel und reiben Sie den Cheddarkäse. Die Butter wird in einem Topf geschmolzen und das Mehl untergerührt, bis eine glatte Paste entsteht.

3. Die Paste wird von der Heizplatte entfernt und die Milch langsam untergerührt. Der Topf wird wieder auf die Heizplatte gestellt und die Sauce langsam, unter ständigem Rühren zum Kochen gebracht. Nun wieder von der Herdplatte nehmen und Sardellenpaste, Cajun-Gewürze sowie Cheddarkäse unterrühren.

4. Schlagen Sie langsam Eigelb dazu und geben Sie dann Krabbenfleisch, Limettensaft, Salz und Pfeffer aus der Mühle hinzu. Vermengen Sie die Masse unter vorsichtigem Rühren.

5. Mit dem Ballonschneebesen wird das Eiweiß auf höchster Stufe geschlagen, bis sich leichte Spitzen formen. Ein großer Löffel Eiweißschaum wird unter die Sauce gehoben, um diese aufzuhellen. Mit einem Metalllöffel wird der Rest des Eiweißschaums vorsichtig untergehoben, um die Sauce so luftig wie möglich zu halten.

6. Geben Sie das Soufflé in die vorbereitete Schale (es sollte die Schüssel 3/4 füllen). Stellen Sie die Schüssel auf einen Rost in den vorgeheizten Ofen und backen Sie das Soufflé ca. 30 Minuten lang, bis es gut angestiegen und goldbraun ist. Sofort servieren.

GERÄUCHERTE SCHELLFISCHROULADE

ZUTATEN

280 g geräuchertes Schellfischfilet
300ml Milch
25 g Butter
25 g Mehl
4 Eier, getrennt
Salz, frisch gemahlener schwarzer Pfeffer

Für die Füllung:

75 g Brunnenkresse
15ml (1 EL) Crème fraîche
75 g Knoblauch- und Kräuterfrischkäse
Brunnenkresse oder frischer Dill zur Dekoration

FÜR 4 PERSONEN ALS HAUPTSPEISE ODER FÜR 8 PERSONEN ALS VORSPEISE **VORBEREITUNGSZEIT:** 25 MINUTEN **KOCHDAUER:** 27–30 MINUTEN **ZUBEHÖR:** BALLONSCHNEEBESEN/FOOD PROZESSOR

1. Den Ofen auf 200 °C vorheizen. Legen Sie eine 33 x 23 cm große Auflaufform mit Backpapier aus. Der Schellfisch und die Milch werden in einer niedrigen Pfanne zum Kochen gebracht und sieden anschließend abgedeckt 5 Minuten lang, bis der Fisch gar ist. Die Flüssigkeit wird dann abgegossen und aufgehoben. Der Fisch wird zerkleinert und alle Gräten werden entfernt.

2. Die Butter wird in einem Topf geschmolzen und das Mehl hineingerührt. Kochen Sie die Sauce ca. 30 Minuten lang und nehmen Sie diese dann von der Herdplatte. 250ml der im Schritt 1 aufgehobenen Flüssigkeit wird langsam unter Rühren dazugegeben. Kochen Sie diese Masse unter ständigem Rühren auf, bis die Sauce dickflüssig wird. Nehmen Sie den Topf von der Hitze und mischen Sie den Schellfisch und das Eigelb unter. Abgeschmeckt wird jetzt mit Salz und schwarzem Pfeffer aus der Mühle.

3. Das Eiweiß wird in der Kenwood Schüssel mit dem Rührbesen steif geschlagen. Vermischen Sie einen Löffel mit dem Schellfisch und heben Sie den Rest des steifen Eiweißes langsam unter die Masse.

4. Die fertige Mischung wird jetzt gleichmäßig in der vorbereiteten Form verteilt und 12–15 Minuten im Ofen gebacken, bis das Gericht goldbraun ist und man die Oberfläche, ohne dass diese bricht, anfassen kann.

5. Bereiten Sie in der Zwischenzeit die Füllung vor. Mit dem Edelstahlmesser des Food Prozessor Aufsatzes zerkleinern Sie die Brunnenkresse. Fügen Sie Crème fraîche und Knoblauch- und Kräuterfrischkäse hinzu und mischen Sie das Ganze mit der Impulsfunktion.

6. Die Roulade wird jetzt auf Backpapier gestürzt, das ausgelegte Backpapier entfernt und die Füllung bis ca. 1,5 cm vom Rand entfernt verteilt. Mit Hilfe des Backpapiers wird das Gericht von der kurzen Seite aus aufgerollt. Servieren Sie die Roulade in Scheiben geschnitten und mit Brunnenkresse und frischem Dill garniert.

PIKANTE KNOBLAUCH-GARNELEN

ZUTATEN

30 große, rohe Garnelenschwänze
2 geschälte Knoblauchzehen
1 rote Chilischote, entkernt
30ml (2 EL) Zitronensaft
60ml (4 EL) Olivenöl
1 großes Bund Petersilie
Knuspriges Weißbrot als Beilage

FÜR 4–6 **PERSONEN** **VORBEREITUNGSZEIT:** 20 MINUTEN PLUS MARINIERDAUER **KOCHDAUER:** 4–5 MINUTEN **ZUBEHÖR:** KRÄUTER- UND GEWÜRZMÜHLE

1. Die Garnelen werden geschält, wobei der Schwanz nicht entfernt wird. Mit einem scharfen Messer wird am Rücken jeder Garnele vom Kopf bis zum Schwanz ein Schnitt gesetzt und der dunkle Faden (Darm) entfernt. Spülen Sie jetzt die Garnelen unter kaltem, laufendem Wasser und trocknen Sie sie dann mit Küchenpapier ab.

2. Knoblauch, Chilischote und Zitronensaft in der Kräuter- und Gewurzmühle mahlen, bis die Chilischote und der Knoblauch fein gehackt sind. Dann in eine niedrige Schüssel geben, Olivenöl und Garnelen dazugeben. Die Garnelen mit der Sauce bedecken.

3. Decken Sie die Schüssel ab und lassen Sie die Garnelen mindestens 30 Minuten im Kühlschrank ziehen. In dieser Zeit hacken Sie die Petersilie in der Kräuter- und Gewürzmühle klein.

4. Erhitzen Sie auf der Herdplatte eine Pfanne, bis diese heiß ist und braten Sie die Garnelen mit der Marinade unter ständigem Wenden 2–3 Minuten lang an, bis die Garnelen rosafarben sind. Streuen Sie die Petersilie darüber und servieren Sie das Gericht sofort mit knusprigem Weißbrot.

SCHWERTFISCH MIT ROTER-PESTO-SAUCE

ZUTATEN

Geriebene Schale einer Zitrone
60ml (4 EL) Olivenöl
15ml (1 EL) glatte Petersilie
Salz und frisch gemahlener Pfeffer
4 Schwertfischsteaks à 175 g
25 g Pinienkerne
1 gehackte Knoblauchzehe
25g sonnengetrocknete Tomaten, in Öl eingelegt (Öl abgießen)
30 g frisch geriebener Parmesankäse
12 Basilikumblätter
Zitronensaft einer Zitrone
15ml (1 EL) Tomatenpüree
Couscous als Beilage
Limettenecken und Basilikumblätter für die Garnitur

FÜR 4 PERSONEN VORBEREITUNGSZEIT: 10 MINUTEN PLUS MARINIERDAUER KOCHDAUER: 8–10 MINUTEN
ZUBEHÖR: KRÄUTER- UND GEWÜRZMÜHLE

1 Vermischen Sie Zitronenschale, 30ml Olivenöl, Petersilie und Gewürze in einer niedrigen Schüssel. Fügen Sie den Schwertfisch hinzu und bedecken Sie ihn mit der Marinade. Decken Sie die Schüssel ab und lassen Sie den Fisch 30 Minuten in der Marinade ziehen.

2 Zermahlen Sie in der Kräuter- und Gewürzmühle Pinienkerne, Knoblauch, getrocknete Tomaten, Parmesan und Basilikumblätter mit dem restlichen Olivenöl, bis alles klein gehackt ist. Der Zitronensaft und das Tomatenpüree werden dann untergerührt.

3 Eine gusseiserne Pfanne bzw. Kasserolle wird jetzt auf mittlerer Hitze erwärmt, bis sie heiß ist. Braten Sie darin Schwertfischsteaks je Seite ca. 2–3 Minuten an, bis sie eine schöne bräunliche Farbe haben.

4 Bereiten Sie den Couscous vor und verteilen Sie Portionen auf die einzelnen vorgewärmten Teller. Der Schwertfisch wird auf dem Couscous angerichtet und mit etwas rotem Pestodressing bedeckt. Garnieren Sie mit Zitronenvierteln und Basilikumblättern und servieren Sie das Gericht sofort.

KABELJAUFRIKADELLEN (FASCHIERTE LAIBCHEN)

ZUTATEN

75 g Weißbrot ohne Rinde, gewürfelt
1 kleines Bund Petersilie
225 g geschälte, in gleichmäßige Stücke geschnittene Kartoffeln
325 g Kabeljaufilets
15ml (1 EL) Sahnemeerrettich
15ml (1 EL) Zitronensaft
Salz und frisch gemahlener schwarzer Pfeffer
Mehl zum Bestäuben
1 geschlagenes Ei
Sonnenblumenöl zum Braten
Zitronenecken zum Garnieren
Remouladensauce, siehe Seite 102

FÜR 4 PERSONEN VORBEREITUNGSZEIT: 20 MINUTEN PLUS ABKÜHLZEIT KOCHDAUER: 25 MINUTEN
ZUBEHÖR: MIXERAUFSATZ/K-HAKEN/FLEISCHWOLF

1 Mit dem Mixeraufsatz verarbeiten Sie die Brotwürfel zu Bröseln und stellen diese zur Seite. Zerhacken Sie die Petersilie mit Hilfe des Mixeraufsatzes und stellen Sie sie ebenfalls beiseite.

2 Die Kartoffeln werden in kochendem Wasser gekocht, bis sie gar sind. Gießen Sie das Wasser ab und lassen Sie die Kartoffeln 10 Minuten lang abkühlen. Pürieren Sie die Kartoffeln mit dem K-Haken in der Kenwood Schüssel.

3 Den Fleischwolf jetzt mit der feinen Lochscheibe versehen und den Fisch direkt in die Schüssel mit dem Kartoffelpüree mahlen.

4 Fügen Sie Petersilie, Meerrettich, Zitronensaft und eine Prise Salz und Pfeffer hinzu. Vermengen Sie diesen Teig mit dem K-Haken auf der niedrigsten Stufe.

5 Mit bemehlten Händen wird der Teig in 8 gleiche Portionen aufgeteilt und zu Frikadellen geformt. Lassen Sie die Frikadellen 30 Minuten lang im Kühlschrank abkühlen.

6 Erhitzen Sie das Öl in einer großen beschichteten Pfanne und braten Sie die Fischfrikadellen pro Seite ca. 4–5 Minuten lang an, bis diese knusprig und goldbraun sind. Tupfen Sie das restliche Öl auf den Frikadellen mit einem saugfesten Küchentuch ab und servieren Sie diese mit Zitronenecken und Petersilie. Wenn gewünscht, reichen Sie Remouladensauce dazu.

Wir ernähren uns heute zunehmend bewusster und dazu gehört es auch zu wissen, woher die Nahrungsmittel stammen, die wir zu uns nehmen. Wenn Sie zum Beispiel Ihre Fleischgerichte selbst zubereiten, können Sie die Qualität des Fleisches und den Fettgehalt bestimmen. Mit dem Fleischwolf können Sie mit Leichtigkeit Kalbs-, Lamm-, Schweinefleisch oder Geflügel für Ihre Lieblingsgerichte vorbereiten. Mit den verschiedenen Zubehörteilen können Sie sogar Ihre eigene Wurst oder Kebabs auf den Tisch zaubern.

Mit dem Schnitzelwerk (Gemüseschnellschneider) oder dem Food Prozessor können Sie Gemüse für Pfannengerichte sowie Kartoffeln für Aufläufe und Eintöpfe vorbereiten. Der Mixeraufsatz bereitet in kürzester Zeit cremige Saucen, die mit Pfannengerichten, gegrillten oder gebratenen Steaks, Burgern und Kebabs hervorragend harmonieren.

FLEISCH UND GEFLÜGEL

LAMMBRATEN NACH „HARISSA"-ART

ZUTATEN

3 rote Paprika, entkernt und halbiert
40 g ganze, blanchierte Mandeln
2 entkernte, rote Chilischoten
5ml geriebener Koriander
2,5ml (1/2 TL) Kümmel
3 geschälte Knoblauchzehen
1 Hand voll frische Korianderblätter
2,5ml (1/2 TL) Salz
15ml (1 EL) Tomatenpüree
1 kg knochenloser Lammschenkel
1 Aubergine, grob geschnitten
8 geschälte, zerkleinerte Schalotten
45ml (3 EL) Olivenöl
30ml (2 EL) frischer, gehackter Koriander oder Petersilie

FÜR 4 PERSONEN VORBEREITUNGSZEIT: 20 MINUTEN KOCHDAUER: 1 STUNDE 20 MINUTEN
ZUBEHÖR: FOOD PROZESSOR ODER KRÄUTER- UND GEWÜRZMÜHLE

❶ Grillen Sie die Paprika im vorgeheizten Grill oder braten Sie sie in einer Pfanne an, bis die Haut goldbraun und das Fruchtfleisch gar ist. Lassen Sie die Paprika mit einer Folie bedeckt leicht abkühlen. Dann häuten Sie sie. In der Zwischenzeit werden die Mandeln entweder mit dem Food Prozessor oder der Kräuter- und Gewürzmühle gehackt und beiseite gestellt.

❷ Zerkleinern und mischen Sie in der Kräuter- und Gewürzmühle oder im Food Prozessor die Chilischoten, den geriebenen Koriander, den Kümmel, den frischen Koriander und das Salz. Fügen Sie die Hälfte der gegrillten Paprika und das Tomatenpüree hinzu und mischen Sie die Zutaten zu einer groben Paste. Geben Sie nun die Mandeln dazu.

❸ Der Ofen wird auf 190°C vorgeheizt. Verteilen Sie die Harissapaste auf der Innenseite des Lammschenkels. Rollen Sie das Fleisch zusammen und befestigen Sie es mit einem Faden oder hölzernen Spießen. Legen Sie das Fleisch auf einen Bratrost in einem Bräter und braten Sie es 1 ¼ Stunden, bis es „medium" gar ist.

❹ Nach 30 Minuten wird die übrige Paprika geviertelt und mit den Auberginenstücken und den Schalotten in einer Pfanne in Olivenöl angebraten. Wenden Sie das Gemüse zweimal während der Kochdauer.

❺ Legen Sie das Lamm auf eine warme Servierplatte. Gießen Sie das überschüssige Fett ab und legen Sie das Gemüse, garniert mit frischem Basilikum oder Petersilie um den Lammbraten herum. Servieren Sie das Gericht sofort.

KASHMIRI-MANDELKOFTAS MIT JOGURT

ZUTATEN

450 g zartes Lammfleisch, in Scheiben geschnitten
1/2 TL frischer Ingwer, gerieben
1 frische grüne Chilischote, feingehackt
5ml (1 TL) gemahlener Koriander
5ml (1 TL) Currypulver
Salz und Pfeffer aus der Mühle
150 g Naturjoghurt
20ml (2 TL) Milchpulver
75 g geraspelte Mandeln
5ml (1 TL) Zucker
15ml (1 EL) Oliven- oder Sonnenblumenöl
1/4 TL Chilipulver

FÜR 4 PERSONEN VORBEREITUNGSZEIT: 15 MINUTEN KOCHDAUER: 30 MINUTEN
ZUBEHÖR: FLEISCHWOLF/K-HAKEN

❶ Der Ofen wird auf 190°C/Gas Stufe 5 vorgeheizt. Mit der feinen Lochscheibe mahlen Sie das Lammfleisch im Fleischwolf und fangen es in der Auffangschüssel auf.

❷ Würzen Sie das gemahlene Fleisch mit Ingwer, grüner Chilischote, gemahlenem Koriander und Currypulver. Schmecken Sie mit Salz und Pfeffer ab.

❸ Jetzt werden 15ml (1 TL) vom Joghurt und die Hälfte des Milchpulvers dazugegeben und mit dem K-Haken auf niedrigster Stufe verrührt.

❹ Teilen Sie die Fleischmasse in 12 Teile und formen Sie diese Stücke zu Bällchen. Rollen Sie die Fleischbällchen in den Mandeln und legen Sie diese auf ein Backblech. Lassen Sie zwischen den Koftas genügend Platz, damit die Bällchen beim Backen aufgehen können.

❺ Vermischen Sie den restlichen Joghurt, Milchpulver, Chilipulver, Zucker und Öl miteinander und verteilen Sie diese Masse gleichmäßig auf alle Kofta-Bällchen bis jedes gut bedeckt ist.

❻ Backen Sie die Koftas unbedeckt 30 Minuten lang, bis die Mandeln goldbraun sind.

LIBANESISCHES LAMMKEBBE

ZUTATEN
115 g Bulgurmehl
325 g zartes, knochenloses Lammfleisch, in Würfel geschnitten
15ml (1 EL) Sonnenblumenöl
1 kleine Zwiebel, fein gewürfelt
30ml (2 EL) Pinienkerne
2,5ml (1/2 TL) gemahlene Gewürzmischung aus Salz und frisch gemahlenem schwarzen Pfeffer und anderen von Ihnen bevorzugten Gewürzen.
50 g Mehl
Öl zum Frittieren
Scharf gewürztes Joghurtdressing als Sauce

FÜR 4 PERSONEN VORBEREITUNGSZEIT: 30 MINUTEN KOCHDAUER: 40 MINUTEN
ZUBEHÖR: FLEISCHWOLF/KEBBE-AUFSATZ/K-HAKEN

1 Das Bulgurmehl wird in einem Topf mit Wasser bedeckt und zum Kochen gebracht. Nach 15 Minuten Köcheln wird das verbliebene Wasser abgegossen und die Bulgurmasse beiseite gestellt.

2 Die feine Lochscheibe wird in den Fleischwolf eingesetzt und das Lamm direkt in die Auffangschüssel gemahlen. Stellen Sie das Hackfleisch/Faschierte dann zur Seite. Erhitzen Sie etwas Öl in einer Pfanne und braten Sie die Zwiebelwürfel 5-6 Minuten an, bis sie goldbraun sind.

3 Fügen Sie die Pinienkerne hinzu und bräunen Sie diese weitere 30–60 Sekunden an. Ein Drittel des Lammhackfleisches/Lammfaschierten wird in die Pfanne gegeben und ca. 10 Minuten lang angebraten. Schmecken Sie die Zutaten mit der Hälfte der Gewürzmischung ab.

4 Die abgegossene Bulgurmasse wird mit dem Rest des Hackfleisches vermischt und der verbliebenen Gewürzmischung abgeschmeckt. Mit dem K-Haken auf Stufe 1 die Zutaten 5 Minuten lang vermengen. Geben Sie die 50g Mehl dazu und kneten Sie solange mit dem K-Haken bis das Mehl untergerührt ist.

5 Der Kebbe-Aufsatz wird auf den Fleischwolf aufgesetzt. Die Bulgurmischung wird durch den Kebbe-Aufsatz gepresst. Die gepresste Masse sollte in Abständen von 7,5 cm jeweils durchgeschnitten werden. Legen Sie die Abschnitte auf eine Platte.

6 Verschließen Sie die Enden und füllen Sie jeweils 1 TL des angebratenen Hackfleisches/Faschierten in die Bulgurteilchen. Verschließen Sie dann die Einfüllenden und formen Sie Bällchen.

7 Erhitzen Sie das Öl zum Frittieren auf ca. 160°C und braten Sie die Kebbebällchen in Portionen pro Seite 3–4 Minuten lang an. Wenn die Kebbe goldbraun angebraten sind, halten Sie diese im Ofen warm, bis auch die restlichen frittiert sind. Servieren Sie die Kebbe-Bällchen heiß mit scharfem Joghurtdressing und Salat.

LAMMRÜCKEN MIT KRÄUTERKRUSTE

ZUTATEN
50 g krustenloses Weißbrot
Eine Hand voll gemischte Kräuter (z. B. Petersilie, Dill, Basilikum)
25 g geschmolzene Butter
Salz und schwarzer Pfeffer aus der Mühle
400–450 g Lammrücken (unnötiges Fett entfernen)

FÜR 2 PERSONEN VORBEREITUNGSZEIT: 10 MINUTEN KOCHDAUER: 35–40 MINUTEN
ZUBEHÖR: MIXERAUFSATZ ODER FOOD PROZESSOR

1 Heizen Sie den Ofen auf 190 °C vor. Benutzen Sie entweder den Mixeraufsatz oder den Food Prozessor mit dem Edelstahlmesser, um die Weißbrotstücke zu Bröseln zu hacken. Wenn Sie den Mixeraufsatz verwenden, schalten Sie diesen zuerst an und geben Sie das Brot durch den Einfülltrichter hinein. Geben Sie die Kräuter dazu und zerkleinern Sie alles.

2 Die Brösel werden in einer Schüssel mit der geschmolzenen Butter übergossen und zu einer Masse vermischt, die dann mit Salz und Pfeffer abgeschmeckt wird.

3 Legen Sie den Lammrücken auf ein Backblech und reiben Sie die obere Seite mit der Bröselmasse ein. Die Backdauer beträgt 35 Minuten für rosa Fleisch und 45 Minuten, wenn Sie Ihr Fleisch gerne durchgebraten essen.

4 Schneiden Sie das fertige Lamm in Scheiben. Serviervorschlag: mit neuen Kartoffeln und grünem Salat.

MIT BACKPFLAUMEN GEFÜLLTES SCHWEINEFILET

ZUTATEN
115 g Weißbrot, ohne Rinde
6 große Salbeiblätter
6 Thymianzweige
1 Zwiebel, geviertelt
50 g Butter
Geriebene Schale und Saft einer Zitrone
Salz und schwarzer Pfeffer aus der Mühle
1 leicht geschlagenes Ei
2 Schweinefilets, je ca. 350 g
8 Streifen durchwachsener Speck
30ml (2 EL) Pflanzenöl
450 g kleine, halbierte Kartoffeln
1 Zwiebel, geachtelt
6 Pflaumen, entsteint und in Stücke geschnitten
10ml (2 TL) grober Senf
5ml (1 TL) klarer Honig

FÜR 4–6 PORTIONEN VORBEREITUNGSZEIT: 25 MINUTEN KOCHDAUER: 65 MINUTEN
ZUBEHÖR: FOOD PROZESSOR

1. Brechen Sie das Brot in Stücke und verarbeiten Sie es im Food Prozessor mit dem Edelstahlmesser zu Bröseln. Fügen Sie Salbei und Thymian hinzu, um die Gewürze mit den Semmelbröseln zu zerkleinern. Stellen Sie die Semmelbrösel in einer Schüssel zur Seite und zerkleinern Sie nun im Food Prozessor die Zwiebel, bis diese sehr fein gehackt ist.

2. Sautieren Sie dann die Zwiebel in der geschmolzenen Butter, bis sie leicht golden ist. Dann wird sie mit Zitronenschale und Zitronensaft, Gewürzen und geschlagenem Ei zu den Semmelbröseln gegeben und gemischt.

3. Heizen Sie den Ofen auf 180°C vor. Die Schweinefilets werden der Länge nach aufgeschnitten, ohne das Fleisch ganz zu durchtrennen. Die Füllung wird auf der einen Hälfte der Filets verteilt und die andere Hälfte wird darüber gelegt, um die Füllung zu bedecken.

4. Dehnen Sie die Speckstreifen, indem Sie diese über einen Messerrücken spannen. Rollen Sie das Schweinefleisch in 2,5 cm breiten Abständen mit den Speckstreifen ein. Sichern Sie die Filetrollen mit Bindfäden. Erwärmen Sie das Öl und die übrige Butter in einem Bräter im Ofen, geben Sie die Schweinefilets dazu und beträufeln Sie diese mit dem Fett. Nach 20 Minuten werden die Kartoffeln dazugegeben und das Ofengericht wird nochmals mit dem Bratenfett beträufelt.

5. Nach weiteren 10 Minuten Backzeit werden die Zwiebelstücke in den Bräter gegeben. Weitere 30 Minuten später werden die Pflaumen für die letzten 5 Minuten dazugegeben. Vermischen Sie Senf und Honig und träufeln Sie diese Flüssigkeit über das Fleisch, während Sie die Pflaumen verteilen. Servieren Sie das Fleisch in breite Streifen geschnitten mit den gebratenen Kartoffeln, Zwiebeln und Pflaumen.

Siehe Abbildung gegenüber.

SCHWEINSWÜRSTEL MIT FENCHEL UND PAPRIKA

ZUTATEN
450 g knochenloser, gehäuteter Schweinebauch, in längliche Streifen geschnitten
2,5 ml (1/2 TL) schwarze Pfefferkörner, grob zerstampft, nicht gemahlen
2,5 ml (1/2 TL) Fenchelsamen
10ml (2 TL) Salz
Schwarzer Pfeffer aus der Mühle
15ml (1 EL) Paprika
1 Ei
25 g frische Semmelbrösel
Wurstdarm, dessen Größe von der Beschaffenheit der Würstel abhängt.

FÜR ERGIBT 8 NORMALE ODER 32 COCKTAILWÜRSTCHEN/-WÜRSTEL VORBEREITUNGSZEIT: 20 MINUTEN
KOCHDAUER: 15–20 MINUTEN ODER 10 MINUTEN ZUBEHÖR: FLEISCHWOLF/K-HAKEN/WURSTFÜLLER

1. Die grobe Lochscheibe wird in den Fleischwolf eingesetzt und das Schweinefleisch in die Auffangschüssel gemahlen. Wenn das gesamte Schweinefleisch gehackt ist, pressen Sie etwas von dem Hackfleisch/Faschiertem nochmals durch den Fleischwolf, wodurch zurückgebliebene Fleischstücke herausgepresst werden.

2. Nun werden grob zerstoßene Pfefferkörner, Fenchelsamen, Salz, Pfeffer, Paprika, das Ei und die Semmelbrösel in die Kenwood Schüssel gegeben und mit dem K-Haken auf niedrigster Stufe mit den Fleisch gemischt.

3. Ersetzen Sie die Lochscheibe durch den Wurstfüller. Feuchten Sie die Spitze an und ziehen Sie den Wurstdarm darüber. Die Wurstfüllung wird nun über das Fleischwolftablett in den Fleischwolf gegeben und dann in den Wurstfüller geschoben. Wenn der Wurstteig verbraucht ist, drehen Sie den Wurstschlauch in regelmäßigen Abständen zu einzelnen Würsten ab. Siehe Seite 15 für weitere Gebrauchsanweisungen.

4. Erhitzen Sie etwas Öl in der Pfanne und braten Sie die Würste/Würstel langsam bei mäßiger Hitze 15–20 Minuten an (oder 10 Minuten für Cocktailwürstchen/-würstel), bis Sie gleichmäßig goldbraun sind.

SCHWEINEFLEISCH NACH CHINESISCHER ART MIT NUDELN

ZUTATEN

1 Knoblauchzehe
1 kleine rote Chilischote
15ml (1 EL) Hoisin-Sauce
15ml (1 EL) Tomatenpüree
15ml (1 EL) Reisessig
15ml (1 EL) Sojasauce
325 g zartes Schweinefilet, in Streifen geschnitten
1 gelbe Paprika, halbiert und entkernt
2 geschälte Karotten
45ml (3 EL) Sonnenblumenöl
115 g kleine Brokkoliröschen
140 g Zuckererbsen, oben und unten abgeschnitten
1 Pak Choi, geviertelt
2 Frühlingszwiebeln, in lange, dünne Streifen geschnitten

Für die Nudeln:

250 g frische Eiernudeln
15ml (1 EL) Sesamöl
15ml (1 EL) frisch gehackter Koriander

FÜR 4 PERSONEN VORBEREITUNGSZEIT: 15 MINUTEN PLUS MARINIERZEIT
KOCHDAUER: 8–10 MINUTEN **ZUBEHÖR:** KRÄUTER- UND GEWÜRZMÜHLE/FOOD PROZESSOR

1. Setzen Sie das Edelstahlmesser in die Kräuter- und Gewürzmühle oder den Food Prozessor ein und mischen Sie Knoblauch, Chili, Hoisin-Sauce, Tomatenpüree, Essig und Sojasauce.

2. Geben Sie das Fleisch in eine nicht aus Metall bestehende Schüssel und übergießen Sie es mit der Marinade. Bedecken Sie die Schüssel, zum Beispiel mit Folie, und lassen Sie das Fleisch mindestens 30 Minuten lang im Kühlschrank ziehen.

3. Mit der groben Schneidscheibe des Food Prozessors wird die Paprika in Scheiben geschnitten. Schneiden Sie die Karotten mit einem Kartoffelschäler zu Streifen.

4. Erhitzen Sie 30ml Öl in einem Wok oder einer großen Pfanne und braten Sie das Schweinefleisch unter ständigem Rühren 3–4 Minuten lang an. Stellen Sie das Fleisch beiseite. Geben Sie das restliche Öl in die Pfanne und braten Sie den Brokkoli 1 Minute lang an. Karotten, Zuckererbsen und Paprika werden untergehoben und weitere 2 Minuten lang angebraten.

5. In der Zwischenzeit werden die Nudeln in einem Topf in kochendem Wasser einige Minuten gekocht (nicht zu weich).

6. Geben Sie das Schweinefleisch wieder in den Wok und fügen Sie den Pak Choi hinzu. Kochen Sie das Gericht 1–2 Minuten lang, bis das Schweinefleisch durchgebraten und das Gemüse zart und knackig ist.

7. Die Nudeln werden nun abgegossen und in Sesamöl mit gehacktem Koriander kurz angebraten. Servieren Sie das Wok-Gericht mit den Eiernudeln auf einem vorgewärmten Teller und garnieren Sie mit den Frühlingszwiebeln.

AMERIKANISCHER HACKBRATEN MIT ZWIEBELSAUCE

ZUTATEN

900 g Steak, in Scheiben geschnitten
10ml (2 TL) Worcestershire-Sauce
30ml (2 EL) gehacktes Basilikum
30ml (2 EL) gehackte Petersilie
15ml (1 EL) Paprika
10ml (2 TL) Salz
10ml (2 TL) scharfe Chilisauce
Schwarzer Pfeffer aus der Mühle
250 g Blätterteig, siehe Seite 165
1 geschlagenes Ei zur Glasur

Für die Zwiebelsauce:

2 große, halbierte Zwiebeln
30ml (2 EL) Sonnenblumenöl
20 g Mehl
425ml Kalbsbrühe
Bratensaft vom Hackbraten
5ml (1 TL) Sojasauce
Salz und Pfeffer aus der Mühle

FÜR 6–8 PORTIONEN **VORBEREITUNGSZEIT:** 35 MINUTEN PLUS ABKÜHLZEIT **KOCHDAUER:** 1 1/2 STUNDEN
ZUBEHÖR: FLEISCHWOLF/K-HAKEN/SCHNITZELWERK (GEMÜSESCHNELLSCHNEIDER) ODER FOOD PROZESSOR

1 Reiben Sie eine 19 x 9 cm große Hackbratenform mit Öl aus (bzw. eine Form, die für 1,1 Liter Inhalt ausreichend ist) und stellen Sie diese beiseite. Der Ofen wird auf 180°C/Gas Stufe 4 vorgeheizt. Die grobe Lochscheibe wird in den Fleischwolf eingesetzt und das Rindfleisch in die Auffangschüssel gemahlen.

2 Worcestershire-Sauce, Petersilie, Basilikum, Paprika, Salz und Chilisauce werden dazugegeben und mit schwarzem Pfeffer abgeschmeckt. Die Zutaten werden mit dem K-Haken auf niedrigster Stufe gemischt.

3 Drücken Sie die Hackfleischmischung/das Faschierte in die vorbereitete Form und backen Sie das Fleisch 1 Stunde lang. Lassen Sie den Braten abkühlen und gießen Sie dann den überschüssigen Saft ab und stellen Sie diesen für die Sauce beiseite.

4 Rollen Sie den Blätterteig so aus, dass sich ein 35 cm großes Quadrat ergibt, und legen Sie den Hackbraten in dessen Mitte. Markieren Sie Quadrate an jeder Ecke des Teiges, deren innere, untere Ecke 1 cm vom Braten entfernt liegt. Schneiden Sie diese daraufhin aus und heben Sie diese Teigreste auf.

5 Mit einem Pinsel verteilen Sie nun etwas von dem geschlagenen Ei an jeder Kante des Teiges. Klappen Sie die zwei Teigränder über den Braten und bringen Sie dann eine Teigseite über die Mitte, so dass die Ecken des Hackbratens geschlossen sind.

6 Pinseln Sie die Oberfläche mit dem geschlagenen Ei ein und klappen Sie den letzten Teigrand nach oben. Die Teigränder sollten sich an der Naht treffen, können aber auch etwas überlappen.

7 Schneiden Sie ein paar Teigblätter aus den Teigresten aus und dekorieren Sie den Braten damit. Der Hackbraten wird jetzt auf ein Backblech gelegt und nochmals mit Eiglasur bestrichen. Die Backzeit beträgt 30 Minuten oder bis der Teig goldbraun ist.

8 Während der Backzeit bereiten Sie die Zwiebelsauce zu. Setzen Sie die grobe Schneidscheibe in das Schnitzelwerk (Gemüseschnellschneider) oder den Food Prozessor ein und schneiden Sie die Zwiebel in Scheiben.

9 Sautieren Sie die Zwiebeln unter regelmäßigem Rühren 20 Minuten lang in Öl bei leichter Hitze, bis die Scheiben angebräunt sind. Es ist sehr wichtig, die Zwiebeln langsam anzubraten, da dies der Bratensauce den dezenten Geschmack verleiht.

10 Mischen Sie das Mehl unter und kochen Sie die Sauce 1–2 Minuten lang. Vorsichtig werden jetzt Brühe und Bratensaft unter Rühren hinzugefügt. Rühren Sie weiter, bis die Sauce kocht und eindickt. Lassen Sie die Sauce eine Minute köcheln, geben Sie die Sojasauce hinzu und würzen Sie dann nach Geschmack.

11 Servieren Sie den Hackbraten in Scheiben geschnitten und mit der Zwiebelsauce.

RINDFLEISCH-BURGER

ZUTATEN
675 g Rinderlende oder Schmorsteak, in lange, dünne Streifen geschnitten
15ml (1 EL) gehackte Mischgewürze (z. B. Petersilie, Basilikum, Thymian)
Schale und Saft einer 1/2 Zitrone
Frisch gemahlener schwarzer Pfeffer
Mehl zum Bestäuben
Pflanzenöl zum Braten
Für die Zwiebelringe:
1 kleine Zwiebel, in Ringe geschnitten
1 leicht geschlagenes Eiweiß
30–40 ml (2–3 EL) Mehl
Als Beilage:
Getoastete Weißbrotscheiben und gemischter Salat

FÜR 4 PERSONEN VORBEREITUNGSZEIT: 20 MINUTEN KOCHDAUER: 10 MINUTEN
ZUBEHÖR: FLEISCHWOLF/K-HAKEN

❶ Setzen Sie die grobe Lochscheibe in den Fleischwolf ein und mahlen Sie das Rindfleisch direkt in die Auffangschüssel. Um eine feinere Beschaffenheit des Hackfleischs/Faschierten zu erlangen, den Vorgang wiederholen.

❷ Fügen Sie Gewürze, Zitronensaft und Zitronenschale und eine großzügige Portion Pfeffer hinzu. Mit dem K-Haken vermischen Sie die Zutaten auf niedrigster Stufe.

❸ Mit bemehlten Händen wird das Hackfleisch/Faschierte jetzt geviertelt und in dicke Burger geformt. Die Burger werden entweder eingeölt und in einem vorgeheizten Grill 4 Minuten pro Seite gegrillt oder in einer Pfanne mit Öl gebraten.

❹ In der Zwischenzeit werden die Zwiebelringe vorbereitet. Tauchen Sie die Ringe jeweils zuerst in das Eiweiß und danach in Mehl. Erhitzen Sie Öl in einer Pfanne und braten Sie die Zwiebeln 1–2 Minuten lang, bis diese goldbraun sind.

❺ Servieren Sie die Burger mit den Zwiebelringen garniert, etwas getoastetem Brot und gemischtem Salat.

RINDSWÜRSTEL MIT SCHWARZEM PFEFFER

ZUTATEN
450 g knochenloses Rindfleisch, in dünne Streifen geschnitten
5ml (1 TL) Salz
10ml (2 TL) frisch gemahlener schwarzer Pfeffer
5ml (1 TL) getrocknete, gemischte Gewürze
1 Ei
50 g frische Semmelbrösel
Je nach Wunsch Wurstdarm für kleine oder große Würste/Würstel

FÜR 10 NORMALE ODER 40 COCKTAILWÜRSTE VORBEREITUNGSZEIT: 20 MINUTEN
KOCHDAUER: 15–20 ODER 8–10 MINUTEN ZUBEHÖR: FLEISCHWOLF/K-HAKEN/WURSTFÜLLER

❶ Setzen Sie die grobe Lochscheibe in den Fleischwolf ein und mahlen Sie das Rindfleisch direkt in die Auffangschüssel. Wenn das gesamte Fleisch gemahlen ist, schieben Sie etwas vom Hackfleisch/Faschierten nochmals durch, wodurch zurückgebliebene Fleischstücke herausgepresst werden.

❷ Geben Sie Salz, Pfeffer, gemischte Gewürze, Ei und Semmelbrösel in die mit dem Fleisch gefüllte Kenwood Schüssel. Mit dem K-Haken wird die Masse auf niedrigster Stufe gemischt.

❸ Ersetzen Sie die Lochscheibe durch den Wurstfüller. Feuchten Sie das Ende des Wurstfüllers mit Wasser an und stülpen Sie den Wurstdarm darüber.

❹ Füllen Sie die Wurstfüllung nun mit Hilfe des Fleischwolfs in den Wurstfüller. Wenn die gesamte Füllung verbraucht ist, drehen Sie den Wurstschlauch in gleichen Abständen ab, um einzelne Würste/Würstel zu schnüren. Siehe Seite 15 für weitere Angaben.

❺ Die Würste/Würstel werden in einer Pfanne mit Öl bei leichter Hitze ca. 15–20 Minuten lang gebraten. Bei Cocktailgröße verkürzt sich die Bratzeit auf 8–10 Minuten. Diese Art von Wurst ist auch gegrillt besonders schmackhaft.

RINDFLEISCH NACH WELLINGTON-ART

ZUTATEN

700–900 g Rinderfilet
Salz und schwarzer Pfeffer aus der Mühle
50 g Butter
15ml (1 EL) Pflanzenöl
2 Zwiebeln, geviertelt
175 g Pilze
280-325 g Blätterteig, siehe S. 165
75 g feine Hühner- oder Entenpâté
Ein geschlagenes Ei zum Glasieren
15 ml (1 EL) Mehl
300ml Rinderbrühe
150ml Rotwein

FÜR 4–6 PERSONEN VORBEREITUNGSZEIT: 25 MINUTEN KOCHDAUER: 45–50 MINUTEN
ZUBEHÖR: FOOD PROZESSOR

1 Würzen Sie das Rinderfilet mit Pfeffer. In einer Pfanne schmelzen Sie die Hälfte der Butter zusammen mit dem Öl und braten das Rindfleisch 4–5 Minuten von allen Seiten an. Stellen Sie das Fleisch auf einem Teller zum Abkühlen beiseite.

2 Setzen Sie das Edelstahlmesser in den Food Prozessor ein und hacken Sie die Zwiebeln in kleine Stücke. Schmoren Sie 3/4 der Zwiebeln 10 Minuten lang in der Pfanne bei leichter Hitze.

3 Benutzen Sie das Edelstahlmesser, um die Pilze fein zu hacken, und fügen Sie diese zu den Zwiebeln hinzu. Braten Sie alles ca. 2–3 Minuten lang oder bis ein Großteil der Flüssigkeit in der Pfanne verdunstet ist. Würzen Sie den Pfanneninhalt und lassen Sie diesen abkühlen.

4 Heizen Sie nun den Ofen auf 220°C vor. Auf einer bemehlten Oberfläche rollen Sie den Blätterteig zu einem Rechteck aus, welches etwas länger und ca. dreimal so breit wie das Fleisch sein sollte. Mischen Sie die Zwiebeln und Pilze mit der Hühner- oder Entenpâté und bestreichen Sie das Fleisch damit. Verstreichen Sie den Rest der Pâté in der Mitte des Teigs auf der Fläche, die später das Rindfleisch bedecken wird.

5 Legen Sie das Fleisch darauf. Rollen Sie das Fleisch in den Teig ein und schneiden Sie die überstehenden Enden des Teiges weg. Verschließen Sie die Enden und legen Sie die Rolle mit der Naht nach unten auf ein angefeuchtetes Backblech.

6 Verwenden Sie die Teigreste, um Blätter zur Dekoration für die Oberfläche der Rolle auszuschneiden. Bestreichen Sie den gesamten Teig mit Ei und backen Sie die Rolle 30 Minuten oder bis der Teig goldbraun geworden ist. Wenn Sie das Fleisch lieber ganz gar essen, lassen Sie es etwas länger im Ofen.

7 In der Zwischenzeit schmelzen Sie die restliche Butter in einer Pfanne und braten den Rest der Zwiebeln 5–6 Minuten lang darin an. Geben Sie das Mehl in die Pfanne und rühren Sie langsam die Brühe und den Wein ein. Lassen Sie die Sauce unter ständigem Rühren aufkochen.

RINDFLEISCH MIT KARTOFFELKRUSTE

ZUTATEN
2 halbierte Zwiebeln
2 geschälte Karotten
550 g zartes Schmorsteak vom Rind, gewürfelt
30ml (2 EL) Mehl
Salz und schwarzer Pfeffer aus der Mühle
60ml (4 EL) Pflanzenöl
6 Streifen durchwachsener Speck
200ml Rotwein
300ml Rinderbrühe
125 g halbierte Knopfpilze
550 g Kartoffeln
15 g Butter
Frische Petersilie, gehackt

FÜR 4 PERSONEN VORBEREITUNGSZEIT: 20 MINUTEN KOCHDAUER: 2 1/2 STUNDEN
ZUBEHÖR: SCHNITZELWERK (GEMÜSESCHNELLSCHNEIDER) ODER FOOD PROZESSOR/KARTOFFELSCHÄLER

1 Benutzen Sie entweder das Schnitzelwerk (Gemüseschnellschneider) oder den Food Prozessor mit der groben Schneidscheibe, um die Zwiebeln in Scheiben zu schneiden. Stellen Sie die Zwiebeln beiseite und schneiden Sie nun die Karotten in Scheiben.

2 Wälzen Sie das Fleisch im Mehl und würzen Sie dieses mit Salz und Pfeffer. Erhitzen Sie nun 30ml (2 EL) Öl in einer großen, feuerfesten Kasserolle und sautieren Sie die Zwiebeln 4–5 Minuten lang darin. Stellen Sie die Zwiebeln beiseite und braten Sie die Speckstreifen 3–4 Minuten lang an, bis diese braun sind. Stellen Sie sie dann bis zum nächsten Schritt beiseite.

3 Geben Sie 15ml Öl in die Kasserolle und braten Sie das Rindfleisch auf hoher Hitze. Gießen Sie den Wein und die Brühe unter ständigem Rühren hinzu, bis die Sauce aufkocht. Nun kommen Zwiebeln, Speck und Karotten dazu. Decken Sie das Gericht ab und lassen Sie es 30 Minuten lang köcheln. Dann werden die Pilze dazugegeben. Die Zutaten müssen nun noch eine weitere Stunde sieden.

4 Heizen Sie Ihren Ofen auf 190°C/Gas Stufe 5 vor. Geben Sie die Kartoffeln in den Kartoffelschäler und lassen Sie sie abreiben, ohne sie zu schälen.

5 Mit der groben Schneidscheibe schneiden Sie die Kartoffeln im Schnitzelwerk (Gemüseschnellschneider) oder im Food Prozessor in Scheiben und schichten diese überlappend auf Fleisch und Gemüse, bis alles vollkommen bedeckt ist.

6 Streichen Sie das restliche Öl darüber und geben Sie die Butter darauf. Würzen Sie mit Salz und Pfeffer und backen Sie das Gericht ca. 40–45 Minuten im Ofen, bis die Kartoffelschicht schön gebräunt ist. Besprenkeln Sie das fertige Gericht mit etwas frischer Petersilie. Servieren Sie als Beilage ein grünes Gemüse wie z. B. Erbsen.

Tipp vom Koch: Wenn während des Siedens überschüssige Sauce entstanden ist, gießen Sie diese ab und servieren Sie sie zum Schluss erwärmt als Beilage.

ZITRONEN-PFEFFER-STEAKS

ZUTATEN
Schale einer Zitrone
5ml (1 TL) schwarze Pfefferkörner
2 geschälte Knoblauchzehen
2,5ml (1/2 TL) grobes Meersalz
1 kleines Bund Koriander oder Petersilie
4 Rumpsteaks, Lendensteaks oder Filetsteaks à 175 g
Sonnenblumenöl zum Braten
Frische Kräuter zur Garnierung

FÜR 4 PERSONEN VORBEREITUNGSZEIT: 10 MINUTEN PLUS MARINIERZEIT
KOCHDAUER: 4–6 MINUTEN ZUBEHÖR: KRÄUTER- UND GEWÜRZMÜHLE

1 Die Zitronenschale mit der Kräuter- und Gewürzmühle klein hacken. Pfefferkörner und Knoblauch dazugeben und die Zutaten in der Mühle weiterverarbeiten, bis die Menge fein gehackt ist.

2 Fügen Sie Meersalz und frische Kräuter hinzu, bis eine einheitliche Marinade entsteht, und reiben Sie damit die Steaks ein. Lassen Sie das Fleisch mindestens 30 Minuten lang ziehen.

3 Ölen Sie eine gusseiserne Pfanne ein und erhitzen Sie diese. Die Steaks werden nun 2–3 Minuten pro Seite darin gebraten oder nach Belieben auch länger, bis sie durch sind. Diese Steaks eignen sich auch wunderbar zum Grillen. Servieren Sie sie mit frischen Kräuterzweigen.

HÄHNCHEN-LAUCH-PFANNKUCHEN (PALATSCHINKEN)

ZUTATEN

1 große Lauchstange
225 g Knopfpilze
30ml (2 EL) Sonnenblumenöl
325 g Hähnchenbrustfilets, in Streifen geschnitten
2,5 ml (1/2 TL) Muskatnuss
Salz und schwarzer Pfeffer aus der Mühle
25 g Butter
25 g Mehl
230ml Milch
8 Pfannkuchen, siehe Seite 166
115 g Gruyèrekäse
60ml Sahne/Obers

FÜR 4 PERSONEN ALS HAUPTSPEISE ODER FÜR 8 PERSONEN ALS VORSPEISE **VORBEREITUNGSZEIT:** 35 MINUTEN **KOCHDAUER:** 30–35 MINUTEN **ZUBEHÖR:** SCHNITZELWERK (GEMÜSESCHNELLSCHNEIDER)

1. Schneiden Sie Lauch und Pilze mit der groben Schneidscheibe des Schnitzelwerks (Gemüseschnellschneiders) in Scheiben direkt in die Auffangschüssel.

2. Erhitzen Sie das Öl in einer Pfanne, bis es heiß ist, und braten Sie die Hähnchenstreifen unter ständigem Wenden ca. 1–2 Minuten lang an. Nun werden Lauch und Pilze hinzugefügt und weitere 5 Minuten gebraten oder bis der Lauch zart und die Flüssigkeit der Pilze verdunstet ist.

3. Würzen Sie nun mit Muskatnuss, Salz und Pfeffer aus der Mühle. Stellen Sie dann die Pfanne zum Abkühlen beiseite, während Sie die Sauce vorbereiten.

4. Schmelzen Sie die Butter in einer Pfanne und verrühren Sie diese mit dem Mehl, bis die Sauce aufkocht. Nehmen Sie die Pfanne von der Herdplatte und mischen Sie die Milch langsam unter. Stellen Sie die Pfanne zurück auf die Herdplatte, bringen Sie die Sauce zum Kochen und rühren Sie so lange weiter, bis diese sich verdickt. Die Sauce kann noch 2 Minuten lang köcheln.

5. Fügen Sie den Inhalt der anderen Pfanne hinzu und schmecken Sie das Gericht mit Gewürzen ab. Lassen Sie die Mischung abkühlen, bevor Sie die Pfannkuchen damit füllen.

6. Der Ofen wird auf 200°C vorgeheizt. Verteilen Sie die Hähnchen-Lauch-Pilz-Füllung gleichmäßig auf die Pfannkuchen. Sie haben zwei Möglichkeiten: Entweder Sie verteilen die Füllung mit einem Löffel gleichmäßig auf dem Pfannkuchen und rollen diesen dann fest zu einer Rolle oder Sie legen die Füllung auf 1/3 des Pfannkuchens und falten diesen zweimal in der Mitte, um eine Tasche zu formen.

7. Reihen Sie die gefüllten Pfannkuchen in einer ofenfesten und eingefetteten Auflaufform in einer Schicht aneinander. Setzen Sie die feine Schneidscheibe in das Schnitzelwerk (Gemüseschnellschneider) ein und reiben Sie damit den Käse. Verteilen Sie den Käse über die Pfannkuchen und gießen Sie die Sahne/das Obers darüber.

8. Die Backzeit beträgt ca. 20–25 Minuten, bis der Käse goldbraun ist und die Pfannkuchen gar sind. Servieren Sie diese Speise mit grünem Salat.

ENTENBRUST MIT FRUCHTGLASUR

ZUTATEN

10 schwarze Pfefferkörner
Eine 5cm lange Zimtstange, in Stücke gebrochen
10 Kardamonschoten
12 Koriandersamen
2,5ml (1/2 TL) grobes Meersalz
4 Entenbrustfilets à 175 g
30ml (2 EL) Zucker
Schale und Saft von 2 Orangen
150ml Rotwein
225 g Preiselbeeren
30ml Johannisbeermarmelade
15ml Rotweinessig
75 g Johannisbeeren
Süßkartoffelpüree als Beilage

FÜR 4 PERSONEN VORBEREITUNGSZEIT: 15 MINUTEN KOCHDAUER: 25–35 MINUTEN
ZUBEHÖR: KRÄUTER- UND GEWÜRZMÜHLE/MIXERAUFSATZ

1 Mahlen Sie in der Kräuter- und Gewürzmühle Zimt, Kardamonschoten, Koriandersamen und Meersalz 20–30 Sekunden lang. Ritzen Sie die Haut und das Fett der Entenbrustfilets ein und verreiben Sie die Gewürzmischung auf der Haut.

2 Bringen Sie Zucker, Preiselbeeren, Wein und Orangensaft in einer Pfanne oder einem Topf zum Kochen. Köcheln Sie den Saft, bis die Preiselbeeren weich sind, und lassen Sie diesen leicht abkühlen. Entfernen Sie ca. 1/4 der Preiselbeeren und heben Sie diese für später auf. Der Rest der Fruchtmischung kommt in den Mixeraufsatz und wird püriert. Schütten Sie das fertige Püree durch ein Sieb zurück in die Pfanne bzw. den Topf.

3 Braten Sie die Entenbrustfilets in einer gerillten Pfanne mit Hautseite nach unten ca. 12–15 Minuten lang auf niedriger Hitze an. Gießen Sie das überschüssige Fett ab.

4 Wenden Sie die Entenbrustfilets und braten Sie diese für weitere 5 Minuten. Alternativ können die Filets aber auch in einem auf 200°C vorgeheizten Ofen ca. 15–20 Minuten lang gebraten werden oder, je nach Geschmack, noch etwas länger.

5 In der Zwischenzeit fügen Sie der Sauce die Johannisbeermarmelade und den Essig hinzu und bringen diese anschließend zum Kochen. Lassen Sie die Flüssigkeit 5 Minuten sieden, bis sie zu Sirup wird. Nun kommen Orangenschale, die aufgehobenen Preiselbeeren und Johannisbeeren dazu, während die Sauce weiterhin köchelt.

6 Zum Servieren werden die Entenbrüste in Scheiben geschnitten, auf ein Bett aus Süßkartoffelpüree gelegt und mit etwas Fruchtglasur beträufelt. Der Rest der Glasur kann als Saucenbeilage gereicht werden.

Tipp vom Koch: Süßkartoffelpüree: 700 g gekochte, pürierte Süßkartoffeln mit 50 g Butter und 30ml Mascarpone oder Sahne/Obers verrühren und gut würzen.

PUTENSTEAKS MIT BRUNNENKRESSESAUCE

ZUTATEN

45ml (3 EL) Mehl
Salz und schwarzer Pfeffer aus der Mühle
2,5ml (1/2 TL) frisch gemahlene Muskatnuss
4 Putensteaks mit einem Gesamtgewicht von 500 g
30ml (2 EL) Sonnenblumenöl
15 g Butter
1 gehackte Zwiebel
150 ml Gemüsebrühe
150 ml trockener Weißwein
1 Bund Brunnenkresse
90ml Sahne/Obers
Frische Brunnenkresse zum Garnieren

FÜR 4 PERSONEN VORBEREITUNGSZEIT: 15 MINUTEN KOCHDAUER: 25 MINUTEN ZUBEHÖR: MIXERAUFSATZ

1 Vermengen Sie 30ml Mehl mit einer Prise Salz, schwarzem Pfeffer und Muskatnuss. Wälzen Sie nun das Putenfleisch darin und schütteln Sie überflüssige Panade ab.

2 Braten Sie die Steaks ca. 5 Minuten lang je Seite in einer großen Pfanne mit Öl, bis ein klarer Saft vom Fleisch abläuft. Die Steaks werden für später auf einen Teller gelegt.

3 Butter und Zwiebeln kommen nun in die Pfanne und werden 4–5 Minuten lang gebraten, bis die Zwiebeln gar sind.

4 Geben Sie den Rest des Mehls mit in die Pfanne und gießen Sie dann langsam den Wein und die Brühe nach. Bringen Sie die Sauce unter ständigem Rühren zum Kochen, bis sich diese verdickt hat.

5 Die Brunnenkresse wird dazugegeben. Lassen Sie die Sauce 5 Minuten lang weiterköcheln und anschließend abkühlen. Dann mixen Sie die Sauce im Mixeraufsatz. Wenn die Sauce sämig geschlagen ist, kommt sie in die gereinigte Pfanne zurück und wird mit Sahne/Obers verfeinert und mit Gewürzen abgeschmeckt.

6 Die Putensteaks werden nun wieder in die Pfanne gelegt und mit der Sauce vorsichtig erwärmt. Verteilen Sie das Putenfleisch auf 4 Teller und übergießen Sie die Steaks mit der Sauce. Garnieren Sie nun das fertige Gericht mit Brunnenkresse, bevor Sie es servieren.

HÜHNERFRIKADELLEN/FASCHIERTE LAIBCHEN NACH CAJUN-ART

ZUTATEN
450 g gehäutetes, knochenloses Hähnchenschenkelfleisch
10ml (2 TL) Cajun-Gewürzemix
10ml (2 TL) scharfe Chilisauce
Salz und frisch gemahlener Pfeffer
15ml (1 EL) gehackte Petersilie
5ml (1 TL) Speisestärke
30ml (2 EL) Mehl
30ml (2 EL) Sonnenblumenöl
1 kleine rote und gelbe Paprika, längs halbiert und entkernt
60ml saure Sahne
Reis und Salat als Beilage

FÜR 4 PERSONEN VORBEREITUNGSZEIT: 20 MINUTEN KOCHDAUER: 15 MINUTEN
ZUBEHÖR: FLEISCHWOLF/K-HAKEN/SCHNITZELWERK (GEMÜSESCHNELLSCHNEIDER)

1. Mahlen Sie das Hähnchenfleisch durch die am Fleischwolf eingesetzte feine Scheibe direkt in die Auffangschüssel.

2. Hinzu kommen der Cajun-Gewürzemix, die Chilisauce, etwas Salz, Speisestärke und Petersilie. Die Zutaten werden mit dem K-Haken auf niedrigster Stufe miteinander gemischt.

3. Zerteilen Sie die Fleischmasse in 16 gleich große Teile und formen Sie Fleischbällchen daraus. Um das Ankleben in der Pfanne zu verhindern, wälzen Sie die faschierten Laibchen in Mehl. Erhitzen Sie das Öl in einer Pfanne und braten Sie die Laibchen auf niedriger Stufe bis sie auf beiden Seiten braun sind (ca. 10 Minuten).

4. In der Zwischenzeit wird die grobe Schneidscheibe in das Schnitzelwerk (Gemüseschnellschneider) eingesetzt und die Paprika in dünne Streifen geschnitten. Die Streifen werden in die Pfanne gegeben und die Kochtemperatur hochgeschaltet. Ca. 5 Minuten braten, bis die Paprikastreifen an den Rändern leicht braun sind.

5. Die Pfanne wird jetzt von der Herdplatte genommen und die saure Sahne dazugegeben. Würzen Sie gut!

6. Lassen Sie die Sahne/das Obers 2–3 Minuten einkochen. Serviervorschlag: Mit Reis und gemischten Salatblättern anrichten.

HÄHNCHENWÜRSTEL MIT ZITRONE UND SCHNITTLAUCH

ZUTATEN
450 g gehäutetes, knochenloses Hähnchenfleisch, vorzugsweise Hähnchenschenkelfleisch, in Streifen geschnitten
10ml (2 TL) gehackter Schnittlauch
5ml (1 TL) Salz
Frisch gemahlener schwarzer Pfeffer aus der Mühle
15ml (1 EL) Zitronensaft
5ml (1 TL) fein geriebene Zitronenschale
1 Ei
50 g frische Semmelbrösel
Wurstdarm je nach Bedarf, normal oder klein

FÜR ERGIBT 8 NORMALE ODER 32 COCKTAILWÜRSTEL VORBEREITUNGSZEIT: 20 MINUTEN
KOCHDAUER: 15–20 ODER 10 MINUTEN ZUBEHÖR: FLEISCHWOLF/K-HAKEN/WURSTFÜLLER

1. Die feine Lochscheibe in den Fleischwolf einsetzen und damit das Hähnchenfleisch direkt in die Auffangschüssel zu Hackfleisch/Faschiertem verarbeiten. Etwas Hackfleisch/Faschiertes noch einmal durch den Fleischwolf geben, um zurückgebliebene Fleischstücke herauszupressen.

2. Hähnchenfleisch mit Schnittlauch, Salz, Pfeffer, Zitronensaft, Zitronenschale, Ei und Semmelbröseln in der Kenwood Schüssel mit dem K-Haken auf niedrigster Stufe vermischen.

3. Ersetzen Sie die Schneidscheibe durch den Wurstfüller und feuchten Sie die Düse an. Stülpen Sie den Wurstdarm darüber. Geben Sie die Wurstfüllung nun durch den Fleischwolf in den Wurstfüller.

4. Wenn die gesamte Füllung verbraucht ist, drehen Sie den Schlauch in gleichen Abständen ab, um einzelne Würste zu formen, je nach Wunsch in Normalgröße oder Cocktailgröße. Siehe Seite 15 für weitere Angaben.

5. Die Würstel werden in einer Pfanne mit Öl bei leichter Hitze ca. 15–20 Minuten lang langsam gebraten. Bei Cocktailgröße verkürzt sich die Bratzeit auf ca. 10 Minuten. Diese Art von Wurst ist auch gegrillt besonders schmackhaft.

Variation: Um hautlose Würstel zu erhalten, lassen Sie einfach den Wurstdarm weg. Bereiten Sie auf einer großen Fläche je 15ml (1 EL) Mehl und Sesamkörner vor. Wenn der Wursteig aus dem Wurstfüller kommt, rollen Sie diesen einmal durch die Mehl-Sesam-Mischung und schneiden ihn dann in einzelne Wurstportionen. In etwas Öl anbraten – schon fertig!

Eier und Käse sind die wahrscheinlich vielseitigsten Lebensmittel und bieten endlose kulinarische Möglichkeiten. Verwenden Sie den Schneebesen, um Füllungen für Torten und Quiches zu zaubern sowie Eier für Omelettes und Eiweiß für Soufflés zu schlagen.

Im Schnitzelwerk (Gemüseschnellschneider), in der Trommelraffel und im Food Prozessor können Sie jeden Käse mit Leichtigkeit reiben, um Omelettes und Tortillas zu füllen, Quiches aufzupeppen, Saucen zu verfeinern, Pizza zu belegen oder Käsefondue zuzubereiten. Die Trommelraffel ist besonders für harte Käsesorten wie Parmesan und Pecorino geeignet.

EIER UND KÄSE

DOPPELT GEBACKENE SOUFFLÉS

ZUTATEN
- 50 g Parmesankäse
- 75 g gereifter Cheddarkäse
- 115 g Blumenkohlröschen (Karfiolröschen)
- 115 g Broccoliröschen
- Salz und schwarzer Pfeffer aus der Mühle
- 150ml Milch
- 40 g Butter
- 40 g Mehl
- 3 große Eier, getrennt
- 230ml Sahne/Obers
- 15ml (1 EL) grober Senf
- Cocktailtomaten zur Dekoration

FÜR 6 **PERSONEN** **VORBEREITUNGSZEIT:** 25 MINUTEN **KOCHDAUER:** 55–60 MINUTEN
ZUBEHÖR: TROMMELRAFFEL/MIXERAUFSATZ/BALLONSCHNEEBESEN

1. Setzen Sie die feine Reibetrommel in die Trommelraffel ein und reiben Sie den Parmesankäse. 1 EL des geriebenen Käses zur weiteren Verwendung zur Seite stellen. Reiben Sie jetzt den Cheddar mit der groben Reibscheibe.

2. Fetten Sie nun 6 Auflaufformen à 200ml ein und legen Sie deren Böden mit Backpapier aus. Bestäuben Sie die Seiten der Formen mit dem 1 EL Parmesan. Heizen Sie den Ofen auf 180°C.

3. Kochen Sie die Blumenkohl- und Brokkoliröschen ca. 7-8 Minuten in einem Topf mit gesalzenem Wasser, so dass sie noch fest sind. Gießen Sie das heiße Wasser ab, und schrecken Sie das Gemüse mit kaltem Wasser ab.

4. Pürieren Sie das Gemüse zusammen mit der Milch im Mixeraufsatz. Schmelzen Sie die Butter in einem Topf und rühren Sie das Mehl unter. Nach 30 Sekunden nehmen Sie den Topf von der Platte und mischen das Gemüsepüree darunter. Würzen Sie mit Salz und Pfeffer. Zurück auf der Herdplatte bringen Sie alles zum Kochen. Unter ständigem Rühren wird der Inhalt dickflüssig.

5. Lassen Sie das Soufflé leicht abkühlen und rühren Sie ein Eigelb nach dem anderen unter. Mischen Sie Cheddar und Parmesankäse unter die Masse, um eine cremige Konsistenz zu erreichen. In der Kenwood Schüssel schlagen Sie mit dem Rührbesen das Eiweiß zu steifem Schnee. Heben Sie den Eischnee vorsichtig unter die Souflé-Masse.

6. Verteilen Sie die Masse auf die Auflaufformen und stellen Sie diese in ein Wasserbad. Das Wasser sollte etwa bis zur Hälfte der Formen reichen. Nach 25–30 Minuten Backzeit sollten die Soufflés leicht goldbraun und ihre Oberfläche fest sein.

7. Lassen Sie die Formen abkühlen. Mit einem abgerundeten Messer trennen Sie die Soufflés von den Auflaufformen und stürzen Sie sie danach in einzelne Gratin-Teller.

8. Heizen Sie den Ofen auf 200°C vor. Vermengen Sie den Senf mit der Sahne/dem Obers und bestreichen Sie die Soufflés damit. Nach ca. 15 Minuten Backzeit sind die Soufflés goldbraun überbacken. Servieren Sie die Speise mit Cocktailtomaten als Garnitur.

Siehe Abbildung auf Seite 68

KARTOFFELTORTILLA MIT BRIE

ZUTATEN

1 geschälte und längs halbierte Zwiebel
1 Lauchstange, an Kopf und Ende abgeschnitten und in der Breite geteilt
60ml (4 EL) Sonnenblumenöl
450 g kalte, geschälte Kartoffeln
6 große Eier
Salz und frisch gemahlener schwarzer Pfeffer
115 g Brie, in Stücke geschnitten
30ml (2 EL) frisch gehackte Petersilie

FÜR 4 **PERSONEN** **VORBEREITUNGSZEIT:** 15 MINUTEN **KOCHDAUER:** 27–30 MINUTEN
ZUBEHÖR: FOOD PROZESSOR ODER SCHNITZELWERK (GEMÜSESCHNELLSCHNEIDER)/BALLONSCHNEEBESEN

1. Verwenden Sie entweder den Food Prozessor oder das Schnitzelwerk (Gemüseschnellschneider) mit der groben Schneidscheibe, um Lauch und Zwiebeln in Scheiben zu schneiden. Erhitzen Sie die Hälfte des Sonnenblumenöls in einer großen beschichteten Pfanne und braten Sie Zwiebeln und Lauch 8-10 Minuten auf mittlerer Hitze, bis sie weich sind.

2. Mit der groben Schneidscheibe schneiden Sie die Kartoffeln in Scheiben. Nehmen Sie mit einem Siebschöpfer nun Zwiebeln und Lauch aus der Pfanne. Geben Sie die Kartoffeln und das restliche Öl in die Pfanne und braten Sie die Kartoffeln auf mittlerer Hitze ca.10 Minuten lang an, bis diese goldbraun sind.

3. Die Eier werden mit dem Schneebesen geschlagen und Gewürze, Lauch, Zwiebel und Brie untergemischt. Schütten Sie diese Sauce über die Kartoffeln in der Pfanne und vermengen Sie die Zutaten. Streuen Sie Petersilie darüber.

4. Kochen Sie die Tortilla bei mittlerer Hitze 6–8 Minuten lang oder bis Rand und Boden gebräunt sind. Nehmen Sie sie aus der Pfanne und legen Sie diese nun für ca. 3 Minuten oder bis sie leicht angebräunt ist auf einen vorgeheizten Grill. Tortillas schmecken heiß oder warm und werden am besten mit Salat serviert.

QUICHE MIT BRUNNENKRESSE UND GERÄUCHERTEM LACHS

ZUTATEN

1 Portion Haferteig, siehe Seite 165
50 g Brunnenkresse
1 geviertelte Zwiebel
15ml (1 EL) Sonnenblumenöl
50 g Cheddarkäse
3 Eier
150ml Milch
90ml Sahne/Obers
Salz und frisch gemahlener schwarzer Pfeffer
100 g geräucherter Lachs
Grob gehackte Gemüsedekorationen

FÜR 4–6 **PERSONEN** **VORBEREITUNGSZEIT:** 15 MINUTEN PLUS KÜHLZEIT **KOCHDAUER:** 45–50 MINUTEN
ZUBEHÖR: FOOD PROZESSOR

1. Rollen Sie den Teig auf einer mehligen Oberfläche aus und legen Sie ihn in eine mit Butter/Margarine eingefettete Springform mit ca 20 cm Durchmesser aus. Der Teig sollte etwa 4 cm tief sein. Kühlen Sie den Teig für 20 Minuten.

2. Heizen Sie Ihren Ofen auf 200°C vor. Stechen Sie den Teigboden mit einer Gabel ein und legen Sie ein fettabsorbierendes Backpapier auf den Teig in der Backform, streuen Sie Backerbsen darüber und backen Sie den Teig 15–20 Minuten lang. Entfernen Sie Backerbsen und Papier nach 10–15 Minuten. Die Ofentemperatur wird jetzt auf 180°C reduziert.

3. In der Zwischenzeit hacken Sie die Brunnenkresse grob mit dem Edelstahlmesser im Food Prozessor. Hacken Sie nun die Zwiebel und braten sie in einer Pfanne mit Sonnenblumenöl an, bis sie gar und goldbraun ist. Geben Sie die gehackte Brunnenkresse mit in die Pfanne und braten Sie diese eine Minute an, bis sie welk ist.

4. Mit der feinen Schneidscheibe wird der Käse gerieben. Vermischen Sie Eier, Milch, Sahne/Obers und Gewürze.

5. Brunnenkresse und Zwiebel werden über den Teig gestreut, die Hälfte des Käses obenauf. Schichten Sie den Räucherlachs darüber und bedecken Sie diesen mit dem Rest des Käses. Die Eiermischung wird darüber gegossen.

6. Die Backzeit beträgt 30 Minuten bis die Quiche goldbraun geworden ist. Servieren Sie die Speise warm oder kalt.

Variation: Für eine traditionelle Quiche Lorraine ersetzen Sie die Brunnenkresse und den Lachs durch krosse Baconstückchen und verdoppeln Sie die Käsemenge.

KARTOFFEL-GNOCCHI MIT GORGONZOLASAUCE

ZUTATEN

700 g mehlige Kartoffeln
Salz und schwarzer Pfeffer aus der Mühle
2 Eigelb
150–175 g Mehl

Für die Sauce:

175 g Gorgonzola Käse, zerbröckelt
90ml Sahne/Obers (Doppelrahmstufe)
15ml gehackter Schnittlauch
Frische Basilikumblätter
Meersalz und frisch gemahlener schwarzer Pfeffer

FÜR 4 PERSONEN VORBEREITUNGSZEIT: 25 MINUTEN KOCHDAUER: 30 MINUTEN
ZUBEHÖR: PASSIERAUFSATZ/K-HAKEN

1 Die ungeschälten Kartoffeln werden ca. 20 Minuten lang in leicht gesalzenem Wasser gekocht, bis sie gar sind. Das Wasser abgießen und die Kartoffeln schälen, wenn diese abgekühlt sind. Setzen Sie die grobe Siebeinlegscheibe mit der groben Seite nach oben in den Passieraufsatz und passieren Sie die Kartoffeln direkt in die Kenwood Schüssel.

2 Entfernen Sie den Passieraufsatz und schließen Sie den K-Haken an die Küchenmaschine an. Geben Sie etwas Salz, die Eigelb und das Mehl unter ständigem Rühren zu den passierten Kartoffeln dazu. Sobald die Mischung glatt und etwas klebrig ist, haben Sie genug Mehl hinzugefügt. Die Feuchtigkeit der Kartoffeln ist je nach Sorte verschieden.

3 Legen Sie den Gnocchi-Teig auf eine mit Mehl bestreute Oberfläche. Rollen Sie den Teig in 2,5 cm breite Rollen und schneiden Sie diese dann in 2 cm lange Stückchen. Jedes dieser Stückchen drücken Sie mit einer Gabel ein, um Rillen zu formen.

4 Geben Sie 20–25 Gnocchi auf einmal in einen Topf mit kochendem Wasser und kochen Sie diese, bis sie an der Oberfläche schwimmen. Nach weiteren 45–60 Sekunden nehmen Sie die Gnocchi mit einem Seiher aus dem Wasser. Wiederholen Sie den Kochvorgang, bis keine Gnocchi mehr übrig sind.

5 Gorgonzola und Sahne/Obers werden in einer Pfanne langsam erhitzt, bis der Käse geschmolzen ist. Geben Sie die fertigen Gnocchi dazu, rühren Sie sie unter die Sauce und servieren Sie das Gericht mit Schnittlauch, Basilikum, Meersalz und schwarzem Pfeffer gewürzt und garniert.

Siehe Abbildung gegenüber.

CLAFOUTIS MIT SPECK, ZWIEBELN UND TOMATEN

ZUTATEN

6 Speckstreifen
280 g Eiertomaten
75 g Pecorinokäse
2 Eier
1 Eigelb
25 g geschmolzene Butter
Salz und Pfeffer aus der Mühle
50 g Mehl
300 ml Milch
6 gehackte Frühlingszwiebeln

FÜR 4 PERSONEN VORBEREITUNGSZEIT: 20 MINUTEN KOCHDAUER: 30–40 MINUTEN
ZUBEHÖR: TROMMELRAFFEL/BALLONSCHNEEBESEN

1 Heizen Sie den Ofen auf 190°C vor. Fetten Sie eine 1,4 Liter Inhalt fassende ofenfeste Auflaufform leicht ein. Der Speck wird knusprig gegrillt, in große Stücke geschnitten und in die Form gegeben, die in Hälften geschnittenen Tomaten kommen darüber.

2 Der Pecorino wird mit Hilfe der feinen Reibetrommel in der Trommelraffel gerieben.

3 Mischen Sie Eier, Eigelb, geschmolzene Butter und Gewürze mit dem Ballonschneebesen in der Kenwood Schüssel. Geben Sie unter ständigem Rühren das Mehl dazu und im Anschluss die Milch.

4 Mischen Sie die Frühlingszwiebeln und den Käse (bis auf 30 g) darunter. Diese Mischung wird jetzt über den Speck und die Tomaten gegeben, mit dem restlichen Käse bestreut und 25–35 Minuten lang im Ofen gebacken bis der Teig goldbraun ist. Servieren Sie dieses Gericht warm.

KÄSE-CHILI-STICKS

ERGIBT ETWA 24 STICKS VORBEREITUNGSZEIT: 15 MINUTEN KOCHDAUER: 10-12 MINUTEN
ZUBEHÖR: K-HAKEN

ZUTATEN
175 g Mehl
1 Prise Salz
75 g Butter, in Stücke geschnitten
50 g Cheddar- oder Emmentalerkäse, gerieben
5ml (1 TL) mildes Chilipulver
1 Ei
1 geschlagenes Ei zum Glasieren
Sesam- und Mohnkörner zum Bestreuen

1. Der Ofen wird auf 180°C vorgeheizt. Fetten Sie zwei Backbleche ein. Mischen Sie Mehl, Salz und Butter mit dem K-Haken in der Kenwood Schüssel, bis die Masse kleinen Semmelbröseln ähnelt.

2. Geben Sie Käse und Chilipulver dazu und mixen Sie weiter, bis eine geschmeidige Masse entstanden ist. Dann rühren Sie das Ei unter, bis Sie einen glatten Teig haben.

3. Auf einer mehligen Oberfläche rollen Sie den Teig zu einem 12,5 cm breiten Rechteck mit 7 mm Durchmesser aus. Halbieren Sie den Teig und bepinseln Sie ihn mit dem Ei. Bestreuen Sie eine Hälfte mit Sesam und die andere mit Mohn.

4. Schneiden Sie 1,2 cm breite Streifen aus und backen Sie diese ca. 10–12 Minuten auf den vorbereiteten Blechen. Die goldbraunen Sticks lassen Sie nun kurz abkühlen.

SPAGHETTI-SPARGEL-FRITTATA

FÜR 4 PERSONEN VORBEREITUNGSZEIT: 20 MINUTEN KOCHDAUER: 15–20 MINUTEN
ZUBEHÖR: FOOD PROZESSOR/BALLONSCHNEEBESEN

ZUTATEN
175 g Spargel
115 g aufgetaute dicke Bohnen oder dicke Bohnen aus der Dose
50g Parmesankäse
1 Hand voll frische Gewürze (z. B. Petersilie, Oregano, Basilikum)
6 große Eier
30ml Milch
Salz und schwarzer Pfeffer aus der Mühle
225 g gekochte, aber kalte Spaghetti oder Pasta Ihrer Wahl

1. Schneiden Sie den Spargel in 2,5 cm lange Stücke. Kochen Sie den Spargel in einem Topf mit kochendem Wasser ca. 5–6 Minuten oder bis dieser gar ist. Schrecken Sie den Spargel mit kaltem Wasser ab und tupfen Sie ihn mit Küchenpapier trocken.

2. Drücken Sie die Bohnen aus ihrer Haut heraus und mischen Sie diese mit den Spargelstreifen.

3. Verwenden Sie den Food Prozessor mit der feinen Reib-/Raspelscheibe, um den Parmesan zu reiben. Mit dem Edelstahlmesser hacken Sie nun die Gewürze klein.

4. Verrühren Sie die Eier, Gewürze und Milch mit dem Schneebesen in der Kenwood Schüssel. Sparen Sie 30 g vom Käse auf und geben Sie den Rest mit den gehackten Gewürzen in die Schüssel. Mischen Sie alles auf Stufe 1 weiter.

5. Spargel, Bohnen und Spaghetti kommen mit in die Schüssel und werden untergerührt. In einer beschichteten Pfanne mit 23 cm Durchmesser erhitzen Sie das Öl und geben dann die Eimixtur hinein. Bei mittlerer Hitze backen Sie die Frittata ca. 6–8 Minuten oder bis der Boden golden ist.

6. Streuen Sie den restlichen Parmesan über die Frittata und backen Sie diese anschließend in einem vorgewärmten Grill, um die Oberfläche leicht anzubräunen. Die fertige Frittata wird auf einem vorgewärmten Teller in Dreiecke geschnitten serviert.

Tipp vom Koch: Traditionellerweise wird die Frittata in der Pfanne gewendet, ohne im Grill gebacken zu werden. Dazu fügen Sie in Schritt 3 den gesamten Käse hinzu. Lockern Sie die Frittata vom Pfannenboden und decken Sie die Pfanne mit einem großen Teller ab. Halten Sie den Teller mit Ofenhandschuhen gut fest und wenden Sie die Pfanne so, dass die Frittata auf dem Teller liegt. Schieben Sie die Frittata zurück in die Pfanne und braten diese noch ca. 3–4 Minuten lang an.

PIZZA MIT MOZZARELLA, PILZEN UND FRISCHEN TOMATEN

ZUTATEN

225 g Mehl
5ml (1 TL) Salz
5ml (1 TL) trockene Hefe
150ml lauwarmes Wasser
15ml Olivenöl

Für den Belag:

1 längs halbierte Zwiebel
75 g Pilze
1 gelbe Paprika, halbiert und entkernt
150 g Mozzarella
45ml (3 EL) Olivenöl
45ml (3 EL) Tomatenpaste aus getrockneten Tomaten
50 g Fetakäse
4 grob geschnittene Tomaten
Salz und Pfeffer aus der Mühle
Basilikumblätter zur Dekoration

FÜR 4 PERSONEN VORBEREITUNGSZEIT: 20 MINUTEN PLUS GEHZEIT KOCHDAUER: 25–30 MINUTEN
ZUBEHÖR: KNETHAKEN/SCHNITZELWERK (GEMÜSESCHNELLSCHNEIDER) ODER FOOD PROZESSOR

1 Befestigen Sie den Knethaken. Mehl, Salz und Hefe kommen in die Kenwood Schüssel. Fügen Sie vorsichtig Wasser und Olivenöl auf niedrigster Geschwindigkeitsstufe dazu. Lassen Sie den Teig ca. 5 Minuten kneten, bis er elastisch und glatt ist.

2 Der Pizzateig wird auf einer bemehlten Oberfläche zu einem glatten Ball geformt. Rollen Sie den Teig dann zu einer runden Fläche mit 30 cm Durchmesser aus, legen ihn auf ein leicht eingefettetes Pizzablech oder Backblech und pressen Sie die Ränder mit den Fingern nach oben.

3 Bestreichen Sie die Teigoberfläche mit etwas Öl und lassen Sie den Teig an einem warmen Ort 30–40 Minuten gehen bis er luftig ist.

4 Währendessen wird der Belag vorbereitet. Mit der groben Schneidscheibe des Schnitzelwerks (Gemüseschnellschneiders) oder Food Prozessors die Zwiebel in Scheiben schneiden und zur Seite stellen. Pilze und Paprika ebenfalls in Scheiben schneiden und ebenfalls zur Seite stellen. Mit der groben Raspelscheibe reiben Sie jetzt den Mozzarella.

5 Erhitzen Sie 30ml Olivenöl in einer Pfanne und braten Sie die Zwiebel ca. 10 Minuten bei niedriger Temperatur darin an bis diese gar und goldbraun sind. Rühren Sie immer wieder um. Nun wird der Ofen auf 220 °C vorgeheizt.

6 Bestreichen Sie den Pizzaboden mit der Tomatenpaste. Vermischen Sie Feta und Mozzarella und streuen Sie die Hälfte davon über die Pizza. Nun verteilen Sie die Tomaten, Zwiebeln, Pilze und Paprika als Belag über die Pizza und bestreuen diese ein letztes Mal mit dem restlichen Käse. Würzen Sie die Pizza nach Geschmack.

7 Was von dem Öl noch übrig ist, wird jetzt über die belegte Pizza geträufelt, bevor diese 25–30 Minuten lang im Ofen gebacken wird. Die Pizza ist fertig, wenn der Teig gut aufgestiegen ist und alles knusprig und goldbraun geworden ist. Servieren Sie mit frischen Basilikumblättern garniert.

KÄSEFONDUE

ZUTATEN

1 Knoblauchzehe, halbiert
150 g Emmentalerkäse
175 g Gruyèrekäse
150ml trockenen Weißwein
30ml Kirschschnaps
2 Teelöffel Maismehl
1 Prise Muskatnuss
Frisch gemahlener Pfeffer aus der Mühle
Knusprige Brotwürfel und rohes Gemüse zum Dippen

FÜR 4 PERSONEN VORBEREITUNGSZEIT: 10 MINUTEN KOCHDAUER: 10 MINUTEN
ZUBEHÖR: TROMMELRAFFEL ODER SCHNITZELWERK (GEMÜSESCHNELLSCHNEIDER)

❶ Reiben Sie Ihren Fonduetopf mit Knoblauch aus. Setzen Sie die feine Reibetrommel in die Trommelraffel oder die feine Raspelscheibe in das Schnitzelwerk (Gemüseschnellschneider) ein reiben Sie die verschiedenen Käsesorten.

❷ Der Wein wird jetzt im Fonduetopf langsam erwärmt, bis er heiß ist. In der Zwischenzeit werden Maismehl und Kirschwasser in einer Tasse vermischt.

❸ Mit einem Holzlöffel rühren Sie nun den Emmentaler und den Gruyère in den heißen Wein ein. Geben Sie die Kirschwassermischung, Muskatnuss und schwarzen Pfeffer dazu. Rühren Sie weiter, bis das Fondue dickflüssig und cremig wird.

❹ Lassen Sie den Fonduetopf über einem Brenner vorsichtig weiterköcheln und servieren Sie die Brotwürfel und das frische Gemüse zum Dippen dazu.

GOLDENES ZWIEBELTÖRTCHEN

ZUTATEN

1 Portion Mürbeteig, siehe Seite 165
400 g geschälte und längs halbierte Zwiebeln
30ml Pflanzenöl
15ml Balsamico-Essig
2 Eier
1 Eigelb
200ml Milch
100ml Crème fraîche
Salz und schwarzer, frisch gemahlener Pfeffer
50 g Roquefortkäse
30 g frisch geriebener Parmesankäse

FÜR 4 PERSONEN VORBEREITUNGSDAUER: 15 MINUTEN PLUS KÜHLZEIT KOCHZEIT: 40–45 MINUTEN
ZUBEHÖR: SCHNITZELWERK (GEMÜSESCHNELLSCHNEIDER/BALLONSCHNEEBESEN

❶ Rollen Sie den Teig auf einer mehligen Oberfläche aus und legen Sie damit eine runde Springform mit ca. 23 cm Durchmesser aus. Stellen Sie diese nun 30 Minuten lang kühl.

❷ Heizen Sie Ihren Ofen auf 200°C vor. Backen Sie den Teig 15 Minuten lang. Die Ofentemperatur wird jetzt auf 190°C reduziert und der Teig nochmals 5 Minuten lang gebacken.

❸ Schneiden Sie die Zwiebeln mit der feinen Schneidscheibe im Schnitzelwerk (Gemüseschnell-schneider) in Scheiben.

❹ Braten Sie die Zwiebeln 20 Minuten lang im Öl in einer Pfanne auf mittlerer Hitze, bis sie goldbraun und karamelisiert sind. Jetzt rühren Sie den Balsamico-Essig unter und lassen das Ganze noch zwei Minuten lang kochen.

❺ Eier, Eigelb, Milch und Crème fraîche werden gewürzt und mit dem Schneebesen in der Kenwood Schüssel geschlagen. Die Zwiebelmischung wird auf dem Teig verteilt und mit dem Roquefort bestreut, dann geben Sie bitte die geschlagene Eimischung darüber. Zum Schluss bestreuen Sie alles mit dem Parmesan.

❻ Anschließend backen Sie die Zwiebeltorte etwa 20–25 Minuten lang, bis sie fest und goldbraun ist. Servieren Sie dieses Gericht warm, nach Wunsch mit frischem Salat.

GOUGÈRE MIT WILDEN PILZEN

ZUTATEN

115 g Gruyèrekäse
1 Portion Brandteig, siehe Seite 164
Salz und schwarzer Pfeffer aus der Mühle
1 geschlagenes Ei zum Bepinseln

Für die Pilzfüllung:

1 längs halbierte Zwiebel
25 g Butter
15ml Pflanzenöl
1 gepresste Knoblauchzehe
450 g gemischte Pilze, z. B. Shiitake, Portabellini, Chanterelle, Crimini
90ml Sahne/Obers
Frisch geriebene Muskatnuss
10ml (2 TL) guter Senf
Gehackter Schnittlauch zur Dekoration

FÜR 4 PERSONEN VORBEREITUNGSZEIT: 20 MINUTEN KOCHDAUER: 30–40 MINUTEN
ZUBEHÖR: FOOD PROZESSOR ODER SCHNITZELWERK (GEMÜSESCHNELLSCHNEIDER)

1 Ofen auf 220°C vorheizen. Legen Sie ein Backblech mit Backpapier aus und markieren Sie darauf einen Kreis mit 23 cm Durchmesser.

2 Reiben Sie mit der groben Raspelscheibe im Food Prozessor oder im Schnitzelwerk (Gemüseschnell-schneider) den Käse. Heben Sie 25ml davon auf und mischen Sie den Rest unter den Brandteig. Würzen Sie mit Salz und Pfeffer aus der Mühle.

3 Portionieren Sie mit dem Löffel Teighäufchen und platzieren Sie sie entlang des Kreisaußenrandes auf dem Backpapier. Bestreichen Sie die Teighäufchen mit geschlagenem Ei und streuen Sie den restlichen Käse anschließend darüber. Die Backzeit beträgt 30–40 Minuten bis die Bällchen gut aufgegangen, golden und knusprig sind.

4 Während der Backzeit bereiten Sie die Füllung vor. Setzen Sie die grobe Schneidscheibe in eines der Geräte und schneiden Sie die Zwiebel damit in Scheiben. In einer Pfanne schmelzen Sie die Butter und das Öl und braten die Zwiebelstücke darin an, bis diese gar sind (ca. 5–6 Minuten). Geben Sie den Knoblauch hinzu und lassen Sie Zwiebeln und Knoblauch für zwei Minuten anbraten.

5 Die größeren Pilze in Scheiben schneiden und die kleineren halbieren. Pilze mit in die Pfanne geben und ca. 10 Minuten bei leichter Hitze anschwitzen, bis die meiste Flüssigkeit verdunstet ist. Würzen und schmecken Sie die Pilzmischung mit Sahne/Obers ab. Mit etwas Muskatnuss und Senf können Sie den Geschmack noch verfeinern.

Serviervorschlag: Die Gougères auf einem warmen Teller servieren. Die Pilzmischung in die Mitte häufen, mit Schnittlauch garnieren – fertig!

Unser Angebot an Pasta-Aufsätze (Italienischer Pasta-Aufsatz mit Zusatzaufsätzen und Pasta Fresca-Aufsatz mit Einsätzen) gibt Ihnen einerseits die Möglichkeit, flache Nudelplatten für Lasagne und Ravioli herzustellen und, mit weiterem Zubehör, Spaghetti, Trenette und Tagliolinizuzubereiten. Röhrenförmige Pasta wie Makkaroni und Rigatoni sind mit dem Pasta Fresca-Aufsatz kein Problem.

Mit dem Schnitzelwerk (Gemüseschnellschneider) können Sie in Windeseile Gemüse für köstliche Saucen zerkleinern und das einzigartige Food Prozessor Zubehörteil schneidet Ihr Gemüse für Risotto, gebratenen Reis, Nussbraten, Kasserollen oder gefüllte Auberginen.

PASTA UND REIS

GRUNDREZEPT FÜR DIE ZUBEREITUNG MIT DEM PROFI-NUDELAUF - SATZ PASTA FRESCA AT 910

ZUTATEN
500 g Weizenmehl / Universalmehl
4 Eier
2 EL Wasser (falls notwendig)

FÜR 6 PERSONEN VORBEREITUNGSZEIT: 10 MINUTEN INKLUSIVE TROCKNEN KOCHDAUER: 5 MINUTEN
ZUBEHÖRTEILE: K-HAKEN/PASTA FRESCA AT 910

1 Geben Sie das Mehl in die Schüssel und setzen Sie den K-Haken ein. Wählen Sie eine mittlere Geschwindigkeit und fügen Sie die Eier einzeln, nach und nach, hinzu. Der Teig sollte bröselig, aber gleichzeitig feucht aussehen. Wenn die Mischung zu trocken ist, geben Sie einfach 1 oder 2 EL Wasser dazu.

2 Schließen Sie den Profi-Nudelaufsatz mit dem Einsatz der gewünschten Nudelsorte am Niedertouren-Anschluß an. Wählen Sie die Geschwindigkeit 2 - 3. Geben Sie kleine Teigportionen in den Nudelaufsatz und schneiden Sie diese auf die gewünschte Länge ab. Vor dem Hinzufügen des weiteren Teiges vergewissern sie sich, das der Nudelaufsatz nicht überfüllt ist.

3 Lassen Sie die Teigwaren mindestens 30 Minuten vor dem Kochen trocknen. Bringen Sie das Wasser zum Kochen und fügen Sie Salz hinzu. Garen Sie die Nudeln ca. 5 Minuten. Bitte beachten Sie die nachfolgenden Hinweise.

Variationen:
Vollkorn-Pasta: Ersetzen Sie einfach normales Mehl durch Vollkornmehl. Falls diese Mehlsorte eine höhere Aufnahmefähigkeit als Weizenmehl haben sollte, ist es notwendig, etwas Wasser beizugeben. **Rote Pasta:** Ersetzen Sie 1 Ei durch 75 g Tomatenpüree. **Grune Pasta:** Nehmen Sie statt 1 Ei 150 g gehakten Spinat, den Sie vorher auftauen lassen (die dabei entstehende Flüssigkeit muss abgeschüttet werden). Die Mehlmenge sollte je nach Bedarf angepasst werden. **Kräuter-Pasta:** Mischen Sie einfach unter die Zutaten für den Teig im Grundrezept 60 ml frische, fein gehackte Kräuter hinzu.

GRUNDREZEPT 2 FÜR DEN FLACHEN ITALIENISCHEN PASTA-AUFSATZ

ZUTATEN
350 g feines Mehl, Typ 00
150 g Mehl
2,5ml (1/2 TL) Salz
4 geschlagene Eier

FÜR 6 PERSONEN VORBEREITUNGSZEIT: 10 MINUTEN INKLUSIVE TROCKNEN KOCHDAUER: 5 MINUTEN
ZUBEHÖR: KNETHAKEN/ITALIENISCHER PASTA-AUFSATZ

1 Beide Mehlsorten und Salz in die Kenwood Schüssel geben. Eier dazugeben, mit dem Knethaken auf Geschwindigkeitsstufe 3–4 ca. drei Minuten lang kneten lassen. Der Teig sollte bröselig, aber gleichzeitig feucht aussehen. Wenn die Mischung zu trocken ist, geben Sie einfach einen Teelöffel Wasser dazu.

2 Kneten Sie die Masse mit den Händen, bis ein glatter Teig entsteht, und teilen Sie diesen in 2–3 Stücke. Wickeln Sie die Stücke in Frischhaltefolie und lassen Sie sie 15 Minuten bis 2 Stunden stehen.

3 Setzen Sie den Italienischen Pasta-Aufsatz in Ihre Küchenmaschine ein. Rollen Sie eine Teigportion länglich und flach aus und geben Sie diese auf Stufe 1 über die Roller durch den flachen italienischen Pasta-Aufsatz. Streuen Sie Mehl auf die Roller, wenn nötig.

4 Sie können den Teig wieder zusammenklappen und die Prozedur einige Male wiederholen. Erhöhen Sie dabei jedes Mal die Geschwindigkeit von Stufe 1 bis letztendlich 6 oder 7, bis Sie die gewünschte Dichte Ihrer Teigplatte erreicht haben. Lassen Sie Ihre Pasta-Platten dann 30 Minuten lang trocknen. Danach können Sie diese entweder gleich weiterverarbeiten oder noch bis zu 24 Stunden abgedeckt im Kühlschrank lagern.

PASTA-SCHLEIFEN MIT MEERESFRÜCHTEN UND ROTEM PAPRIKAPÜREE

ZUTATEN

2 rote Paprika
2 Knoblauchzehen, ungeschält
Salz und Pfeffer aus der Mühle
1 geviertelte, kleine Zwiebel
15ml (1 EL) Olivenöl
175ml trockener Weißwein
12 große Garnelenschwänze, ungeschält
24 Muscheln in Schale, gesäubert
2 kleine Tintenfische, gesäubert und in Scheiben geschnitten
1 Portion normale oder Kräuter-Lasagne-Schleifen, siehe Seite 80
gehackte Petersilie zur Dekoration

FÜR 4 PERSONEN VORBEREITUNGSDAUER: 15 MINUTEN PLUS DIE HERSTELLUNGSZEIT FÜR DIE SELBST GEMACHTE PASTA KOCHDAUER: 16–18 MINUTEN ZUBEHÖR: FOOD PROZESSOR ODER MIXERAUFSATZ/PASTA FRESCA-AUFSATZ

1 Die Paprika auf einem vorgeheizten Grill mit den ungeschälten Knoblauchzehen goldbraun rösten, dabei mehrmals wenden. Wenn sie anfangen, schwarz zu werden, nehmen Sie Paprika und Knoblauchzehen vom Grill und lassen sie abkühlen. Danach schälen Sie alles und entfernen die Kerne der Paprika und schneiden sie in grobe Stücke.

2 Paprika und Knoblauch in den Food Prozessor (nur mit dem Edelstahlmesser bestückt) oder in den Mixeraufsatz geben. Grob pürieren und abschmecken und beiseite stellen. Anschließend lassen Sie dann im Food Prozessor die Zwiebeln grob hacken.

3 Zwiebeln in einer Pfanne mit Öl 4–5 Minuten anschwitzen, bis diese gar und blassgold sind. Wein dazugeben.

4 Garnelen und Muscheln hinzufügen. Kochen lassen, bis die Garnelen sich verfärben und die Muscheln sich geöffnet haben. Beiseite stellen. Tintenfisch in die Pfanne geben und für 1 Minute kochen lassen, mit einem Siedelöffel herausnehmen und die Sauce bei schwacher Hitze einkochen lassen, bis noch ca. ein Drittel davon übrig bleibt.

5 Die frischen Pasta-Schleifen ca. 3 Minuten al dente kochen bzw. bei fertiger Pasta je nach Packungsangabe zubereiten. Die Meeresfrüchte in der Pfanne im eingekochten Sud erwärmen.

6 Gießen Sie die Pasta ab, geben Sie das Paprikapüree dazu und vermengen Sie alles. Die Meeresfrüchte werden nun untergerührt, und das Gericht wird mit Petersilie garniert.

Abbildung auf Seite 78

TAGLIATELLE MIT HÜHNERLEBER UND SALBEI

ZUTATEN

1 geviertelte Zwiebel
1 Selleriestange, in 5 cm lange Stücke geschnitten
30ml (2 EL) Pflanzenöl
1 gewürfelte Karotte
225 g Hühnerleber
400 g gehackte Tomaten aus der Dose
15ml (1 EL) Tomatenpüree
5ml (1 TL) Zucker
5ml (1 TL) Weißweinessig
Salz und Pfeffer aus der Mühle
5ml (1 TL) frisch gehackte Salbeiblätter
Ca. 3/4 der auf Seite 80 angegebenen Menge frischer Tagliatelle (Grundrezept 2)
15ml (1 EL) gehackte Kapern

FÜR 4 PERSONEN VORBEREITUNGSZEIT: 10 MINUTEN PLUS ZEIT FÜR PASTA-VORBEREITUNG KOCHDAUER: 30–35 MINUTEN ZUBEHÖR: FOOD PROZESSOR/PASTA FRESCA-AUFSATZ ODER ITALIENISCHER PASTA-AUFSATZ

1 Zwiebel und Sellerie entweder mit der Hand oder dem Edelstahlmesser im Food Prozessor hacken. Sautieren Sie Sellerie, Karotten und Zwiebeln ca. 6–8 Minuten in einer Pfanne mit Öl, gelegentlich umrühren.

2 Schneiden Sie die Leber entweder mit der Hand oder dem Edelstahlmesser. Geben Sie die Leber auch in die Pfanne und braten Sie diese 5 Minuten lang an. Tomaten, Tomatenpüree, Zucker und Essig dazugeben und mischen.

3 Mit Salz und viel Pfeffer abschmecken und 15 Minuten köcheln lassen. Nach 10 Minuten den Salbei dazugeben.

4 Kochen Sie in der Zwischenzeit die Tagliatelle in einem Topf in leicht gesalzenem, siedendem Wasser 3 Minuten lang al dente. Dann geben Sie die Kapern in die Pasta-Sauce.

5 Tagliatelle abgießen und mit der Sauce vermischen. Sofort auf vorgewärmten Tellern servieren.

RIGATONI MIT TOMATEN UND FETAKÄSE

ZUTATEN

1 gehackte Zwiebel
15ml (1 EL) Olivenöl
2 gepresste Knoblauchzehen
400 g gehackte Dosentomaten
4 in Öl eingelegte sonnengetrocknete Tomaten (abgegossen, klein gehackt)
Ca. 3/4 der auf Seite 80 angegebenen Menge frischer Rigatoni (Grundrezept 1)
Salz und frisch gemahlener Pfeffer aus der Mühle
150 g halbierte Cocktailtomaten
225 g gewürfelter Fetakäse

FÜR 4 PERSONEN VORBEREITUNGSZEIT: 5 MINUTEN PLUS ZEIT FÜR PASTA-HERSTELLUNG
KOCHDAUER: 25 MINUTEN ZUBEHÖR: PASTA FRESCA-AUFSATZ

1. Sautieren Sie die Zwiebel in heißem Öl ca. 5 Minuten, bis diese gar ist, und fügen Sie dann den Knoblauch hinzu. Lassen Sie alles ca. 2 Minuten lang weiteranbraten.

2. Dosentomaten und getrocknete Tomaten mit in die Pfanne geben und so lange unter ständigem Rühren kochen, bis die Sauce eindickt.

3. Kochen Sie die Rigatoni ca. 5 Minuten in gesalzenem Wasser, bis diese al dente sind.

4. Cocktailtomaten, Salz und Pfeffer mit in die Pfanne geben und 2 Minuten kochen. Gießen Sie die Pasta ab und geben Sie sie in eine vorgewärmte Schüssel. Verteilen Sie die Sauce darüber und streuen Sie den Fetakäse darauf. Dann rühren Sie alles vorsichtig um ... und fertig!.

SPAGHETTI ALLA CARBONARA

FÜR 4 PERSONEN VORBEREITUNGSZEIT: 10 MINUTEN PLUS SPAGHETTI-HERSTELLUNG
KOCHDAUER: 7–8 MINUTEN ZUBEHÖR: SCHNITZELWERK (GEMÜSESCHNELLSCHNEIDER)/PASTA FRESCA-AUFSATZ ODER ITALIENISCHER PASTA-AUFSATZ

ZUTATEN

75 g Parmesan
3 Eier
Salz und Pfeffer aus der Mühle
150 g geräucherte Pancetta, in Streifen geschnitten
15 ml (1 EL) Olivenöl
1 halbierte Knoblauchzehe
Ca. 3/4 der auf Seite 80 vorgegebenen Spaghetti-Menge, etwa 450 g - je nach Aufsatz Grundrezept 1 oder 2

1. Reiben Sie den Parmesan im Schnitzelwerk (Gemüseschnellschneider) mit der feinen Reib-/Raspelscheibe. Verquirlen Sie die Eier mit einer Gabel und mischen Sie den Käse darunter. Würzen Sie mit Salz und frisch gemahlenem schwarzen Pfeffer.

2. Die Pancetta, in Streifen geschnitten, braten Sie mit dem Knoblauch in einer Pfanne mit Öl an. Nach 4–5 Minuten ist die Pancetta angebräunt. Stellen Sie die Pfanne beiseite und entfernen Sie den Knoblauch.

3. Kochen Sie die frischen Spaghetti 2–3 Minuten in kochendem und gesalzenem Wasser al dente.

4. Gießen Sie das Wasser ab und lassen Sie die Spaghetti 6–8 Minuten trocknen. Dann geben Sie sie und die Käse-Ei-Mischung in die Pfanne mit der Pancetta. Mischen Sie alles gut und lassen Sie das Ganze bei mittlerer Hitze garen, bis die Eier cremig sind. Servieren Sie das Gericht sofort, garniert mit frisch gemahlenem Pfeffer.

Tipp vom Koch: Wenn Sie keine Pancetta bekommen können, verwenden Sie geräucherte, durchwachsene Speckstreifen und nehmen Sie davon 200 g.

RAVIOLI MIT SPINAT UND RICOTTA

FÜR 4 PERSONEN VORBEREITUNGSZEIT: 25 MINUTEN PLUS LAGERZEIT KOCHDAUER: 15 MINUTEN
ZUBEHÖR: FOOD PROZESSOR/ITALIENISCHER PASTA-AUFSATZ

ZUTATEN
2 geviertelte Zwiebeln
25 g Butter
200 g junge Spinatblätter
75 g Ricottakäse
2,5 ml (1/2 TL) frisch geraspelte Muskatnuss
Salz und schwarzer Pfeffer aus der Mühle
Ca. die Hälfte des auf Seite 80 beschriebenen Grundrezepts 1 oder 2 aber mit Kräutern
Ca. 15ml (1 EL) Olivenöl
Mehl zum Bestäuben
1 leicht geschlagenes Eiweiß
200ml Sahne/Obers
Parmesanraspel zum Garnieren
Gehackter Dill und geschnittener Schnittlauch zur Dekoration

1 Schneiden Sie mit dem Edelstahlmesser im Food Prozessor die Zwiebel in feine Stücke. Braten Sie sie in einer Pfanne mit geschmolzener Butter goldbraun gar. Stellen Sie die Hälfte beiseite.

2 Geben Sie den Spinat mit in die Pfanne und braten Sie auch diesen an, bis die Blätter welk werden. Kühlen Sie den Pfanneninhalt ab und zerhacken Sie ihn mit dem Edelstahlmesser im Food Prozessor. Fügen Sie Ricotta, Muskatnuss, Salz und Pfeffer hinzu und mischen Sie die Zutaten mit der Impulsfunktion durch.

3 Bereiten Sie die Pasta wie auf Seite 80 beschrieben, allerdings mit etwas mehr Öl (ca. 2 TL), zu, um einen weichen Teig anzufertigen. Halbieren Sie den Teig. Rollen Sie nun separat beide Teighälften auf einer mehligen Oberfläche zu einem Rechteck von ca. 20 x 40 cm aus.

4 Geben Sie nun kleine Löffelportionen der Füllung in Abständen von 4 cm auf eine der ausgerollten Teighälften. Pinseln Sie die Zwischenräume mit Eiweiß ein. Die zweite rechteckige Teigplatte legen Sie nun auf die erste und drücken die bepinselten Zwischenräume zusammen.

5 Schneiden Sie die kleinen Teigtaschen mit einem scharfen Messer oder Pizzaschneider in kleine Quadrate aus. Legen Sie die Ravioli auf ein mehliges Blech (oder Tablett) und lassen Sie diese 1 Stunde lang ruhen.

6 Kochen Sie die Ravioli in einem Topf mit kochendem Wasser und etwas Salz ca. 3–4 Minuten, bis sie al dente sind. In der Zwischenzeit erwärmen Sie vorsichtig in einer Pfanne die Zwiebeln und rühren die Sahne/das Obers unter. Schmecken Sie die Sauce mit Salz und Pfeffer ab.

7 Gießen Sie die Pasta ab und geben Sie sie in die Pfanne mit der Zwiebel-Sahne-Sauce. Würzen Sie mit reichlich Pfeffer und erwärmen Sie das Gericht, bis Pasta und Sauce heiß sind.

8 Verteilen Sie die Ravioli gleichmäßig auf vier Teller, mit Parmesanraspeln bestreuen und mit Dill und Schnittlauch garnieren. Servieren Sie sofort.

Tipp vom Koch: Wenn Sie keinen Food Prozessor haben und dieses Gericht trotzdem gerne kochen möchten, schneiden Sie die Zwiebeln und den Spinat mit der Hand, bevor Sie den Spinat in Schritt 2 in die Pfanne dazugeben. Benutzen Sie den K-Haken um Ricotta, Spinat, Muskatnuss und Gewürze zu vermischen.

Falls Sie einen Italienischen Pasta-Aufsatz besitzen, verwenden Sie diesen, um den Teig auszurollen.

NUSSBRATEN MIT BRAUNEM REIS

ZUTATEN

115 g langkörniger, brauner Reis
1 geviertelte Zwiebel
1 Knoblauchzehe
25 g Butter
115 g Pilze
1 große, geschälte Karotte
15ml (1 TL) gehackter Thymian
Salz und schwarzer Pfeffer aus der Mühle
75 g gereifter Cheddarkäse
115 g Brot, ohne Rinde gewürfelt
100 g Mandeln oder ungesalzene Erdnüsse
2 leicht geschlagene Eier
2 Tomaten, in Scheiben geschnitten

FÜR 4-6 **PERSONEN** **VORBEREITUNGSZEIT:** 25 MINUTEN **KOCHDAUER:** 1 1/4 - 1 1/2 STUNDEN
ZUBEHÖR: FOOD PROZESSOR ODER SCHNITZELWERK (GEMÜSESCHNELLSCHNEIDER)/MIXER-AUFSATZ/K-HAKEN

1. Kochen Sie den Reis 25–30 Minuten in leicht gesalzenem siedendem Wasser und gießen Sie den fertigen Reis ab. Stellen Sie den Langkornreis beiseite.

2. Schneiden Sie Zwiebeln und Knoblauch entweder mit der Hand oder mit dem Edelstahlmesser im Food Prozessor. Geben Sie Knoblauch und Zwiebeln zur geschmolzenen Butter in die Pfanne und sautieren Sie diese 3 Minuten. Schneiden Sie die Pilze mit dem Edelstahlmesser oder mit der Hand.

3. Reiben Sie die Karotte mit der großen Reibscheibe im Schnitzelwerk (Gemüseschnellschneider) oder im Food Prozessor. Pilze und Karotte mit in die Pfanne geben und 3–4 Minuten lang garen. Thymian und Kräuter dazugeben.

4. Der Käse wird mit der gereinigten groben Reibscheibe gerieben und beiseite gestellt. Verwenden Sie den Food Prozessor oder den Mixer-Aufsatz, um die Brotwürfel und Nüsse zu zerkleinern.

5. Wenn Sie den Food Prozessor verwenden, geben Sie den Reis, das Gemüse und die Eier mit zu den Semmelbröseln und mischen Sie die Zutaten. Wenn Sie den Mixer-Aufsatz verwendet haben, geben Sie alle Zutaten in die Kenwood Schüssel und vermengen diese mit dem K-Haken.

6. Heizen Sie den Ofen auf 190°C. Fetten Sie eine Auflaufform ein, die 900 g Inhalt fasst, und legen Sie den Boden mit Backpapier aus. Die Hälfte der Mischung kommt in die Form, der Käse wird darüber gestreut, die Tomaten darauf gelegt und die restliche Mischung wird darüber gegeben.

7. 50–60 Minuten lang backen bis die Oberfläche fest und goldbraun ist. 5–10 Minuten abkühlen lassen und auf eine Servierplatte stürzen. In Scheiben geschnitten mit Tomatensauce servieren.

GEBRATENER REIS MIT EI

ZUTATEN

225 g Langkornreis
3 Eier
2 fein diagonal aufgeschnittene Frühlingszwiebeln
Salz und Pfeffer aus der Mühle
2 Karotten
30ml (2 EL) Sonnenblumenöl
1 gepresste Knoblauchzehe
1 Chilischote, fein gehackt
75 g gekochte, geschälte Schrimps
75 g aufgetaute Erbsen
30ml (2 EL) Sojasauce

FÜR 4 **PERSONEN** **VORBEREITUNGSZEIT:** 10 MINUTEN **KOCHDAUER:** 15 MINUTEN
ZUBEHÖR: BALLONSCHNEEBESEN/SCHNITZELWERK (GEMÜSESCHNELLSCHNEIDER) ODER TROMMELRAFFEL

1. Kochen Sie den Reis 9–10 Minuten in gesalzenem Wasser, bis er fast gar ist. Das Wasser abgießen und den Reis mit kochendem Wasser nochmals abschrecken.

2. Die Eier, die Hälfte der Frühlingszwiebeln und die Kräuter in die Auffangschüssel geben. Schlagen Sie die Eier mit dem Ballonschneebesen schaumig. Anschließend die Karotten im Schnitzelwerk (Gemüseschnellschneider) oder in der Trommelraffel mit der groben Scheibe/Trommel raspeln.

3. Erhitzen Sie Öl in einem Wok oder einer großen Pfanne und braten Sie Karotten, Knoblauch und Chili unter ständigem Rühren darin an. Mischen Sie die Eiermischung darunter, um eine Art Rührei zu erhalten.

4. Jetzt kommen Reis, Garnelen und Erbsen dazu. Lassen Sie das Ganze 2–3 Minuten lang weiterbraten, bis das Gericht heiß ist. Rühren Sie Sojasauce und die restlichen Frühlingszwiebeln ein und servieren Sie das Gericht sofort.

KÜRBISRISOTTO

ZUTATEN
15 g getrocknete Porcini-Pilze
900ml heiße Gemüsebrühe
1 Ahorn- oder Kabocha-Kürbis, gehäutet und entkernt
75 g Parmesankäse
1 Prise Safran
1 geviertelte Zwiebel
25 g Butter
15ml (1 EL) Sonnenblumenöl
280 g Risotto-Reis
150ml trockener Weißwein
115 g Spargelspitzen, geköpft und längs halbiert
Salz und frisch gemahlener schwarzer Pfeffer

FÜR 4 PERSONEN VORBEREITUNGSZEIT: 15 MINUTEN PLUS EINWEICHZEIT KOCHDAUER: 30 MINUTEN
ZUBEHÖR: FOOD PROZESSOR ODER SCHNITZELWERK (GEMÜSESCHNELLSCHNEIDER)

1 Legen Sie die Porcini-Pilze in eine Schüssel und schütten Sie heißes Wasser darüber. Lassen Sie die Pilze ca. 20 Minuten einweichen. Gießen Sie das überschüssige Wasser in die Gemüsebrühe. Schneiden Sie die Porcini in grobe Stücke.

2 In der Zwischenzeit den Kürbis in 5 cm lange Streifen schneiden. Setzen Sie die feine Schneid- und Raspelscheibe in das Schnitzelwerk (Gemüseschnellschneider) oder in den Food Prozessor ein. Füllen Sie die Kürbisstücke horizontal durch den Einfülltrichter ein und lassen Sie die Stücke in feine Streifen schneiden. Die Kürbisstreifen zur Seite stellen.

3 Reiben Sie den Parmesan mit der feinen Reibscheibe und stellen Sie diesen dann beiseite. Weichen Sie den Safran in 1 TL heißem Wasser ein. Schneiden Sie die Zwiebel entweder mit der Hand oder mit dem Edelstahlmesser im Food Prozessor.

4 Schmelzen Sie die Butter und das Öl in einer großen beschichteten Pfanne und dünsten Sie die Zwiebeln 4 Minuten darin an. Fügen Sie die Porcini-Pilze hinzu und braten Sie das Ganze für 2–3 Minuten.

5 Geben Sie den Reis mit in die Pfanne und braten Sie alles 1 Minute an, so dass sich die Zutaten mit Öl überziehen. Gießen Sie den Wein dazu und kochen Sie die Zutaten weiter, bis der Wein eingekocht ist.

6 Die Gemüsebrühe wird langsam dazugegeben und ebenfalls ganz eingekocht. Jetzt kommen Kürbis und Spargel mit in die Pfanne und das Reisgericht wird ca. 5 Minuten weitergekocht, bis die gesamte Flüssigkeit reduziert ist und das Gemüse und der Reis gar sind.

7 Geben Sie das Safranwasser hinzu und ca. die Hälfte des Parmesan. Schmecken Sie mit Salz und Pfeffer ab. Streuen Sie Parmesan auf die Portionen und servieren Sie das Gericht.

PUY-LINSEN UND CAMARGUE-REIS

FÜR 4 PERSONEN VORBEREITUNGSZEIT: 15 MINUTEN KOCHDAUER: 40–45 MINUTEN
ZUBEHÖR: FOOD PROZESSOR ODER SCHNITZELWERK (GEMÜSESCHNELLSCHNEIDER)

ZUTATEN

115 g Puy-Linsen
115 g roter Camargue-Reis
1 Zwiebel, geviertelt
1 Karotte, in vier Stücke geschnitten
1 Stange Sellerie, in vier Stücke geschnitten
30ml (2 EL) Olivenöl
175 g gewürfelter Pancetta
4 Tomaten, gehäutet, geviertelt und entkernt
1 Knoblauchzehe, halbiert
4 Zitronenthymianzweige
150ml Rotwein
115 g Chorizo, gehäutet und in dicke Scheiben geschnitten
45ml (3 EL) gehackte Blattpetersilie
Salz und frisch gemahlener schwarzer Pfeffer

1. Geben Sie die Linsen und den Reis in eine Pfanne, bedecken Sie beides mit kochendem Wasser. Die Zutaten werden 20–25 Minuten lang gekocht, bis Linsen und Reis gar sind, abgießen und mit kaltem Wasser abschrecken und nochmals abgießen.

2. Befestigen Sie den Messeraufsatz am Food Prozessor. Geben Sie Zwiebeln, Karotten und Sellerie in den Behälter des Food Prozessors, wählen Sie „Impulsbetrieb" und hacken Sie das Gemüse. Wenn Sie das Schnitzelwerk (Gemüseschnellschneider) verwenden, wählen Sie die grobe Schneidscheibe, um das Gemüse zu schneiden.

3. Geben Sie die Zutaten mit Olivenöl und Pancetta in eine Pfanne und braten Sie sie 8–10 Minuten an.

4. Tomaten, Knoblauch und Thymian im Food Prozessor oder mit der Hand zerkleinern, anschließend in die Pfanne geben und 3–4 Minuten unter ständigem Rühren kochen. Rotwein und Chorizo zufügen und weitere 5 Minuten köcheln lassen.

5. Linsen und Reis dem Pfanneninhalt unterrühren. Kurz vor dem Servieren mit Petersilie, Pfeffer und Salz nach Geschmack würzen.

GRÜNE POLENTA MIT PILZ-TOMATEN-SALSA

FÜR 4 PERSONEN VORBEREITUNGSZEIT: 20 MINUTEN PLUS KÜHLZEIT KOCHDAUER: 12–15 MINUTEN
ZUBEHÖR: TROMMELRAFFEL/KRÄUTER- UND GEWÜRZMÜHLE

ZUTATEN

75 g Parmesan
6 Stängel Blattpetersilie
6 Salbeiblätter
150 ml trockener Weißwein
325ml Gemüsebrühe
115 g Instant-Polenta
75 g frische, junge Spinatblätter
1 Eigelb
Salz und frisch gemahlener schwarzer Pfeffer
2.5 ml (1/2 TL) geriebene Muskatnuss
25 g Butter
1 Knoblauchzehe, zerdrückt
75 g gemischte Pilze
75 g Cocktailtomaten, halbiert
Blattpetersilie zum Dekorieren

1. Eine Springform mit herausnehmbaren Boden (20 cm) mit Backpapier auslegen. Den Parmesan mit der feinen Reibtrommel in der Trommelraffel reiben. Blattpetersilie und Salbei in der Kräuter- und Gewürzmühle hacken.

2. Bringen Sie Wein und Gemüsebrühe in einem großen Topf zum Kochen. Geben Sie unter ständigem Rühren 1 Minute lang die Instant-Polenta dazu. Anschließend Spinat hineinrühren und nochmals 1 Minute lang oder bis die Masse dickflüssig geworden ist kochen lassen.

3. Nehmen Sie den Topf von der Kochplatte und geben Sie unter Rühren Kräuter, 50 g geriebenen Parmesan und Eigelb dazu. Dann mit Salz und Pfeffer aus der Mühle und Muskatnuss gut würzen.

4. Die Zutaten in die vorbereitete Springform gießen und mit dem Kenwood Teigschaber gleichmäßig verteilen. Auskühlen lassen, anschließend aus der Form stürzen und in 8 Stücke schneiden.

5. Legen Sie die Scheiben auf ein leicht gefettetes Backblech und bestreuen Sie diese mit Parmesan. Bräunen Sie die Scheiben dann 3–4 Minuten im vorgeheizten Ofen oder im Grill an.

6. Währenddessen braten Sie bei hoher Temperatur den Knoblauch in der Butter für ca. 2–3 Minuten in einer Pfanne an, geben dann die Pilze und die Tomaten dazu und braten diese ebenfalls kurz an. Geben Sie 2 Polentadreiecke auf jeden Teller und verteilen Sie Pilze und Tomaten darüber. Mit Petersilie garnieren und servieren.

Siehe Abbildung gegenüber

VEGETARISCHES KEBBE

ZUTATEN
225 g Bulgur-Weizen
900ml Wasser
1 kleine Zwiebel, geviertelt
175 g Pilze, die großen halbiert
15ml (1 EL) Olivenöl
25 g Pinienkerne
25 g reifer Cheddar oder Gouda, gerieben
15ml (1 EL) frisch gehackte Petersilie
Salz und schwarzer Pfeffer aus der Mühle
115 g Mehl
Sonnenblumenöl zum Frittieren
Wahlweise scharfer Joghurtdip zum Servieren

FÜR 4 PERSONEN VORBEREITUNGSZEIT: 25 MINUTEN KOCHDAUER: 45–50 MINUTEN
ZUBEHÖR: FOOD PROZESSOR/K-HAKEN/KEBBE-AUFSATZ UND FLEISCHWOLF

❶ Bringen Sie den Bulgur-Weizen in einer Pfanne mit Wasser zum Kochen. 15 Minuten sieden lassen, dann abgießen und beiseite stellen.

❷ Zwiebel mit dem Edelstahlmesser im Food Prozessor grob hacken. Pilze hinzufügen und fein hacken. Sie können die Pilze und Zwiebeln auch per Hand fein hacken.

❸ Erhitzen Sie das Olivenöl in einer Pfanne, geben Sie dann Zwiebeln und Pilze hinzu und sautieren Sie diese 15-20 Minuten auf niedriger Hitze, bis sie gar sind und die Flüssigkeit verdunstet ist. Die Pfanne vom Herd nehmen, Pinienkerne, Käse und Petersilie unterrühren und mit Salz und Pfeffer würzen.

❹ Den Bulgur-Weizen in die Kenwood Schüssel geben, das Mehl dazu und mit Salz und Pfeffer würzen. Verwenden Sie nun den K-Haken auf minimaler Geschwindigkeit und mischen Sie die Zutaten 5 Minuten, bis eine steife Paste entsteht.

❺ Bringen Sie den Kebbe-Aufsatz am Fleischwolf an und lassen Sie die Bulgur-Paste durch den Aufsatz passieren. Schneiden Sie die Teigröhre alle 7,5 cm ab. Legen Sie die Stücke auf ein Tablett. Drücken Sie ein Ende der Röhren zusammen, um es zu verschließen. Füllen Sie 15ml (1 EL) Pilzfüllung in jede Form und verschließen Sie das offene Ende.

❻ Erhitzen Sie Öl in einer Pfanne auf mittlerer Hitze (160°C) und frittieren Sie dann die Kebbe-Bälle 3 4 Minuten lang portionsweise, bis diese goldbraun sind. Servieren Sie dann wahlweise mit einem scharfen Joghurtdip.

TABOULE

ZUTATEN
115 g Bulghur-Weizen
30ml (2 EL) Zitronensaft
60ml (4 EL) Olivenöl
Salz und schwarzer Pfeffer aus der Mühle
40 g Blattpetersilie
25 g frische Minze
3 Eiertomaten, gewürfelt
1/4 Gurke, gewürfelt
6 Frühlingszwiebeln, fein geschnitten

FÜR 4 PERSONEN VORBEREITUNGSZEIT: 10 MINUTEN PLUS EINWEICHEN UND RUHEN
ZUBEHÖR: FOOD PROZESSOR ODER KRÄUTER-UND GEWÜRZMÜHLE

❶ Bulgur-Weizen in einer Schüssel mit heißem Wasser 1 Stunde einweichen, dann abgießen und Wasser auspressen.

❷ Geben Sie nun Zitronensaft und Olivenöl hinzu und würzen Sie mit Salz und Pfeffer. Hacken Sie Petersilie und Minze im Food Prozessor. Sollten Sie die Kräuter- und Gewürzmühle verwenden, sollten Sie die Zutaten portionsweise verarbeiten.

❸ Kräuter, Tomaten, Gurken und Frühlingszwiebeln zum Bulgur-Weizen hinzufügen und rühren, bis sich die Zutaten vermengen. Nun können Sie das Gericht entweder sofort servieren oder es 2-3 Stunden oder über Nacht ziehen lassen.

AUBERGINEN MIT COUSCOUSFÜLLUNG

ZUTATEN
2 Auberginen, halbiert
45ml (3 EL) Olivenöl
Salz und Pfeffer aus der Mühle
50 g Couscous
75 g Knopfpilze
50 g geröstete Pinienkerne
8 Basilikumstängel
8 Petersilienstängel
4 sonnengetrocknete Tomaten in Öl, abgegossen und grob gehackt
4 Frühlingszwiebeln, gehackt
50 g entsteinte, schwarze Oliven
1 Knoblauchzehe, zerdrückt

Für das Crème fraîche Dressing
150 g Crème fraiche
geriebene Schale und Saft einer Limette
30ml (2 EL) Pesto-Sauce, siehe Seite 106

FÜR 4 PERSONEN VORBEREITUNGSZEIT: 20 MINUTEN KOCHDAUER: 30–35 MINUTEN
ZUBEHÖR: FOOD PROZESSOR

1. Den Ofen auf 220°C vorheizen. Schneiden Sie die Auberginen in Hälften. Ritzen Sie das Fruchtfleisch ein und schneiden Sie an den Rändern entlang, ohne die Haut der Aubergine zu beschädigen.

2. Die Auberginen mit Olivenöl bestreichen, auf ein Backblech legen, salzen und 15–20 Minuten backen, bis das Fruchtfleisch weich und gar ist. Reduzieren Sie dann die Temperatur auf 190°C.

3. Geben Sie das Couscous in eine Schüssel und übergießen Sie es mit 150ml kochendem Wasser. Lassen Sie es stehen, so dass das Couscous die Flüssigkeit aufnehmen kann.

4. Die Pilze mit der groben Schneidscheibe im Food Prozessor schneiden. Die grobe Schneidscheibe gegen das Edelstahlmesser austauschen, die Hälfte der Pinienkerne mit Basilikum und Petersilie vermischen und die Zutaten hacken.

5. Geben Sie die gehackten Kräuter, die sonnengetrockneten Tomaten, Frühlingszwiebeln, entsteinte Oliven, ganze Pinienkerne und Knoblauch zum Couscous hinzu und vermengen Sie die Zutaten. Löffeln Sie das Fruchtfleisch aus den Auberginen und hacken Sie es mit dem Edelstahlmesser fein. Geben Sie die Auberginenmasse zum Couscous hinzu und vermengen Sie die Zutaten. Verteilen Sie jetzt die Masse gleichmäßig auf alle Auberginenschalen.

6. Die Auberginenschalen in eine flache feuerfeste Form legen, mit dem übrigen Öl übergießen und 15 Minuten backen.

7. Währenddessen können Sie Crème fraîche, geriebene Limettenschale und Limettensaft mixen. Rühren Sie dann die Pesto-Sauce grob in diesen Crème fraiche Mix ein und servieren Sie dies als Dip für die gefüllten Auberginen.

Noch nie war die Auswahl an Gemüse und Salaten so vielfältig. Ob man Vegetarier ist, einfach zur Abwechslung Gemüsegerichte genießen möchte oder eine Beilage zu einem Hauptgericht benötigt, dieses Kapitel liefert Ihnen viele schmackhafte Ideen. Verwenden Sie entweder das Schnitzelwerk (Gemüseschnellschneider) oder den Food Prozessor, um das Gemüse für Salate, Wok-Gerichte oder Aufläufe vorzubereiten.

Und mit dem Passieraufsatz können Sie außerdem Ihr Gemüse perfekt pürieren.

GEMÜSE UND SALATE

GEMÜSE-TEMPURA

FÜR 4 **PERSONEN** **VOREREITUNGSZEIT:** 25 MINUTEN **KOCHDAUER:** 15–20 MINUTEN
ZUBEHÖR: KRÄUTER- UND GEWÜRZMÜHLE/BALLONSCHNEEBESEN

ZUTATEN

450 g gemischtes Gemüse, z. B. Broccoli, Blumenkohl (Karfiol), Karotten, Paprika, Zucchini, Lauch, grüne Bohnen, Zuckerschoten und Pilze
200 g Mehl
25 g Maismehl
15ml (1 EL) Pfeilwurz
Salz und frisch gemahlener schwarzer Pfeffer
2 Eier
1 Eiweiß
300ml kaltes Wasser
1 milde, große, rote Chilischote, fein gehackt
Pflanzenöl zum Frittieren

Für den Dip:
2,5 cm frischer Ingwer, in Scheiben geschnitten
60ml (4 EL) trockener Sherry
15ml (1 EL) Sojasauce
30ml (2 EL) süße thailändische Chilisauce

1. Geben Sie den Ingwer und den Sherry für den Dip in die Kräuter- und Gewürzmühle und hacken Sie den Ingwer fein. Geben Sie das Sherry-Ingwer Gemisch nun in eine Schüssel und übergießen Sie es mit 150ml kochendem Wasser. Nach 5 Minuten fügen Sie die Soja- und die süße Chilisauce hinzu.

2. Bereiten Sie jetzt das ausgewählte Gemüse vor: Schneiden Sie den Broccoli und den Blumenkohl in kleine Rößchen, die Karotten und die Paprika in dünne Stifte, die Zucchini und den Lauch in Scheiben und die grünen Bohnen in Hälften.

3. Sieben Sie das Mehl, das Maismehl und die Pfeilwurz in die Kenwood Schüssel und würzen Sie mit Salz und frisch gemahlenem schwarzen Pfeffer. Schlagen Sie nun mit dem Schneebesen ein ganzes Ei, ein Eigelb und das kalte Wasser unter und geben Sie den Teig im Anschluss in eine neue Schüssel.

4. Schlagen Sie 2 Eiweiß in einer Kenwood Schüssel leicht steif. Mit einem großen Metalllöffel heben Sie nun das geschlagene Eiweiß und die fein gehackte Chilischote unter den Teig.

5. Erhitzen Sie das Öl in einem Wok oder einer tiefen Bratpfanne auf 190 °C (ein Brotwürfel wird in 30 Sekunden goldbraun). Frittieren Sie das Gemüse in Etappen: Tauchen Sie nach und nach das Gemüse zuerst in den Teig und backen Sie es dann für 3–4 Minuten goldbraun im heißen Öl aus.

6. Geben Sie das Tempura zum Abtropfen auf Küchenpapier und halten Sie es warm, bis das gesamte Gemüse frittiert wurde. Servieren Sie das Tempura mit dem vorbereiteten Dip.

LOCKERE KARTOFFELN AUF SPANISCHE ART

FÜR 4–6 **PERSONEN** **VOREREITUNGSZEIT:** 10 MINUTEN **KOCHDAUER:** 40 MINUTEN

ZUTATEN

900 g Kartoffeln
60ml (4 EL) Olivenöl
Salz und frisch gemahlener schwarzer Pfeffer
2 Knoblauchzehen, zerdrückt

1. Den Backofen auf 190°C/Gas Stufe 5 vorheizen. Schälen Sie die Kartoffeln grob und schneiden Sie sie in 4cm große Würfel.

2. Erhitzen Sie das Olivenöl in einer Bratenform für 5 Minuten im Backofen. Waschen und trocknen Sie die Kartoffelwürfel und geben Sie diese dann unter Wenden in die Bratenform. Die Kartoffeln sollten rundherum mit Öl bedeckt sein.

3. Salzen und pfeffern Sie die Kartoffeln nach Geschmack und backen Sie diese für 30 Minuten goldbraun. Bestreuen Sie die Kartoffeln mit Knoblauch und backen Sie sie für weitere 5 Minuten. Direkt servieren.

SELLERIEPÜREE

ZUTATEN
450 g Sellerie, geschält und in 2,5 cm große Würfel geschnitten
450 g Kartoffeln, geschält und in 4 cm große Würfel geschnitten
Salz und frisch gemahlener schwarzer Pfeffer
15ml (1 EL) Crème fraîche

FÜR 4 **PERSONEN** **VOREREITUNGSZEIT:** 15 MINUTEN **KOCHDAUER:** 25–30 MINUTEN
ZUBEHÖR: PASSIERAUFSATZ

1. Heizen Sie den Backofen auf 190 °C vor. Geben Sie die Sellerie- und Kartoffelwürfel in einen Topf mit leicht gesalzenem Wasser und kochen Sie diese für 10–15 Minuten.

2. Gießen Sie das Gemüse nun ab und lassen Sie es abkühlen. Geben Sie die Sellerie- und Kartoffelwürfel in den Passieraufsatz, in den die grobe Siebeinlegscheibe mit der groben Seite nach oben eingesetzt wurde, und reiben Sie das Gemüse in die Kenwood Schüssel.

3. Rühren Sie die Crème fraîche unter und würzen Sie mit Salz und frisch gemahlenem schwarzen Pfeffer. Nun geben Sie alles in eine Auflaufform, decken diese ab und backen das Püree für 15 Minuten im Backofen. Danach sofort servieren.

LEICHTE GEMÜSE-RÖSTI

FÜR 4 **PERSONEN** **VOREREITUNGSZEIT:** 10 MINUTEN **KOCHDAUER:** 10 MINUTEN
ZUBEHÖR: FRISCHSAFTZENTRIFUGE

ZUTATEN
450 g Kartoffeln
15ml (1 EL) Olivenöl
5ml (1 TL) Zitronensaft
Salz und frisch gemahlener schwarzer Pfeffer
Öl zum Frittieren

1. „Entsaften" Sie die Kartoffeln mit der Frischsaftzentrifuge. Das Fruchtfleisch geben Sie anschließend in die Kenwood Schüssel. Den Kartoffelsaft können Sie wegschütten.

2. Mischen Sie das Kartoffel-Fruchtfleisch mit dem Olivenöl und dem Zitronensaft und würzen Sie mit Salz und dem frisch gemahlenen schwarzen Pfeffer.

3. Geben Sie etwas Öl in eine beschichtete Pfanne und erhitzen Sie dieses auf mittlerer Stufe. Geben Sie nun löffelweise die Kartoffelmasse in die Pfanne und formen Sie vier Rösti. Braten Sie diese auf beiden Seiten jeweils 5 Minuten an.

4. Lassen Sie die Rösti auf Küchenpapier abtropfen und servieren Sie sie als Beilage zu Fleisch, Fisch oder einfach als eigenständige Mahlzeit.

LAUCH-KARTOFFEL-AUFLAUF

ZUTATEN

2 große Lauchstangen, geputzt und längs halbiert
675 g geschälte Kartoffeln
25 g Mehl
5ml (1 TL) frisch gemahlene Muskatnuss
5ml (1 TL) Salz
2,5ml (1/2 TL) frisch gemahlener schwarzer Pfeffer
50 g Butter, grob zerkleinert
450ml Milch
50 g Gruyèrekäse

FÜR 4-6 PERSONEN VOREREITUNGSZEIT: 15 MINUTEN KOCHDAUER: 65–70 MINUTEN
ZUBEHÖR: SCHNITZELWERK (GEMÜSESCHNELLSCHNEIDER)

1. Heizen Sie den Backofen auf 180°C/Gas Stufe 4 vor. Setzen Sie die grobe Schneidscheibe in das Schnitzelwerk (Gemüseschnellschneider) ein und schneiden Sie den Lauch in eine Schüssel. Schneiden Sie die Kartoffeln in eine weitere Schüssel.

2. Vermischen Sie das Mehl, die Muskatnuss, Salz und den Pfeffer. Schichten Sie ein Drittel der Kartoffelscheiben in eine beschichtete hitzebeständige Auflaufform (1,8 – 2 Liter Fassungsvermögen). Geben Sie die Hälfte der Lauchscheiben, die Hälfte des gewürzten Mehls und ein Drittel der Butter darüber.

3. Wiederholen Sie dies mit der Hälfte der restlichen Kartoffeln, den restlichen Lauchscheiben und dem gewürzten Mehl. Geben Sie hierauf die Hälfte der restlichen Butter. Nun geben Sie eine weitere Lage Kartoffelscheiben und die restliche Butter darüber.

4. Erhitzen Sie die Milch, bis diese beinahe kocht, und gießen Sie sie über den Auflauf. Decken Sie die Auflaufform nun mit Alufolie ab und backen Sie den Auflauf ca. 45 Minuten im Backofen.

5. In der Zwischenzeit setzen Sie die grobe Raspelscheibe in das Schnitzelwerk (Gemüseschnellschneider) ein und reiben den Gruyèrekäse. Nehmen Sie die Alufolie vom Auflauf und geben Sie den geriebenen Käse über den Auflauf und backen Sie das Gericht weitere 20–25 Minuten goldbraun.

PFANNEN GEMÜSE

ZUTATEN

175 g Karotten, geschält und in 5 cm längliche Stücke geschnitten
1 Zucchini, in 5 cm längliche Stücke geschnitten
1 rote Paprikaschote, entkernt
75 g Pilze
45ml (3 EL) Sonnenblumenöl
1 Knoblauchzehe, gehackt
2,5 cm frischer, geschälter und gehackter Ingwer
2,5 cm Zitronengras, fein gehackt
75 g grüne Bohnen, halbiert
75 g Babymais
30ml (2 EL) helle Sojasauce

FÜR 4 PERSONEN VOREREITUNGSZEIT: 15 MINUTEN KOCHDAUER: 6–7 MINUTEN
ZUBEHÖR: FOOD PROZESSOR ODER SCHNITZELWERK (GEMÜSESCHNELLSCHNEIDER)/KRÄUTER- UND GEWÜRZMÜHLE

1. Die feine Raspelscheibe wird in den Food Prozessor oder das Schnitzelwerk (Gemüseschnellschneider) eingesetzt. Nun werden die Karotten horizontal in den Einfülltrichter gegeben und nach „Julienne"-Art in Streifen geraspelt. Entsprechend zerkleinern Sie die Zucchini.

2. Nun wird die grobe Schneidscheibe eingesetzt, damit werden die Paprikaschote und die Pilze geschnitten.

3. Geben Sie 15 ml (1 TL) Öl zusammen mit dem Knoblauch, dem Ingwer und dem Zitronengras in die Kräuter- und Gewürzmühle und lassen Sie die Zutaten fein hacken. Geben Sie diese mit dem verbliebenen Öl nun in eine große Bratpfanne oder einen Wok und erhitzen Sie alles.

4. Fügen Sie die Karotten und die Bohnen hinzu und braten Sie die Zutaten für 2 Minuten kurz an, geben Sie die Zucchini, die Paprikaschoten, die Pilze und den Babymais hinzu. Braten Sie die Zutaten für 2–3 Minuten oder bis sie bissfest sind. Im Anschluss wird die Sojasauce darüber gegeben und das Gericht serviert.

KARTOFFELPÜREE MIT KNOBLAUCH UND OLIVENÖL

ZUTATEN

675 g Kartoffeln, geschält und geschnitten
10ml (2 TL) Salz
30ml (2 EL) kaltgepresstes Olivenöl
1 Knoblauchzehe, zerdrückt
15ml (1 EL) Crème fraîche oder Crème double
15 g Butter
Salz und frischer gemahlener schwarzer Pfeffer

FÜR 4 PERSONEN VORBEREITUNGSZEIT: 15 MINUTEN KOCHDAUER: 37-42 MINUTEN
ZUBEHÖR: PASSIERAUFSATZ/K-HAKEN

1 Heizen Sie den Backofen auf 200 °C vor. Geben Sie die Kartoffeln mit dem Salz in einen Topf mit kochendem Wasser, decken Sie den Topf ab und lassen Sie die Kartoffeln 10–15 Minuten kochen. Gießen Sie die Kartoffeln ab und lassen Sie diese abkühlen.

2 Setzen Sie die grobe Siebeinlegscheibe mit der groben Seite nach oben in den Passieraufsatz ein und reiben Sie die Kartoffeln. In der Zwischenzeit geben Sie das Olivenöl mit dem Knoblauch in eine kleine Pfanne und erwärmen dies für ein paar Minuten bei schwacher Hitze, um die Aromen freizusetzen. Gießen Sie die Knoblauch-Öl-Mischung anschließend über die passierten Kartoffeln in der Kenwood Schüssel.

3 Geben Sie die Crème fraîche oder Crème double und die Butter hinzu. Würzen Sie mit Salz und Pfeffer. Mit dem K-Haken wird die Masse nun bei niedriger Geschwindigkeitsstufe geschlagen, bis sie geschmeidig ist. Geben Sie die Masse in eine Auflaufform und backen Sie sie 25 Minuten lang goldbraun.

GLASIERTE KARTOFFELN, STECKRÜBEN UND KAROTTEN

ZUTATEN

2 Karotten, geputzt
450 g Kartoffeln, geschält
1 Steckrübe, geputzt
15 g Butter
1 kleine Zwiebel, fein gehackt
150ml Gemüsebrühe
2 Lorbeerblätter
Salz und frisch gemahlener schwarzer Pfeffer

FÜR 4 PERSONEN VORBEREITUNGSZEIT: 15 MINUTEN KOCHDAUER: 25 MINUTEN

1 Schneiden Sie die Karotten in 4 cm lange Streifen und die Kartoffeln und die Steckrübe in etwa ebenso große Stücke.

2 Erhitzen Sie die Butter in einer Pfanne und rösten Sie die Zwiebeln 5 Minuten sanft an, bis diese weich, aber nicht braun sind.

3 Dann die Kartoffel- und Steckrüben-Streifen zufügen. Decken Sie die Pfanne wieder ab und lassen Sie alles nochmals 10 Minuten köcheln. Nehmen Sie den Pfannendeckel ab und lassen Sie alles weitere 5 Minuten zum Glasieren köcheln. Geben Sie das Gemüse auf eine Servierplatte und servieren Sie das Gericht sofort.

STANGENBOHNEN-SALAT

ZUTATEN
275 g Stangenbohnen
175 g neue Kartoffeln, halbiert
30ml (2 EL) Olivenöl
15ml (1 EL) Zitronensaft
10ml (2 TL) grobkörniger Senf
8 kleine Eiertomaten, halbiert
2 hart gekochte Eier, geviertelt
115 g italienischer Schinken, grob zerkleinert
Gehackter Schnittlauch zum Garnieren
Für die Olivenpaste:
50 g entkernte, schwarze Oliven
1 Knoblauchzehe, zerdrückt
6 Petersilienstängel
45ml (3 EL) Olivenöl
Salz und frisch gemahlener schwarzer Pfeffer

FÜR 4 PERSONEN VORBEREITUNGSZEIT: 20 MINUTEN KOCHDAUER: 15–20 MINUTEN
ZUBEHÖR: FOOD PROZESSOR ODER KRÄUTER- UND GEWÜRZMÜHLE/SCHNITZELWERK (GEMÜSESCHNELLSCHNEIDER)

❶ Benutzen Sie den Food Prozessor oder die Kräuter- und Gewürzmühle, um die Olivenpaste zuzubereiten. Verarbeiten Sie die Oliven, den Knoblauch und die Petersilie zu einer relativ geschmeidigen Masse. Fügen Sie nun gleichmäßig das Olivenöl hinzu. Würzen Sie die Paste mit Salz und Pfeffer und stellen Sie sie beiseite.

❷ Setzen Sie die grobe Schneidscheibe in das Schnitzewerk (Gemüseschnellschneider) ein, geben Sie die Bohnen durch das Bohnenschneidwerk und lassen Sie sie in dünne Scheibchen schneiden. Kochen Sie die Kartoffeln in leicht gesalzenem Wasser, bis diese gar sind. Fügen Sie die Bohnen während der letzten 2-3 Minuten Kochzeit bei und kochen Sie diese bissfest.

❸ Gießen Sie die Kartoffeln und die Bohnen ab, geben Sie sie sofort in kaltes Wasser und gießen Sie nochmals ab. Kartoffeln und Bohnen werden nun zusammen mit dem Olivenöl, dem Zitronensaft und dem Senf in eine Servierschüssel gegeben und vermischt. Heben Sie die Tomaten und die Eier vorsichtig unter.

❹ Erhitzen Sie eine beschichtete Pfanne und braten Sie den Schinken knusprig an. Der Schinken und die Olivenpaste werden über den Salat gegeben und der Salat mit gehacktem Schnittlauch garniert.

Siehe Abbildung auf der rechten Seite

FRITTIERTE SÜSSMAIS-PLÄTZCHEN

ZUTATEN
200g Süßmais aus der Dose, abgetropft
150ml Milch
115g Mehl
2,5ml (1/2 TL) Backpulver
Salz und frisch gemahlener schwarzer Pfeffer
1 Ei, getrennt
1 kleine Chilischote, entkernt und fein gehackt
2 Frühlingszwiebeln, fein gehackt
Öl zum Frittieren

FÜR 4 PERSONEN VORBEREITUNGSZEIT: 5 MINUTEN KOCHDAUER: 10 MINUTEN
ZUBEHÖR: MIXERAUFSATZ/BALLONSCHNEEBESEN

❶ Geben Sie die Hälfte der Maiskörner zusammen mit der Milch in den Mixeraufsatz und verarbeiten Sie dies zu einem Püree.

❷ Sieben Sie das Mehl, das Backpulver und eine Prise Salz in die Kenwood Schüssel. Fügen Sie das Eigelb und die Hälfte des Maispürees hinzu. Verrühren Sie alles mit dem Schneebesen und geben Sie nach und nach das restliche Püree hinzu bis ein fester Teig entsteht.

❸ Auf kleinster Rührstufe geben Sie eine Prise Pfeffer, die Chilischote, die Frühlingszwiebeln und die verbliebenen Maiskörner zu der Masse.

❹ Heben Sie das zuvor steifgeschlagene Eiweiß unter den Teig und erhitzen Sie etwas Öl in einer beschichteten Pfanne.

❺ Nun wird der Teig löffelweise in die Pfanne gegeben und die Plätzchen ca. 1–2 Minuten goldbraun frittiert.

❻ Wenden Sie die Plätzchen und frittieren Sie diese nochmals für ca. 1 Minute oder bis sie gar sind. Nehmen Sie die fertigen Plätzchen aus der Pfanne und halten Sie diese warm, während Sie den restlichen Teig verarbeiten.

FALAFELSALAT MIT MINZE-JOGHURT-DRESSING

ZUTATEN
1 Zwiebel, geviertelt
2 Knoblauchzehen
410 g Kichererbsen in der Dose, gut abgetropft
8-10 frische Korianderstängel
6 Stängel Petersilie
5ml (1 TL) gemahlener Koriander
5ml (1 TL) gemahlener Kümmel
2,5ml (1/2 TL) Chilipulver
2,5ml (1/2 TL) Salz
Mehl zum Formen
30ml (2 EL) Sonnenblumenöl
225 g Mischsalat
45ml (3 EL) Olivenöl
15ml (1 EL) Zitronensaft
Zitronenscheiben und Korianderzweige zur Garnierung
Für das Minze-Joghurt-Dressing:
30ml (2 EL) gehackte frische Minze
1 Knoblauchzehe
150ml Naturjoghurt
Salz und frisch gemahlener schwarzer Pfeffer

FÜR 4 PERSONEN VORBEREITUNGSZEIT: 15 MINUTEN PLUS KÜHLZEIT KOCHDAUER: 8–10 MINUTEN
ZUBEHÖR: FOOD PROZESSOR

❶ Hacken Sie die Zwiebel und die Knoblauchzehe mit dem Edelstahlmesser im Food Prozessor grob. Dann geben Sie die gut abgetropften Kichererbsen, den frischen Koriander, die Petersilie, den gemahlenen Koriander, den Kümmel, das Chilipulver und das Salz hinzu und verarbeiten die Zutaten zu einem weichen, aber leicht körnigen Püree.

❷ Formen Sie mit bemehlten Händen ca. 20 Bällchen aus der Masse und drücken Sie diese nun etwas flach. Bestäuben Sie die Falafel mit dem gewürzten Mehl, decken Sie die Falafel ab und stellen Sie diese für ca. 30 Minuten kalt, so dass sich die Aromen entfalten können.

❸ In der Zwischenzeit mischen Sie die Minze, den Knoblauch und den Naturjoghurt für das Dressing und würzen mit Salz und Peffer. Stellen Sie das Dressing zur Seite.

❹ Erhitzen Sie die Hälfte des Olivenöls in einer beschichteten Pfanne und braten Sie die Hälfte der Falafel für ca. 2–3 Minuten pro Seite. Entnehmen Sie die Falafel, lassen Sie diese abtropfen und halten Sie sie warm, während Sie den verbliebenen Teig in dem Restöl zubereiten.

❺ Schwenken Sie den Mischsalat in Olivenöl und Zitronensaft und richten Sie diesen dann auf 4 Serviertellern an. Verteilen Sie die Falafel auf dem Salat, garnieren Sie mit Zitronenscheiben und Korianderstängeln und servieren Sie das Gericht mit dem Minze-Joghurt-Dressing.

ORANGEN-FENCHEL-SALAT

ZUTATEN
2 Orangen
1 Bund Radieschen, geputzt
2 Fenchelknollen
Olivenöl, zum Beträufeln
15ml (1 EL) gehackter Schnittlauch
Frisch gemahlener schwarzer Pfeffer

FÜR 4-6 PERSONEN VORBEREITUNGSZEIT: 15 MINUTEN
ZUBEHÖR: SCHNITZELWERK (GEMÜSESCHNELLSCHNEIDER)

❶ Schälen Sie die Orangen und entfernen Sie die weiße Haut. Schneiden Sie die Orangen in dünne Scheiben und halbieren Sie jede Scheibe oder schneiden Sie sie in mehrere kleine Stücke, wobei Sie die Markröhre entfernen. Geben Sie die Orangenstücke in eine flache Schüssel.

❷ Setzen Sie die feine Schneidscheibe in das Schnitzelwerk (Gemüseschnellschneider) ein und raspeln Sie die Radieschen in Scheiben in die Schüssel. Entfernen Sie den Strunk vom Fenchel und schneiden Sie ihn in Stücke, die in den Einfülltrichter passen. Die Fenchelscheiben ebenfalls in der Schüssel auffangen.

❸ Beträufeln Sie alles mit Olivenöl und mischen Sie es durch. Schneiden Sie den Schnittlauch darüber und würzen Sie alles großzügig mit frisch gemahlenem schwarzem Pfeffer.

KNACKIGER KRAUTSALAT

ZUTATEN

325 g Weißkohl, entherzt
1 Zwiebel, halbiert
2 Karotten, geschält
150ml Mayonnaise, siehe Seite 102
15ml (1 EL) Weißweinessig
Salz und frisch gemahlener schwarzer Pfeffer
30ml (2 EL) gehackter Schnittlauch
30ml (2 EL) gehackte Walnüsse

FÜR 4 PERSONEN VORBEREITUNGSZEIT: 10 MINUTEN PLUS RUHEZEIT
ZUBEHÖR: SCHNITZELWERK (GEMÜSESCHNELLSCHNEIDER)

1. Setzen Sie die grobe Raspelscheibe in das Schnitzelwerk (Gemüseschnellschneider) ein. Teilen Sie den Weißkohl in große Stücke, geben Sie die Stücke durch den Einfülltrichter in das Schnitzelwerk (Gemüseschnellschneider) und fangen Sie den geraspelten Kohl in der Auffangschüssel auf.

2. Raspeln Sie anschließend die Zwiebel und die Karotten in die Schüssel. Geben Sie die Mayonnaise und den Essig hinzu und verrühren Sie alles.

3. Würzen Sie großzügig mit Salz und frisch gemahlenem schwarzen Pfeffer. Decken Sie die Schüssel ab und lassen Sie den Krautsalat für ca. 1 Stunde ziehen, so dass sich die Aromen gut entfalten können.

4. Geben Sie den Salat nun in eine Servierschüssel und garnieren Sie mit dem gehackten Schnittlauch und den Walnüssen.

KARTOFFELSALAT

FÜR 4 PERSONEN VORBEREITUNGSZEIT: 15 MINUTEN KOCHDAUER: 15 MINUTEN
ZUBEHÖR: GEWÜRZMÜHLE

ZUTATEN

900 g neue Kartoffeln, geschält
Salz und frisch gemahlener schwarzer Pfeffer
1 Zweig frische Minze
6 Stängel frische Petersilie
1 kleine Zwiebel, geviertelt
150 g Mayonnaise, siehe Seite 102
5ml (1 TL) Dijon-Senf
30ml (2 EL) Weißweinessig

1. Geben Sie die geschälten Kartoffeln unter Beigabe des Minzzweiges in einen Topf mit gesalzenem Wasser. Bei abgedecktem Topf ca. 10–12 Minuten oder bis die Kartoffeln gar sind, kochen.

2. Geben Sie die Petersilie und die Zwiebel in die Kräuter- und Gewürzmühle und lassen Sie beides klein hacken. Mischen Sie sie dann zusammen mit dem Senf und dem Essig unter die Mayonnaise und würzen Sie alles mit Salz und dem frisch gemahlenen Pfeffer.

3. Gießen Sie die Kartoffeln ab und lassen Sie sie kurz abkühlen. Schneiden Sie die Kartoffeln in Hälften und heben Sie sie unter die Mayonnaise. Servieren Sie den Salat zimmerwarm.

Ohne ein gutes Dressing ist ein Salat kein Salat. In diesem Kapitel werden Sie mit Hilfe des Schneebesens, des Mixeraufsatzes oder des Food Prozessors zu einem Meister der Mayonnaisen und mit der Kräuter- und Gewürzmühle zaubern Sie unnachahmliche Vinaigrettes.

Verwenden Sie die Zitruspresse, um Zitrusfrüchte für Fruchtquark, Marmeladen und Saucen zu entsaften. Obwohl die Kunst, eine exzellente Sauce herzustellen, viele Geheimnisse zu bergen scheint, sind doch tatsächlich nur Zeit, Aufmerksamkeit und kleine Hilfen wie der Mixeraufsatz oder der Passieraufsatz nötig. Beide ermöglichen es Ihnen, schnell und einfach perfekte Saucen, Pürees und Obst- und Gemüse-Gelees herzustellen.

DRESSINGS, GELEES UND SAUCEN

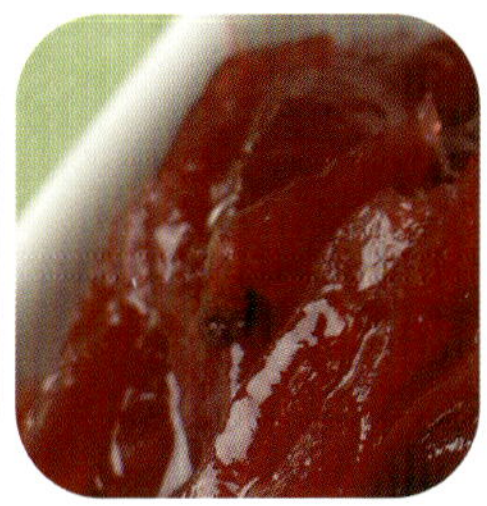

MAYONNAISE

ZUTATEN
2 Eigelb
2,5ml (1/2 TL) Dijon-Senf
150ml Olivenöl
150ml Sonnenblumenöl
15ml (1 EL) Weißweinessig oder Zitronensaft
Salz und Pfeffer aus der Mühle

ERGIBT 300 ML VORBEREITUNGSZEIT: 10 MINUTEN
ZUBEHÖR: BALLONSCHNEEBESEN/FOOD PROZESSOR/MIXERAUFSATZ

1. Geben Sie Eigelb und Senf in die Kenwood Schüssel. Mischen Sie in einer anderen kleinen Schüssel Sonnenblumen- und Olivenöl miteinander.

2. Mit dem Schneebesen schlagen Sie auf höchster Geschwindigkeitsstufe Eigelb und Senf auf. Sobald beide miteinander vermischt sind, geben Sie die Hälfte des Öls zunächst tröpfchenweise und dann langsam gießend dazu.

3. Schalten Sie Ihre Küchenmaschine ab und schütten Sie nun die Hälfte des Weißweinessigs (oder Zitronensaftes) dazu und streuen Sie die Gewürze darüber. Verrühren Sie die Zutaten, bis sich diese zu einer gleichmäßigen, dicken Masse gemischt haben.

4. Fügen Sie nun langsam das übrige Öl hinzu und rühren Sie die Masse auf höchster Stufe noch einmal mit dem Ballonschneebesen durch. Geben Sie dann den übrigen Essig oder Zitronensaft dazu.
Fertig ist Ihre selbst gemachte Mayonnaise, die Sie in einem verschlossenem Glas bis zu 3 Tage lang im Kühlschrank aufbewahren können.

Verwendung des Food Prozessors oder Mixeraufsatzes

Geben Sie Eigelb, Senf und die Hälfte des Essigs oder Zitronensaftes in den Food Prozessor Behälter oder den Mixeraufsatz und mischen Sie die Zutaten, bis sich eine helle, cremige Masse entsteht. Fügen Sie dann den übrigen Essig und die Gewürze hinzu.

Tipp vom Koch: Mayonnaise lässt sich am besten mit Zutaten herstellen, die Zimmertemperatur haben. Holen Sie die Eier direkt vor der Zubereitung aus dem Kühlschrank, erhöht sich das Risiko der Gerinnung.

Variationen:

Koriander-Limetten-Mayonnaise: Ersetzen Sie den Essig oder Zitronensaft durch Limettensaft und rühren Sie 30ml (2 EL) fein gehackten Koriander und die fein geriebene Schale von 2 Limetten mit in die Mayonnaise.

Aioli: Fügen Sie 4 zerdrückte Knoblauchzehen dem Eigelb und Senf in Schritt 1 bei.

Gurken-Mayonnaise: Hacken Sie 7,5 cm Gurke fein und trocknen Sie diese mit einem saugfesten Küchenpapier ab. Die Gurkenstückchen dann mit 30ml (2 EL) gehacktem Chervil oder Estragon und einer kleinen Prise Salz unterheben. Diese Mayonnaise passt ideal zu Fisch.

Remoulade: Fügen Sie 10ml (2 TL) geschnittenen Schnittlauch und 15ml (1 EL) gehackte Gewürzgurken, Kapern und Petersilie zur fertigen Mayonnaise hinzu. Rühren Sie schließlich 15-30ml (1-2 EL) Zitronensaft unter, um die Mayonnaise zu verdünnen.

Siehe Abbildung auf Seite 101.

VINAIGRETTE

ERGIBT 120 ML VORBEREITUNGSZEIT: 5 MINUTEN
ZUBEHÖR: KRÄUTER- UND GEWÜRZMÜHLE

ZUTATEN
90ml Olivenöl, extra virgine
30ml (2 EL) Weißwein- oder Rotweinessig
2,5ml (1/2 TL) Dijon-Senf
Salz, Pfeffer aus der Mühle

1. Vermengen Sie kurz Öl, Essig, Senf und Gewürze in der Kräuter- und Gewürzmühle auf Stufe 1, jedoch nicht zu lange, sonst wird die Vinaigrette zu dickflüssig. Würzen Sie nach Geschmack nach.

Variationen:

Kräuter-Vinaigrette: Hacken Sie eine Hand voll gemischte Kräuter, wie z. B. Petersilie, Majoran und Basilikum, in der Kräuter- und Gewürzmühle. Fügen Sie davon 30 ml (2 EL) der Vinaigrette bei und rühren Sie die Sauce so lange, bis die Zutaten gut vermischt sind.

Balsamico-Vinaigrette: Ersetzen Sie 15ml (1 EL) Weinessig durch Balsamico-Essig, und lassen Sie den Senf wegfallen.

Vinaigrette mit Schimmelkäse: Mixen Sie in der Kräuter- und Gewürzmühle 25 g Gorgonzola oder Roquefort, 15ml (1 EL) Schlagsahne/Schlagobers oder Milch mit der Vinaigrette.

Senf-Vinaigrette: Ersetzen Sie den Dijon-Senf durch 5 ml (1 TL) groben Senf.

Knoblauch-Vinaigrette: Mischen Sie in der Kräuter- und Gewürzmühle eine zerdrückte Knoblauchzehe unter die Vinaigrette.

ROTE ZWIEBELMARMELADE

ERGIBT 1,4 KG VORBEREITUNGSZEIT: 10 MINUTEN PLUS KÜHLZEIT KOCHDAUER: 40–50 MINUTEN
ZUBEHÖR: SCHNITZELWERK (GEMÜSESCHNELLSCHNEIDER) ODER FOOD PROZESSOR

ZUTATEN
900 g rote Zwiebeln, halbiert
60ml (4 EL) Olivenöl
7,5ml (1 1/2 EL) Salz
75 g Zucker
115 g Johannisbeergelee
115 g Johannisbeeren
75 g getrocknete Aprikosen, entsteint und fein gehackt
5ml (1 TL) frische Thymianblätter
125ml Rotweinessig
125ml Rotwein

1. Schneiden Sie die Zwiebeln mit der groben Schneidscheibe im Schnitzelwerk (Gemüseschnellschneider) oder im Food Prozessor in Scheiben.

2. Das Olivenöl in einer tiefen Pfanne oder einem Topf erhitzen und die Zwiebeln bei niedriger Temperatur 10 Minuten lang kochen lassen, hin und wieder umrühren. Fügen Sie Salz hinzu und lassen Sie die Zutaten 5 Minuten kochen. Geben Sie schließlich Zucker hinzu und lassen Sie die Zutaten weitere 5 Minuten kochen.

3. Johannisbeergelee, Johannisbeeren und Aprikosen werden nun untergerührt, Thymian, Essig und Rotwein hinzugefügt und dann alles noch mal zum Kochen gebracht. Lassen Sie die Masse weitere 20–30 Minuten auf niedriger Stufe sieden, so dass sie sich zu Marmelade verdickt. Rühren Sie regelmäßig um, damit sie nicht anbrennt.

4. Lassen Sie die Marmelade ein wenig abkühlen und verteilen Sie diese dann in sterilisierte Gläser. Sobald die Marmelade vollständig abgekühlt ist, stellen Sie sie in den Kühlschrank. Dort hält sie sich bis zu einem Monat.

Siehe Abbildung auf Seite 101.

ZITRONEN-LIMETTEN-MARMELADE

ZUTATEN

700 g Zitronen und Limetten, gut gewaschen und abgetrocknet (ca. 3 Zitronen und 6 Limetten)
1,7 l Wasser
1,4 kg Gelierzucker

ERGIBT CA. 2,2 KG VORBEREITUNGSZEIT: 30 MINUTEN PLUS KÜHLZEIT KOCHDAUER: 2-2 1/2 STUNDEN
ZUBEHÖR: ZITRUSPRESSE

1. Waschen Sie Zitronen und Limetten und trocknen Sie sie gut ab. Entfernen Sie mit einem Kartoffelschäler die Schale und schneiden Sie diese in dünne Streifen, legen Sie sie dann beiseite.

2. Halbieren Sie Zitronen und Limetten. Entsaften Sie die Früchte mit der Zitruspresse und heben Sie die Kerne auf. Zerhacken Sie übrig gebliebene Markröhren und Membrane aus der Presse und binden Sie diese Reste gemeinsam mit den Kernen in ein Stück Musselin.

3. Geben Sie die Schale, das Musselinpäckchen, Zitronen- und Limettensaft und Wasser in einen Topf. Bringen Sie die Zutaten zum Kochen und lassen Sie diese dann unabgedeckt 1,5 – 2 Stunden sieden, bis die Schale weich und die Flüssigkeit auf die Hälfte reduziert ist. Entnehmen Sie nun das Musselinpäckchen und pressen Sie darin enthaltene Säfte wieder zurück in die Pfanne.

4. Geben Sie den Zucker hinzu und rühren Sie so lange um, bis sich dieser aufgelöst hat. Erhöhen Sie die Temperatur und kochen Sie alles für 10–15 Minuten oder bis die Zutaten ihren Siedepunkt erreichen.

5. Den Siedepunkt erkennen Sie, wenn Sie einen Löffel mit Marmelade auf einen kalten Teller geben. Nach einigen Sekunden versuchen Sie, die Marmelade auf dem Teller mit dem Finger zu verschieben. Wenn sich an der Oberfläche Falten bilden, ist der Siedepunkt erreicht. Wenn die Falten nicht entstehen, kochen Sie weiter und führen den Test nach 5 Minuten nochmals durch.

6. Warten Sie ca. 15 Minuten lang, bis sich die Marmelade gesetzt hat, und entfernen Sie dann den Schaum und mit einem Löffel. Verteilen Sie die Marmelade dann in saubere, sterilisierte Gläser, dichten Sie diese ab, beschriften Sie sie und bewahren Sie die Gläser an einem kühlen Ort auf.

SEVILLEORANGEN-MARMELADE

ERGIBT 4,5 KG VORBEREITUNGSZEIT: 30 MINUTEN PLUS KÜHLZEIT KOCHDAUER: 2 STUNDEN
ZUBEHÖR: ZITRUSPRESSE

ZUTATEN

1,4 kg gewaschene und abgetrocknete Sevilleorangen
2 Zitronen, gewaschen und abgetrocknet
3,4 l Wasser
2,7 kg Gelierzucker

1. Halbieren Sie Orangen und Zitronen und pressen Sie den Saft mit der Zitruspresse aus. Heben Sie die Kerne auf. Entsorgen Sie die Zitronenschalen.

2. Die Orangen werden nochmals halbiert, mit einem Metalllöffel schaben Sie das Fruchtmark heraus, wickeln es mit den Kernen in ein Musselintuch ein und formen daraus ein Päckchen.

3. Schneiden Sie die Orangenschalen wahlweise in feine oder breite Streifen.

4. Geben Sie die Schale, das Musselinpäckchen, Orangensaft und Wasser in einen Topf. Kochen Sie die Zutaten auf und lassen Sie diese dann 2 Stunden lang sieden oder bis die Orangenschalen relativ weich sind und die Flüssigkeit sich auf die Hälfte reduziert hat.

5. Geben Sie den Zucker unter ständigem Rühren dazu und rühren Sie so lange, bis sich der Zucker komplett aufgelöst hat. Erhöhen Sie die Temperatur und kochen Sie alles 10–15 Minuten oder bis die Zutaten ihren Siedepunkt erreichen. Um den Siedepunkt zu testen, lesen Sie bitte die Anleitung in Schritt 5 des vorherigen Rezeptes.

6. Warten Sie ca. 15 Minuten lang, bis sich die Marmelade gesetzt hat, und entfernen Sie dann den Schaum mit einem Löffel. Verteilen Sie die Marmelade dann in saubere, sterilisierte Gläser, dichten Sie diese ab, beschriften Sie sie und bewahren Sie die Gläser an einem kühlen Ort auf.

HIMBEERPÜREE

ZUTATEN
250 g frische oder aufgetaute Himbeeren
15-30ml (1-2 EL Puderzucker)
1 Schuss Likör z.B. Himbeer-, Kirschlikör oder Cointreau

FÜR 4 PERSONEN VORBEREITUNGSZEIT: 10 MINUTEN PLUS KÜHLZEIT
ZUBEHÖR: PASSIERAUFSATZ

1. Setzen Sie die feine Siebeinlegscheibe mit der groben Seite nach oben in den Passieraufsatz ein und setzen Sie die Passierschüssel in die Kenwood Schüssel.

2. Geben Sie die Himbeeren mit dem Puderzucker in die Passierschüssel und pürieren Sie auf Stufe 1–2. Entfernen Sie den Passiereinsatz und geben Sie den Likör dazu und rühren Sie das Ganze anschließend um.

3. Servieren Sie das Püree gut gekühlt zu Nachspeisen, Eiscreme oder Kuchen.

ORANGEN-ZITRONEN-BROTAUFSTRICH

ERGIBT 550g VORBEREITUNGSZEIT: 15 MINUTEN PLUS KÜHLZEIT KOCHDAUER: CA. 25 MINUTEN
ZUBEHÖR: ZITRUSPRESSE

ZUTATEN
2 Zitronen
1 Orange
250 g Zucker
3 geschlagene Eier
100 g Butter, in kleine Stücke geschnitten

1. Die Schalen einer Zitrone und der Orange fein raspeln und in eine mittelgroße, hitzebeständige Schüssel geben. Zucker, Eier und Butter dazugeben.

2. Halbieren Sie die Zitronen und die Orange und pressen Sie mit der Zitruspresse den Saft aus. Geben Sie den Saft zu den anderen Zutaten in die Schüssel und rühren Sie das Ganze mit einem Holzlöffel um.

3. Stellen Sie die Schüssel in einen mit siedendem Wasser gefüllten Topf und rühren Sie die Mischung 15–20 Minuten lang, bis der Aufstrich dickflüssig genug ist und am Löffel haften bleibt. Lassen Sie das Wasser im Topf nicht aufkochen.

4. Verteilen Sie den Aufstrich in saubere, warme Gläser, die Sie anschließend luftdicht verschließen. Nach dem Abkühlen können Sie den Brotaufstrich ca. 2–3 Wochen im Kühlschrank aufbewahren.

BROTSAUCE

FÜR 4 PERSONEN VORBEREITUNGSZEIT: 10 MINUTEN KOCHDAUER: 25 MINUTEN
ZUBEHÖR: MIXERAUFSATZ ODER FOOD PROZESSOR

ZUTATEN

1 kleine Zwiebel
4 ganze Nelken
1 kleines Lorbeerblatt
6 Pfefferkörner
300ml Milch
50 g gewürfeltes Weißbrot ohne Kruste
15 g Butter
30ml (2 EL) Creme fraîche oder Schlagsahne/Schlagobers
Frisch gemahlene Muskatnuss
Salz und frisch gemahlener schwarzer Pfeffer

1. Spicken Sie die Zwiebel mit den Nelken und geben Sie diese mit dem Lorbeerblatt, den Pfefferkörnern und der Milch in eine kleine, schwere Pfanne.

2. Langsam zum Kochen bringen und etwa 10 Minuten köcheln lassen. Schalten Sie den Herd aus und lassen Sie die Zutaten unbedeckt ca. 20 Minuten ziehen.

3. Mit dem in den Mixeraufsatz oder den Food Prozessor eingesetzten Edelstahlmesser verarbeiten Sie das Brot zu Bröseln. Sollten Sie den Mixeraufsatz verwenden, schalten Sie diesen ein, bevor Sie das Brot durch die Einfüllöffnung geben.

4. Gießen Sie die Milch aus der Pfanne ab und erwärmen Sie sie. Fügen Sie die Brotkrümel dazu und lassen Sie die Zutaten 10 Minuten lang sieden. Rühren Sie ab und zu um.

5. Geben Sie Butter, Crème fraîche oder Schlagsahne/Schlagobers unter ständigem Rühren hinzu und würzen Sie mit Muskatnuss, Salz und Pfeffer aus der Mühle. Die Sauce in eine vorgewärmte Schüssel geben und sofort servieren.

PESTO

FÜR 4 PERSONEN VORBEREITUNGSZEIT: 5 MINUTEN
ZUBEHÖR: FOOD PROZESSOR

ZUTATEN

25 g frische Basilikumblätter (ohne Stängel gewogen)
1 geschälte Knoblauchzehe
30ml (2 EL) Pinienkerne
100ml Olivenöl
25 g geriebener Parmesankäse
Salz und schwarzer Pfeffer aus der Mühle

1. Zerhacken Sie die Basilikumblätter, den Knoblauch und die Pinienkerne mit dem Edelstahlmesser im Food Prozessor. Geben Sie dann das Olivenöl dazu und mixen Sie die Zutaten auf höchster Stufe weiter, bis eine cremige, einheitliche Masse entsteht.

2. Geben Sie Parmesan und Gewürze hinzu und hacken Sie kurz weiter, bis diese vollständig untergemischt sind. Wenn Sie das Pesto nicht sofort verwenden, heben Sie es in einem Glas mit Schraubverschluss auf. Allerdings verflüchtigt sich die frische Farbe, wenn Sie es nicht am gleichen Tag verbrauchen. Das Pesto ist im Kühlschrank 5 Tage lang haltbar und passt gut zu Pasta, Suppen, Fisch oder Hühnchenfleisch.

Tipp vom Koch: Für eine kleinere Menge Pesto verwenden Sie die Hälfte der Zutaten und verarbeiten Sie diese in der Kräuter- und Gewürzmühle.

Siehe Abbildung auf Seite 100.

TOMATENPÜREE

FÜR 2 PERSONEN VORBEREITUNGSZEIT: 15 MINUTEN KOCHDAUER: 10 MINUTEN
ZUBEHÖR: PASSIERAUFSATZ

ZUTATEN
6 Tomaten
30ml (2 EL) Olivenöl
1 zerdrückte Knoblauchzehe
10 Basilikumblätter
2,5ml (1/2 TL) Zucker
Salz und schwarzer Pfeffer aus der Mühle

1. Geben Sie die Tomaten in einen Topf mit kaltem Wasser. Decken Sie den Topf ab und bringen Sie den Inhalt zum Kochen. Entfernen Sie den Topf dann vom Herd lassen Sie die Tomaten noch 5 Minuten im heißen Wasser ziehen.

2. Nehmen Sie die Tomaten mit einem Schaumlöffel aus dem Wasser. Vierteln Sie die Tomaten, sobald diese abgekühlt sind. Die feine Siebeinlegscheibe mit der groben Seite nach oben in den Passieraufsatz einsetzen und die Tomaten pürieren.

3. Geben Sie den Knoblauch in eine Pfanne mit dem erhitzten Olivenöl und lassen Sie den Knoblauch sein Aroma bei niedriger Hitze entfalten. Er sollte nicht angebraten werden.

4. Hacken Sie die Basilikumblätter fein und mischen Sie sie in einer Schüssel unter die pürierten Tomaten. Geben Sie den Zucker und den Knoblauch in Olivenöl hinzu. Schmecken Sie mit Salz und Pfeffer ab.

5. Wärmen Sie die Sauce vor dem Servieren vorsichtig auf, damit der frische Geschmack erhalten bleibt. Diese Sauce die ideale Beilage für gefüllte Paprika, Braten, Fisch und Huhn.

MEDITERRANE TOMATENSAUCE

FÜR 2 PERSONEN VORBEREITUNGSZEIT: 15 MINUTEN KOCHDAUER: 35 MINUTEN
ZUBEHÖR: MIXERAUFSATZ

ZUTATEN
450 g Eiertomaten
2 gehackte Knoblauchzehen
15 gerissene Basilikumblätter
30ml (2 EL) Olivenöl
Salz und frisch gemahlener Pfeffer

1. Die Tomaten in eine große Schüssel geben und mit kochendem Wasser übergießen. 1 Minute stehen lassen. Mit einem Schaumlöffel herausnehmen und – nachdem sie abgekühlt sind – schälen.

2. Halbieren Sie die Tomaten und geben Sie diese mit Knoblauch, Basilikum und Olivenöl in eine Schüssel. Vermischen Sie die Zutaten und würzen Sie mit Salz und Pfeffer. Geben Sie den Inhalt der Schüssel in eine Pfanne, die Tomaten mit der Schnittfläche nach oben.

3. Erhitzen Sie die Sauce und kochen Sie sie auf nie - driger Stufe für ca. 30 Minuten. Mittlerweile sollten sich die Tomaten etwas reduziert haben und die untere Seite sollte jeweils etwas angebräunt sein. Nehmen Sie die Pfanne von der Kochplatte.

4. Lassen Sie die Sauce etwas abkühlen, bevor Sie sie im Mixeraufsatz glatt pürieren. Mit Pasta oder als Beilage zu Fleisch servieren.

Dieses Kapitel bietet Ihnen eine große Auswahl an Desserts, die Sie ganz einfach mit der Kenwood Chef und der Major zubereiten können. Der K-Haken rührt nicht nur perfekt den Teig für Ihre Tortenböden, Flans und andere Kuchen, sondern auch Streusel und lockeren Biskuitteig. Verwenden Sie den Schneebesen, um feinen Pudding, schmackhaftes Kompott und lockere Mousses und Baisers ganz einfach zuzubereiten.

Das Schnitzelwerk (Gemüseschnellschneider) bzw. die Trommelraffel zerkleinert Ihr Obst für Torten, Streusel- und andere Kuchen, und die Zitruspresse liefert in Windeseile den Saft für fruchtige Götterspeisen, Glasuren oder Zitronen- und Orangenfüllungen. Möchten Sie auch noch unvergleichlich cremiges Eis oder erfrischendes Sorbet servieren, so ist der Eiscremebereiter der richtige Helfer für Ihr Traumdessert.

DESSERTS

APFEL-BIRNEN-CHARLOTTE

ZUTATEN
500 g Kochäpfel
500 g reife, aber feste Birnen
Saft und geriebene Schale einer Zitrone
150ml trockener Weißwein
75 g Zucker
1/2 TL gemahlener Zimt
50–75 g Butter
8–10 dicke (5 mm) Scheiben Weißbrot/Toast
Puderzucker zum Garnieren

FÜR 6 PERSONEN VORBEREITUNGSZEIT: 20 MINUTEN PLUS RUHEZEIT KOCHDAUER: 40 MINUTEN
ZUBEHÖR: SCHNITZELWERK (GEMÜSESCHNELLSCHNEIDER)/FOOD PROZESSOR

1. Schälen, entkernen und vierteln Sie die Äpfel und Birnen. Verwenden Sie das Schnitzelwerk (Gemüseschnellschneider) oder den Food Prozessor mit der groben Schneidplatte als Einsatz, um das Obst in Scheiben zu schneiden. Beträufeln Sie die Scheiben mit Zitronensaft.

2. Geben Sie den Wein in einen Topf. Bei kleiner Hitze können Sie nun Zucker, Zimt und Zitronenschale hinzufügen und unter Rühren den Zucker auflösen. Kochen Sie nun die Äpfel und Birnen 5 Minuten lang mit. Wenden Sie das Obst regelmäßig, so dass es gleichmäßig gar wird.

3. Nehmen Sie das Obst aus dem Topf und stellen Sie es beiseite. Kochen Sie nun den übrigen Saft auf ca. 45 ml (3 EL) ein und gießen Sie ihn dann über das Obst.

4. Heizen Sie den Ofen auf 200°C vor. Fetten Sie eine 15 cm tiefe Kuchenform ein. Bestreichen Sie die Weißbrotscheiben dünn mit Butter und entfernen Sie die Rinde.

5. Bedecken Sie nun den Boden und die Seiten der Kuchenform mit dem Weißbrot (gebutterte Seite der Form zugewandt).

6. Geben Sie das Obst hinein und decken Sie den Kuchen mit dem restlichen Weißbrot ab.

7. Die Charlotte sollte nun 30 Minuten im Ofen backen, davon die letzten 10 Minuten abgedeckt, falls die obere Lage zu schnell braun wird. Anschließend stürzen Sie die Charlotte aus der Form und bestreuen sie mit Puderzucker, bevor Sie sie servieren.

Tipp vom Koch: Sollten Sie den Food Prozessor verwenden, schneiden Sie das Obst vorher in kleine Stücke.

CRÊPES SUZETTE

ZUTATEN
8 Crêpes, Rezept siehe Seite 166
2 Orangen
8 Zuckerwürfel
50 g Zucker
1 Zitrone, halbiert
75g Butter
30ml (2 EL) Cointreau, Grand Marnier oder anderer Orangenlikör
30ml (2 EL) Cognac

FÜR 4 PERSONEN VORBEREITUNGSZEIT: 20 MINUTEN KOCHDAUER: 15 MINUTEN
ZUBEHÖR: BALLONSCHNEEBESEN/ZITRUSPRESSE

1. Bereiten Sie die Crêpes nach dem Rezept auf Seite 166 zu. Reiben Sie die Zuckerwürfel über der Butter, so dass diese sich mit Butter vollsaugen. Halbieren und entsaften Sie die Orangen und Zitronen mit der Zitruspresse.

2. Erhitzen Sie nun eine Pfanne und geben Sie den Zucker und den Puderzucker hinein und lassen diese karamellisieren. Nun können Sie die Butter zugeben und nach und nach die Zitrussäfte unterrühren. Bringen Sie alles zum Kochen.

3. Legen Sie nun jede Crêpe in die Sauce, übergießen Sie sie und klappen sie zweimal in die Hälfte ein, so dass Dreiecke entstehen. Erhitzen Sie nun in einem kleinen Topf den Cognac.

4. Wenn alle Crêpes in der Pfanne liegen, können Sie diese erst mit dem Orangenlikör, dann mit dem Cognac übergießen und flambieren. Servieren Sie die Crêpes direkt nach dem Flambieren.

MAKKARONI-PUDDING

ZUTATEN

- ¼ Portion frische Makkaroni, Rezept siehe Seite 80
- 600ml Milch
- 300ml Sahne/Obers
- 1 geriebene Zitronenschale
- 40 g weißer oder brauner Kristallzucker
- 115 g Rosinen
- 50 g gehackte, getrocknete Aprikosen
- 5ml (1 TL) frisch geriebener Muskat

FÜR 6 **PERSONEN** **VORBEREITUNGSZEIT:** 15 MINUTEN **KOCHDAUER:** 45 MINUTEN
ZUBEHÖR: PASTA FRESCA-AUFSATZ

❶ Fetten Sie eine Auflaufform, die 1,2 l Inhalt fasst, leicht ein. Kochen Sie die Makkaroni, Milch, Sahne/Obers und Zitronenschale unter ständigem Rühren in einem Topf kurz auf. Heizen Sie den Ofen auf 80°C vor.

❷ Köcheln Sie die Makkaroni 15 Minuten lang oder bis sie sehr weich sind. Nehmen Sie den Topf vom Herd und rühren Sie Zucker, Rosinen und Aprikosen unter. Nun alles in die vorbereitete Auflaufform geben und mit Muskatnuss bestäuben.

❸ Backen Sie den Nachtisch 30 Minuten lang oder bis er goldbraun ist. Dann servieren Sie ihn heiß oder warm.

PEKAN-PITHIVEIRS

FÜR 6–8 **PERSONEN** **VORBEREITUNGSZEIT:** 25 MINUTEN PLUS ABKÜHLZEIT **KOCHDAUER:** 30–35 MINUTEN
ZUBEHÖR: FOOD PROZESSOR/K-HAKEN

ZUTATEN

- 115 g Pekannüsse
- 100 g ganze Mandeln
- 115 g Butter
- 2 Eigelb
- 30ml (2 EL) Rum
- 75 g Zucker
- 15ml (1 EL) Zitronensaft
- 325 g Blätterteig, Rezept siehe Seite 165
- 115 g gehackte, getrocknete Aprikosen (ohne Kerne)
- 1 geschlagenes Ei zum Glasieren
- 15ml (1 EL) Puderzucker zum Bestäuben
- Schlagsahne/Schlagobers zum Garnieren

❶ Zerhacken Sie Mandeln und Pekannüsse mit dem Edelstahlmesser des Food Prozessors sehr fein.

❷ Schlagen Sie die Butter mit dem K-Haken in der Kenwood Schüssel weich und rühren Sie dann Eigelb, Rum, Zucker, Zitronensaft und die zermahlenen Nüsse unter, bis sich eine Paste ergibt.

❸ Rollen Sie nun fast die Hälfte des Blätterteigs auf einer mehlbestäubten Oberfläche aus. Schneiden Sie einen Kreis von 25 cm Durchmesser aus. Befeuchten Sie ein Backblech mit etwas Wasser und legen Sie den Teig darauf. Rollen Sie dann den übrigen Teil des Teiges aus und schneiden Sie einen Kreis von 28 cm Durchmesser aus.

❹ Verteilen Sie nun die Nusspaste auf dem kleineren Kreis, wobei jedoch ein Rand von 2,5 cm ausgespart werden sollte. Geben Sie die Aprikosenstückchen auf die Paste und pinseln Sie den Rand mit Ei ein.

❺ Jetzt können Sie die zweite Teigplatte darüber legen und am Rand entlang festdrücken, um einen geschlossenen Innenraum herzustellen. Mit Hilfe eines Kuchenformrings mit 23 cm Durchmesser lässt sich auch der Rand sauber ausstechen. Überstehenden Teig einfach mit einem Messer entfernen.

❻ Bepinseln Sie den Blätterteig rundherum mit Ei. Mit einer scharfen Messerspitze können Sie nun die Oberfläche mit feinen Schnitten, die spiralförmig von der Mitte bis zum Rand verlaufen, verzieren. Kühlen Sie das Pithiveirs nun für 20 Minuten.

❼ Heizen Sie nun den Backofen auf 200°C vor. Backen Sie das Pithiveirs 15–30 Minuten lang oder bis es goldbraun ist. Bestäuben Sie die Oberfläche mit Puderzucker und backen Sie das Pithiveirs noch einmal bei erhöhter Temperatur (220°C) 4–5 Minuten lang. Nun können Sie das Gebäck warm und mit Schlagsahne/Schlagobers servieren.

STICKY TOFFEE-PUDDING

ZUTATEN
150 g Butter
150 g heller Muscovado oder Zucker
2 große Eier
50 g Sultaninen oder Rosinen
40 g gehackte Walnüsse
2,5 ml (1/2 TL) Vanillearoma
175 g Weizenmehl
50 g Datteln, entsteint und grob gehackt
Für die Sauce:
50 g brauner Muscovado oder brauner Zucker
50 g Butter
100ml Sahne/Obers

FÜR 4 PERSONEN VORBEREITUNGSZEIT: 15 MINUTEN KOCHDAUER: 90 MINUTEN
ZUBEHÖR: K-HAKEN

1. Fetten Sie eine Auflaufform ein, die 900ml Inhalt fasst. Schlagen Sie dann Butter und Zucker in der Kenwood Schüssel mit dem K-Haken auf Stufe 3 zu einer lockeren Masse. Rühren Sie nach und nach Eier und Vanillearoma darunter.

2. Mehl, Datteln, Sultaninen oder Rosinen können Sie mit dem K-Haken mit der Masse vermischen. Geben Sie den Teig in die vorbereitete Form.

3. Decken Sie die Form mit Back- oder Alufolie ab und binden Sie diese mit einem Faden fest. Setzen Sie die Form auf einen Dreifuß in einen Topf.

4. Gießen Sie nun immer wieder kochendes Wasser in den Topf, so dass die Form ständig bis zur Hälfte im Wasserbad steht, und lassen Sie den Pudding darin ca. 2 Stunden lang ziehen.

5. Nehmen Sie das Dessert aus dem Wasserbad und lassen Sie es weiter ziehen, während Sie die Sauce zubereiten. Erhitzen Sie Zucker, Butter und Sahne/Obers unter ständigem Rühren vorsichtig in einer Pfanne, bis Zucker und Butter geschmolzen sind. Kochen Sie dann die Sauce 30 Sekunden lang auf, so dass sie eindickt.

6. Nehmen Sie das Dessert aus der Form und richten Sie es auf einem warmen Teller an. Geben Sie etwas Sauce darüber und schon ist Ihr Dessert servierfertig.

Siehe Abbildung

ZITRONEN-BAISER-TORTE

ZUTATEN
1 Portion Flanteig, Rezept siehe Seite 165
1 Zitrone, halbiert
2 Orangen, halbiert
2 Limetten, halbiert
65 g Speisestärke
50 g Zucker
3 Eigelb
Für das Baiser:
3 Eiweiß
150 g Zucker
Geriebene Limettenschale zum Garnieren

FÜR 6–8 PERSONEN VORBEREITUNGSZEIT: 20 MINUTEN PLUS ABKÜHLZEIT
KOCHDAUER: 30–35 MINUTEN ZUBEHÖR: ZITRUSPRESSE/BALLONSCHNEEBESEN

1. Rollen Sie den Teig aus und bedecken Sie damit Boden und Rand einer Kuchenform mit 23 cm Durchmesser. Stechen Sie den Teig mit einer Gabel ein und kühlen Sie ihn 30 Minuten lang. Heizen Sie nun den Ofen auf 190°C vor.

2. Legen Sie Backpapier über den Teig und lassen Sie ihn 20 Minuten lang backen, danach noch weitere 15 Minuten ohne Backpapier.

3. Reiben Sie zwischenzeitlich eine Zitronen- und eine Orangenschale. Halbieren Sie die Zitrusfrüchte und pressen Sie sie mit der Zitruspresse aus. Gießen Sie den Saft in ein Gefäß und füllen Sie es mit 450 ml kaltem Wasser auf.

4. Vermischen Sie nun die Speisestärke mit 120 ml Wasser zu einer weichen Paste.

5. Kochen Sie den Zitrussaft, die Zitrusscheiben und den Zucker in einem Topf auf. Mischen Sie dann die Speisestärkepaste darunter und rühren Sie alles bei mittlerer Hitze, bis die Masse eindickt. Geben Sie die Eigelb darunter und gießen Sie die Füllung über den Teig.

6. Um das Baiser zuzubereiten, schlagen Sie das Eiweiß steif und geben Sie nach und nach den Zucker dazu. Schlagen Sie die Masse sehr steif.

7. Wählen Sie einen großen Sternaufsatz für Ihre Spritztüte und spritzen Sie das Baiser in gleichmäßigen Formen auf die Zitrusfüllung. Wahlweise können Sie auch das Baiser mit einem Löffel gleichmäßig über die Zitronenmasse geben und anschließend mit einem Messer Spiralen ziehen. Backen Sie die Torte nun noch einmal 5–10 Minuten oder bis das Baiser goldbraun wird. Servieren Sie diese Torte warm oder kalt und dekorieren Sie sie mit geriebener Limettenschale.

KREOLISCHE KOKOSTORTE

ZUTATEN

1 frische Kokosnuss
150 g Mehl
75 g Butter
3 Eier
30ml (2 EL) Joghurt natur
30 ml (2 EL) Milch
2,5ml (1/2 TL) Vanillearoma
115 g Streuzucker
Wahlweise frische Himbeeren zum Garnieren

FÜR 6–8 PERSONEN VORBEREITUNGSZEIT: 15 MINUTEN PLUS KÜHLZEIT KOCHDAUER: 65–70 MINUTEN
ZUBEHÖR: FRISCHSAFTZENTRIFUGE / K-HAKEN

1. Heizen Sie den Ofen auf 190°C vor. Stechen Sie die Kokosnussaugen vorsichtig ein und schütten Sie die Kokosmilch in eine Schüssel, anschließend stellen Sie die Milch beiseite. Brechen Sie dann die Kokosnuss auf, entfernen Sie das Fleisch und brechen Sie es in gleich große Teile.

2. Mit der Frischsaftzentrifuge können Sie nun ungefähr 250 g Kokosnussfleisch mit der braunen Haut auspressen. Heben Sie den Saft und den Trester auf. Schälen Sie anschließend mit einem Kartoffelschäler lange Streifen von der restlichen Kokosnuss, rösten Sie diese leicht an und bewahren Sie sie zum Dekorieren

3. Um den Tortenboden zuzubereiten, verarbeiten Sie Mehl, Butter und 15ml (1 EL) des Kokosfruchtfleisches mit dem K-Haken in der Kenwood Schüssel auf niedriger Stufe zu Bröseln. Gießen Sie dann etwa 30–45ml (2–3 EL) Kokosmilch dazu, um den Inhalt der Schüssel zu einem Teig zu verarbeiten.

4. Rollen Sie den Teig nun auf einer mit Mehl bestäubten Oberfläche aus und legen Sie damit eine Kuchenform mit 23 cm Durchmesser aus. Stechen Sie den Teig mit einer Gabel an und backen Sie ihn ohne Füllung 20 Minuten lang. Schalten Sie den Ofen danach auf 180°C.

5. Mixen Sie nun mit dem K-Haken das übrige Kokosfruchtfleisch, 75ml Kokosmilch, Eier, Joghurt, Milch, Vanillearoma und Zucker in der Kenwood Schüssel. Gießen Sie die Masse auf den vorgebackenen Teig.

6. Backen Sie die Torte 45–50 Minuten oder bis sich die Kokosfüllung gesetzt hat. Servieren Sie Ihr Dessert warm oder kalt, dekoriert mit gerösteten Kokosraspeln und Himbeeren.

MOKKA-PROFITEROLES

ZUTATEN

1 Portion Brandteig, Rezept siehe Seite 164
150 g Schokolade, zerbrochen
150ml starker, schwarzer Kaffee
15 g Butter
15ml (1 EL) Zuckerrohrsirup
300ml Sahne/Obers

FÜR 6 PERSONEN VORBEREITUNGSZEIT: 25 MINUTEN PLUS KÜHLZEIT
KOCHDAUER: 30–35 MINUTEN ZUBEHÖR: BALLONSCHNEEBESEN

1. Heizen Sie den Ofen auf 220°C vor. Befeuchten Sie zwei Backbleche. Nun können Sie entweder mit der Spritztüte und einem Aufsatz von ca 1 cm Durchmesser je 15 kleine Teighäufchen auf das Blech spritzen oder kleine Häufchen mit einem Teelöffel auf die Backbleche geben.

2. Schieben Sie die Bleche nun 20–25 Minuten lang in den Ofen, bis die Häufchen aufgegangen und goldbraun gebacken sind. Schalten Sie den Ofen dann auf 190°C herunter. Stechen Sie nun ein Loch in den Boden jedes Teighäufchens. Lassen Sie die Bleche dann noch einmal 5 Minuten im Ofen und verteilen Sie die Teighäufchen danach zum Auskühlen auf einem Rost.

3. Erhitzen Sie nun unter ständigem Rühren langsam Schokolade, Kaffee, Butter und Sirup in einem Topf, bis die Schokolade geschmolzen ist. Kochen Sie die Masse auf und lassen Sie sie 10 Minuten lang köcheln oder bis sich die Masse zu einer Glasur eingedickt hat.

4. Schlagen Sie mit dem Ballonschneebesen die Sahne/das Obers auf Stufe 3, bis sie/es fest ist. Geben Sie die Schlagsahne/das Schlagobers in eine Spritztüte und füllen Sie die Öffnung der Teighäufchen damit. Richten Sie diese auf einem Servierteller an und geben Sie die Mokkasauce darüber.

MANGO-HASELNUSS-BAISER

ZUTATEN

150 g Haselnüsse, geschält
5ml (1 TL) Speisestärke
5ml (1 TL) Weißweinessig
5 Eiweiß
225 g Zucker
2,5 ml (1/2 TL) gemahlener Zimt
2 große Mangos
300ml Orangensaft
300ml Crème fraîche
125 g Johannisbeeren
Einige Johannisbeeren zum Dekorieren
Puderzucker zum Bestäuben

FÜR 8 PERSONEN VORBEREITUNGSZEIT: 30 MINUTEN PLUS KÜHLZEIT KOCHDAUER: 35–45 MINUTEN
ZUBEHÖR: FOOD PROZESSOR/MIXERAUFSATZ/BALLONSCHNEEBESEN

1. Heizen Sie den Ofen auf 180°C vor. Legen Sie die Haselnüsse auf ein Backblech und rösten Sie diese 5–10 Minuten im Ofen. Die Nüsse sollten kurz auskühlen und dann im Food Prozessor oder Mixeraufsatz fein gehackt werden.

2. Legen Sie nun zwei Backbleche mit Backpapier aus. Markieren Sie auf dem Backpapier des einen Blechs einen Kreis von 23 cm und auf dem anderen einen Kreis von 18 cm Durchmesser. Wenden Sie dann das Backpapier. Mischen Sie Speisestärke und Essig.

3. Schlagen Sie die Eiweiß mit dem Ballonschneebesen in der Kenwood Schüssel steif. Schlagen Sie langsam Zucker und die Speisestärkemasse unter. Geben Sie zuletzt den Zimt hinzu.

4. Von den gehackten Haselnüssen stellen Sie nun 30ml (2 EL) beiseite und heben sie für später auf. Die restlichen Haselnüsse heben Sie unter die Eiweißmasse. Geben Sie die fertige Masse auf die vorbereiteten Backbleche und füllen Sie die Kreise gleichmäßig aus. Streuen Sie die übrigen Haselnüsse über den kleineren „Baiserkreis".

5. Backen Sie die Baisers nun 30–35 Minuten oder bis diese außen fest, doch innen noch ein wenig weich sind. Legen Sie die Baisers dann zum Auskühlen auf zwei Roste.

6. Schälen, halbieren, entkernen und schneiden Sie nun die Mangos in kleine Stücke. Verarbeiten Sie ungefähr ein Drittel zusammen mit dem Orangensaft im Food Prozessor oder im Mixeraufsatz zu einer Sauce.

7. Legen Sie das große Baiser auf eine Kuchenplatte. Verteilen Sie Crème fraîche, Johannisbeeren und die übrigen Mangostücke auf dem Baiser.

8. Legen Sie nun das kleinere Baiser als Deckel darauf. Dieses kann je nach Wunsch mit Johannisbeeren und Zucker dekoriert werden. Servieren Sie anschließend das Baiser mit der Mangosauce.

TIRAMISU

ZUTATEN
4 Eier
115 g Zucker
100 g Mehl
15 g Speisestärke
25 g geschmolzene Butter
Für die Füllung:
115 g Schokolade
150ml starker, schwarzer Kaffee
100ml Tia Maria oder Kahlua (Kaffeelikör)
300ml Sahne/Obers
2,5ml (1/2 TL) Vanillearoma
50 g Zucker
750 g Mascarpone
Geriebene oder geraspelte Schokolade und Kakaopulver zum Dekorieren

FÜR 8–10 PERSONEN VORBEREITUNGSZEIT: 25 MINUTEN PLUS KÜHLZEIT
KOCHDAUER: 20–25 MINUTEN ZUBEHÖR: BALLONSCHNEEBESEN/TROMMELRAFFEL

1. Heizen Sie den Ofen auf 180°C vor. Fetten Sie die Seiten einer Springform mit 23 cm Durchmesser ein und legen Sie den Boden mit Backpapier aus. Schlagen Sie dann mit dem Schneebesen Eier und Zucker in der Kenwood Schüssel cremig. Die Masse sollte so dick sein, dass sie beim Herausnehmen teilweise am Schneebesen haften bleibt.

2. Mehl und Speisestärke sieben und die Hälfte unter den Teig heben. Dann die Hälfte der Butter unterheben. Wiederholen Sie diesen Vorgang mit dem übrigen Mehl und der übrigen Butter.

3. Gießen Sie die Teigmischung nun in die vorbereitete Springform und backen Sie den Teig für 20–25 Minuten, bis er goldbraun ist. Stürzen Sie den Teig aus der Form und lassen Sie ihn, wenn möglich über Nacht, auskühlen. Reiben Sie in der Trommelraffel die Schokolade. Kaffee und Likör vermischen und den Kuchen in drei Lagen schneiden.

4. Legen Sie Boden und Wände der Kuchenform mit Frischhaltefolie aus. Legen Sie den Boden der Kuchenform erneut mit Backpapier aus. Geben Sie nun eine Kuchenlage in die Kuchenform und beträufeln Sie diese mit der Hälfte der Kaffee-Likör-Mischung.

5. Mit dem Ballonschneebesen Sahne/Obers, Vanillearoma und Zucker cremig rühren, Mascarpone dazugeben und unterheben. Heben Sie 4 TL für später zum Dekorieren auf. Verteilen Sie ein Drittel der verbleibenden Mascarpone-Masse auf der Kuchenlage. Streuen Sie die Hälfte der Schokoladenraspel auf die Masse. Legen Sie jetzt die nächste Kuchenlage darüber und verteilen Sie auf dieser die restliche Kaffee-Likör-Mischung, die Hälfte der Mascarpone-Masse und die restliche Schokolade. Die letzte Kuchenlage dient als Deckel, wird leicht festgedrückt und mit der verbleibenden Mascarpone-Masse bestrichen. Das Tiramisu 2 Stunden lang kalt stellen.

6. Holen Sie das Tiramisu aus der Kuchenform heraus und entfernen Sie anschließend Folie und Papier. Stellen Sie das Tiramisu auf einen Servierteller und bestreichen Sie die Seiten mit der zu Anfang beiseite gestellten Mascarpone-Masse. Dekorieren Sie nun noch mit Schokoladenstreuseln und Kakaopulver, und schon können Sie servieren!

Siehe Abbildung

KÄSEKUCHEN MIT VANILLE

ZUTATEN
225 g Vollkornkekse
75 g Butter
450 g Quark/Topfen
15ml (1 EL) Speisestärke
5ml (1 TL) Vanillearoma
3 Eier
150 g Zucker
225ml Sahne/Obers oder Naturjoghurt
450 g frisches, weiches Obst

FÜR 8–10 PERSONEN VORBEREITUNGSZEIT: 20 MINUTEN PLUS KÜHLZEIT KOCHDAUER: 30 MINUTEN
ZUBEHÖR: K-HAKEN

1. Heizen Sie den Ofen auf 180°C vor. Fetten Sie die Seiten einer Springform mit 23 cm Durchmesser ein und legen Sie den Boden mit Backpapier aus. Mit dem K-Haken zerbröseln Sie auf Geschwindigkeitsstufe 2 die Kekse in der Kenwood Schüssel.

2. Lassen Sie die Butter in einer feuerfesten Form zergehen und gießen Sie sie anschließend über die Kekse. Mit dem K-Haken mischen Sie dann Kekse und Butter. Verteilen Sie die entstandene Masse gleichmäßig auf dem Boden der Springform.

3. Reinigen Sie die Kenwood Schüssel und vermengen Sie danach mit dem K-Haken Quark/Topfen, Speisestärke, Vanillearoma, Eier und Zucker. Rühren Sie anschließend Sahne/Obers oder Joghurt unter, bis eine feine Masse entsteht. Geben Sie diese über den Teig in die Form und backen Sie den Kuchen 30 Minuten lang.

4. Schalten Sie den Ofen aus und lassen Sie den Käsekuchen im Ofen langsam kalt werden. Sie können den Kuchen dann noch wahlweise kühlen und mit einer Portion frischer Früchte servieren.

HIMBEER-ZITRONEN-SPEISE

FÜR 6–8 PERSONEN VORBEREITUNGSZEIT: 15 MINUTEN PLUS KÜHLZEIT KOCHDAUER: 5 MINUTEN
ZUBEHÖR: BALLONSCHNEEBESEN

ZUTATEN

175 g Brioche oder 275 g Sandkuchen
90ml süßer Weißwein oder Orangensaft
450 g frische Himbeeren
Saft einer Zitrone
125ml Sherry
30ml (2 EL) Brandy
75 g Zucker
450ml Sahne/Obers

Zum Dekorieren:

50 g Zucker
45ml (3 EL) Wasser
Einige frische Himbeeren

1 Schneiden Sie Brioche oder Sandkuchen in Scheiben und legen Sie diese in eine tiefe Dessertschüssel. Gießen Sie vorsichtig und gleichmäßig Weißwein oder Orangensaft über den Kuchen. Verteilen Sie dann die Himbeeren darüber und kühlen Sie die Zutaten mindestens eine Stunde lang.

2 Nun können Sie die Karamelldekoration zubereiten. Legen Sie ein Backblech mit Backpapier aus. Erhitzen Sie in einer Pfanne unter ständigem Rühren vorsichtig Zucker und Wasser, bis sich der Zucker aufgelöst hat. Kochen Sie die Flüssigkeit auf, ohne sie umzurühren, bis eine goldbraune Sauce entsteht. Mit einem Teelöffel träufeln Sie jetzt das Karamell in Form eines Gittermusters auf das Backpapier des Backblechs. Lassen Sie das Karamellmuster dann auskühlen und hart werden und trennen Sie es anschließend einfach vom Papier ab.

3 Gießen Sie Zitronensaft, Sherry und Brandy in die Kenwood Schüssel und mischen Sie den Zucker unter, bis sich dieser aufgelöst hat. Verwenden Sie den Ballonschneebesen, um die Sahne/das Obers unterzurühren, bis sich eine lockere Masse ergibt. Rühren Sie nicht zu lange, da sich sonst die Sahne/das Obers zersetzt.

4 Geben Sie die Sahne/das Obers auf die Himbeeren in der Dessertschüssel und dekorieren Sie Ihr Dessert dann noch mit einigen Himbeeren und Stücken des Karamellgitters. Nun kann es serviert werden!

SOMMEROBSTSPEISE

FÜR 4 PERSONEN VORBEREITUNGSZEIT: 15 MINUTEN PLUS KÜHLZEIT KOCHDAUER: 10 MINUTEN
ZUBEHÖR: PASSIERAUFSATZ/MIXERAUFSATZ/BALLONSCHNEEBESEN

ZUTATEN

450 g gefrorenes und aufgetautes oder frisches Sommerobst, z. B. Erdbeeren, Brombeeren, rote Johannisbeeren
65 g Zucker
150ml Milch
15ml Speisestärke
2 Eigelb
200ml Sahne/Obers
Minzblätter oder Zitronenmelissenblätter zum Dekorieren

1 Kocheln Sie das Obst mit 40 g Zucker mindestens 5 Minuten lang, bis es weichgekocht ist.

2 Lassen Sie das Obst kurz abkühlen und pürieren Sie es im Passieraufsatz mit dem feinen Sieb, die grobe Seite nach oben zeigend. Sie können das Obst auch im Mixeraufsatz pürieren und dann durch ein Nylonsieb pressen.

3 Kochen Sie die Milch in einem Topf auf. Währenddessen können Sie Speisestärke, die Eigelb und den übrigen Zucker in einem anderen Gefäß vermengen. Gießen Sie die heiße Milch dazu und verrühren Sie die Zutaten zu einer Masse.

4 Geben Sie die Masse zurück in den Topf und lassen Sie diese unter ständigem Rühren so lange kochen, bis sie eindickt. Rühren Sie dann das Früchtepüree unter und lassen Sie die Masse abkühlen.

5 Mit dem Ballonschneebesen können Sie nun die Schlagsahne/das Schlagobers schlagen, auf die Masse löffeln und unterheben, so dass es marmoriert aussieht. Löffeln Sie die nun fertige Speise in Dessertgläser und stellen Sie diese nochmals 30 Minuten kalt. Danach können Sie nach Belieben mit Minz- oder Zitronenmelissenblättern dekorieren und servieren.

OBSTTORTE

ZUTATEN
1 Portion süßer Flanteig, Rezept siehe Seite 165
Für die Füllung:
115 g gemahlene Mandeln
115 g Puderzucker
2 Eier
2,5ml (1/2 TL) Mandelaroma
150ml Sahne/Obers
300ml Crème fraîche
450 g gemischte Früchte, z. B. Erdbeeren, Himbeeren, rote Johannisbeeren, Blaubeeren

FÜR 6–8 PERSONEN VORBERFITUNGSZEIT: 25 MINUTEN PLUS KÜHLZEIT KOCHDAUER: 30–35 MINUTEN
ZUBEHÖR: K-HAKEN

1 Heizen Sie Ihren Ofen auf 190°C vor. Rollen Sie den süßen Flanteig auf einer mit Mehl bestäubten Oberfläche aus und legen Sie damit eine 23 cm große gebogene Flanform oder eine 33 cm x 11 cm große Form aus. Kühlen Sie den Teig 30 Minuten lang, um ihn dann ohne Füllung 15 Minuten lang zu backen, so dass er leicht goldbraun wird.

2 Verwenden Sie den K-Haken auf der kleinsten Geschwindigkeitsstufe, um gemahlene Mandeln, Puderzucker, Eier, Mandelöl und Sahne/Obers in der Kenwood Schüssel zu vermengen.

3 Die Masse wird dann in die Kuchenform auf den Flanteig gegeben und 15–20 Minuten lang gebacken, bis sie sich gesetzt hat.

4 Stellen Sie die Torte nun zum Auskühlen auf einen Rost. Sobald die Torte kalt ist, können erst Crème fraîche und dann das Obst auf ihr verteilt werden.

Siehe Abbildung auf Seite 108

PAVLOVA

ZUTATEN
4 Eiweiß
225 g Zucker
5ml (1 TL) Speisestärke
5ml (1 TL) Weißweinessig
2,5 ml (1/2 TL) Vanillearoma
300ml Sahne/Obers
450 g frisches, weiches Obst, z. B. Erdbeeren, Himbeeren, Pfirsiche, Pflaumen und Ananas, geschnitten oder gehackt, je nach Bedarf

FÜR 6–8 PERSONEN VORBEREITUNGSZEIT: 25 MINUTEN PLUS KÜHLZEIT KOCHDAUER: 90 MINUTEN
ZUBEHÖR: BALLONSCHNEEBESEN

1 Heizen Sie Ihren Ofen auf 130°C vor. Legen Sie ein Backblech mit Backpapier aus und markieren Sie darauf einen Kreis von 23 cm Durchmesser. Wenden Sie das Backpapier.

2 Schlagen Sie dann das Eiweiß mit dem Ballonschneebesen und geben Sie löffelweise den Zucker dazu, bevor das Eiweiß steif geschlagen ist. Wenn alles gut vermengt ist, kann das Eiweiß zu einem Baiser steif geschlagen werden.

3 Vermengen Sie Speisestärke, Weißweinessig und Vanillearoma. Dann geben Sie die Mischung auf das Baiser und heben sie unter. Löffeln Sie die Hälfte des Baisers auf das Backblech, so dass der markierte Kreis abgedeckt ist. Das übrige Baiser wird löffelweise als Seitenrand um den Kreis herum aufgehäuft.

4 Backen Sie das Baiser nun 90 Minuten lang oder bis es außen trocken, innen aber noch etwas weich ist. Schalten Sie den Ofen aus und lassen Sie das Baiser im Ofen mindestens 3 Stunden abkühlen. Stellen Sie es dann auf einen Rost und entfernen Sie das Backpapier.

5 Schlagen Sie die Sahne/das Obers mit dem Ballonschneebesen nicht ganz steif. Stellen Sie das Baiser auf eine Servierplatte, füllen Sie den Innenraum mit der Sahne/dem Obers und verteilen Sie schließlich die Früchte obenauf.

WEISSE SCHOKOLADEN-MOUSSE

FÜR 4 PERSONEN VORBEREITUNGSZEIT: 15 MINUTEN PLUS KÜHLZEIT KOCHDAUER: 5 MINUTEN
ZUBEHÖR: BALLONSCHNEEBESEN

ZUTATEN

175 g weiße Schokolade, zerbröckelt
90ml Milch
2 Eiweiß
1,25 ml (1/4 TL) Zitronensaft
225ml Sahne/Obers
Geraspelte dunkle Schokolade zum Dekorieren

1. Schmelzen Sie die Schokolade unter ständigem Rühren in einer Schüssel im Wasserbad. Sobald die Schokolade geschmolzen ist, können Sie die Milch unterrühren und die Schüssel beiseite stellen.

2. Mit dem Ballonschneebesen schlagen Sie nun Eiweiß und Zitronensaft in der Kenwood Schüssel steif. Die Eiweißmasse dann zur Schokolade in die Schüssel geben und unterheben.

3. Schlagen Sie nun die Sahne/das Obers mit dem Ballonschneebesen und heben Sie diese/s unter die Schokoladenmischung.

4. Teilen Sie nun die Mousse auf vier Dessertschalen auf, kühlen Sie sie mindestens zwei Stunden und servieren Sie dieses Dessert dann mit geraspelter Schokolade bestreut.

FRISCHES ORANGENGELEE

FÜR 2–3 PERSONEN VORBEREITUNGSZEIT: 10 MINUTEN PLUS KÜHLZEIT KOCHDAUER: 3 MINUTEN
ZUBEHÖR: ZITRUSPRESSE

ZUTATEN

5 Orangen, halbiert
10ml (2 TL) Gelatinepulver
30ml (2 EL) Zucker

1. Pressen Sie mit der Zitruspresse die Orangen aus. Verlängern Sie den Saft mit Wasser, so dass sich 300 ml Flüssigkeit ergeben.

2. Gießen Sie ein Viertel des Saftes in eine kleine Pfanne und streuen Sie das Gelatinepulver darauf. Lassen Sie die Pfanne 5 Minuten stehen. Geben Sie dann den Zucker dazu und erhitzen Sie den Saft allmählich, bis Gelatine und Zucker sich aufgelöst haben.

3. Der übrige Orangensaft wird nun dazugegeben, dann kann die Flüssigkeit in eine Schüssel gegossen und zum Gelieren in den Kühlschrank gestellt werden.

Variation: Mit diesem Rezept können Sie auch eine frische Fruchtterrine zubereiten. Gießen Sie die Flüssigkeit in Lagen in die Schüssel und geben Sie bei jeder Lage frische Früchte wie z. B. Himbeeren, rote Johannisbeeren oder Orangenscheiben obenauf. So wird das gesamte Gelee mit Früchten durchzogen.

ERDBEEREIS

ZUTATEN
450ml Milch
5 Eigelb
175 g Zucker
450 g Erdbeeren, entstielt
15ml (1 EL) Zitronensaft
450ml Sahne/Obers

FÜR 4 **PERSONEN** **VORBEREITUNGSZEIT:** 30–40 MINUTEN PLUS KÜHLZEIT UND GEFRIEREN
KOCHDAUER: 5 MINUTEN **ZUBEHÖR:** BALLONSCHNEEBESEN/FOOD PROZESSOR/EISCREMEBEREITER

1. Erhitzen Sie die Milch in einem Topf, bis sie fast kocht. Mit dem Ballonschneebesen werden nun Eigelb und Zucker in der Kenwood Schüssel locker geschlagen und anschließend wird die Milch auf niedrigster Stufe untergerührt.

2. Geben Sie alles zurück in den Topf und erhitzen Sie die Zutaten erneut bei geringer Temperatur ohne sie aufzukochen, bis sich die Masse verdickt. Dann abkühlen lassen.

3. Pürieren Sie nun die Hälfte der Erdbeeren mit dem Zitronensaft im Food Prozessor. Wahlweise können Sie das Püree auch anschließend noch passieren. Die übrigen Erdbeeren werden in kleine Stücke geschnitten.

4. Schließen Sie nun den Eiscremebereiter an die Küchenmaschine an und stellen Sie die gefrorene Schüssel in die Kenwood Schüssel. Schalten Sie die Kenwood auf die niedrigste Geschwindigkeitsstufe. Milchmasse, Sahne/Obers und Erdbeerpüree werden dann durch die Öffnung des Spritzgusses in die gefrorene Schüssel gegossen und so lange gerührt bis, die Zutaten wie frisch geschlagene/s Sahne/Obers aussehen.

5. Geben Sie nun die Erdbeerstücke dazu und rühren Sie das Eis, bis die Stückchen gleichmäßig verteilt sind. Dann kann das Eis in einem Plastikbehälter bis zum Gebrauch eingefroren werden. Vor dem Verzehr ein wenig antauen.

KOKOSCREME-EIS

ZUTATEN
115 g weiße Schokolade, zerbröckelt
75 g Kokosmilchpulver
2 Eigelb
300ml Milch
300ml Sahne/Obers
15ml Malibu, Kokoslikör

FÜR 4–6 **PERSONEN** **VORBEREITUNGSZEIT:** 30–40 MINUTEN PLUS KÜHLZEIT UND GEFRIEREN
KOCHDAUER: 5 MINUTEN **ZUBEHÖR:** EISCREMEBEREITER

1. Schokolade, Kokosmilchpulver, Eigelb und Milch werden unter ständigem Rühren erhitzt, bis eine dicke Masse entsteht. Nicht sieden oder kochen lassen.

2. Sahne/Obers und der Kokoslikör werden untergerührt. Lassen Sie die Kokosmischung auskühlen und stellen Sie sie dann in den Kühlschrank.

3. Schließen Sie dann den Eiscremebereiter an Ihre Küchenmaschine an und stellen Sie die gefrorene Schüssel in die Kenwood Schüssel und schalten Sie die Kenwood auf niedrigster Geschwin - digkeitsstufe ein. Die Kokosmasse wird dann durch die Öffnung des Spritzschutzes gegossen und so lange gerührt, bis sie wie frisch geschlagene/s Sahne/Obers aussieht.

4. Dann kann das Eis in einem Plastikbehälter bis zum Gebrauch eingefroren werden. Vor dem Verzehr ein wenig antauen.

KREOLISCHES VANILLEEIS

ZUTATEN
600ml Milch
1 Vanilleschote oder 5ml (1 TL) Vanillearoma
4 Eigelb
150 g Zucker
200 g Crème fraîche

FÜR 6–8 PERSONEN VORBEREITUNGSZEIT: 30–40 MINUTEN PLUS KÜHLZEIT UND GEFRIEREN
KOCHDAUER: 10 MINUTEN ZUBEHÖR: BALLONSCHNEEBESEN/EISCREMEBEREITER

1 Bringen Sie die Milch und die Vanilleschote in einem Topf fast bis zum Kochen. Die Milch wird dann vom Herd genommen und stehen gelassen, damit die Vanille ihr Aroma entfalten kann. Vergessen Sie nicht, die Schote später wieder zu entfernen. Sollten Sie Vanillearoma benutzen, können Sie dieses einfach der Milch während des Kochens untermischen.

2 Eigelb und Zucker werden in der Kenwood Schüssel mit dem Ballonschneebesen so lange gerührt, bis eine cremige Masse entsteht. Nun wird mit dem Ballonschneebesen auf niedrigster Stufe langsam die Milch untergerührt. Die Masse wird dann wieder zurück in den Topf gegossen.

3 Lassen Sie die Zutaten unter ständigem Rühren auf kleiner Flamme köcheln, bis die Masse ohne Abtropfen einen Holzlöffel überzieht. Lassen Sie die Masse dann auskühlen und mischen Sie die Crème fraîche darunter.

4 Schließen Sie den Eiscremebereiter an Ihre Kenwood an und stellen Sie die gefrorene Schüssel in die Kenwood Schüssel. Schalten Sie Ihre Küchenmaschine auf niedrigster Geschwindigkeitsstufe ein. Die flüssige Eismischung wird dann durch die Einlauföffnung gegossen und gerührt, bis sie wie frisch geschlagene/s Sahne/Obers aussieht.

5 Dann kann das Eis in einem Plastikbehälter bis zum Gebrauch eingefroren werden. Vor dem Verzehr im Kühlschrank oder bei Zimmertemperatur ein wenig antauen lassen.

Variationen

KREOLISCHES SCHOKOLADENEIS Die Vanille wird hier durch 225 g Schokolade ersetzt.

KREOLISCHER BUTTERTOFFEE Reduzieren Sie den Zucker auf 50 g. Schmelzen Sie 450 g Buttertoffee mit 45 ml Milch und mischen Sie dies mit der Vanillemilch.

BANOFFI-EISKUCHEN

ZUTATEN
400 g gesüßte Kondensmilch
225 g Vollkornkekse
115 g Butter, geschmolzen
3 große Bananen
Ca. 9 Bällchen kreolisches Vanilleeis (vorheriges Rezept) oder normales Vanilleeis
Kakaopulver zum Dekorieren

FÜR 6 PERSONEN VORBEREITUNGSZEIT: 20 MINUTEN PLUS KÜHLZEIT UND GEFRIEREN
KOCHDAUER: 2 STUNDEN ZUBEHÖR: PASSIERAUFSATZ/K-HAKEN

1 Kochen Sie die ungeöffnete Dose Kondensmilch in einem Wasserbad einmal auf, schalten Sie dann den Herd herunter, bis das Wasserbad noch leicht köchelt und decken Sie den Topf mit einem Deckel ab. Lassen Sie die Dose 2 Stunden im Wasserbad köcheln und dann im erkaltenden Wasserbad auskühlen.

2 Benutzen Sie den Passieraufsatz mit der groben Siebeinlegscheibe, grobe Seite nach oben, um aus den Keksen Krümel zu machen. Vermengen Sie die Krümel mit der geschmolzenen Butter und geben Sie die Masse in eine Springform mit 20 cm Durchmesser.

3 Schütteln Sie verbleibende Krümel aus der groben Siebeinlegscheibe, um dann eine Banane in die Kenwood Schüssel zu pürieren.

4 Öffnen Sie nun die abgekühlte Kondensmilch, die sich zu Toffee entwickelt haben sollte, und gießen Sie diese in die Kenwood Schüssel. Mit dem K-Haken werden jetzt auf niedrigster Stufe Bananenpüree und Kondensmilch vermengt.

5 Schälen und schneiden Sie die übrigen Bananen in Scheiben und legen Sie diese auf den Krümelboden. Verteilen Sie das Bananentoffee über die Bananenscheiben und kühlen Sie den Kuchen bis zu 2 Stunden. Häufen Sie dann die Eisbällchen auf das Toffee und bestäuben Sie den fertigen Kuchen mit Kakaopulver.

APFEL-ZIMT-JOGHURTEIS

ZUTATEN
325 g Kochäpfel, geschält, entkernt, geviertelt
2,5 ml (1/2 TL) gemahlener Zimt
3 dünne Streifen Zitronenschale
150ml Cidre oder Apfelsaft
50 g brauner Zucker
60ml klarer Honig
90ml Naturjoghurt

FÜR 4–6 PERSONEN VORBEREITUNGSZEIT: 30–40 MINUTEN PLUS KÜHLZEIT UND GEFRIEREN
KOCHDAUER: 15 MINUTEN ZUBEHÖR: SCHNITZELWERK (GEMÜSESCHNELLSCHNEIDER)/EISCREMEBEREITER

1. Schneiden Sie mit dem Schnitzelwerk (Gemüseschnellschneider) die Apfelviertel in Scheiben. Äpfel, Zimt, Zitronenschale, Cidre oder Apfelsaft werden dann in einem zugedeckten Topf ungefähr 10 Minuten lang gekocht, bis die Äpfel zerfallen.

2. Entfernen Sie die Zitronenschale, geben Sie Zucker, Honig und Joghurt dazu. Jetzt alles verrühren und dann auskühlen lassen.

3. Schließen Sie nun den Eiscremebereiter an Ihre Küchenmaschine an, stellen Sie die gefrorene Schüssel in die Kenwood Schüssel und schalten Sie die Kenwood auf niedrigster Geschwindigkeitsstufe an. Die Masse wird dann durch die Öffnung des Spritzschutzes in die gefrorene Schüssel gegossen und 20–30 Minuten gerührt, bis sie fest und gefroren ist.

4. Dann kann das Eis in einem Plastikbehälter bis zum Gebrauch eingefroren werden. Vor dem Verzehr im Kühlschrank 30 Minuten lang antauen lassen.

MANGO-LIMETTEN-SORBET

FÜR 4 PERSONEN VORBEREITUNGSZEIT: 25 MINUTEN PLUS GEFRIEREN
ZUBEHÖR: MIXERAUFSATZ/EISCREMEBEREITER

ZUTATEN
2 reife Mangos, gekühlt
60ml (4 EL) Limettensaft
50 g Puderzucker

1. Schälen Sie die Mangos und entnehmen Sie den Kern. Mangofruchtfleisch, Limettensaft und Puderzucker werden dann im Mixeraufsatz gemischt, bis sich eine cremige Masse ergibt.

2. Schließen Sie nun den Eiscremebereiter an Ihre Küchenmaschine an und stellen Sie die gefrorene Schüssel in die Kenwood Schüssel und schalten Sie Ihre Kenwood auf niedrigster Stufe an. Der Mangomix wird dann durch die Öffnung des Spritzschutzes gegossen und 20 Minuten gerührt, bis er gefroren ist.

3. Dann kann das Eis in einem Plastikbehälter bis zum Gebrauch eingefroren werden. Vor dem Verzehr im Kühlschrank 30 Minuten lang antauen lassen.

Wer kann schon dem Duft von frisch gebackenem Kuchen und Gebäck widerstehen? Ganz gleich ob Sie Muffins, Teegebäck, frischen Erdbeerkuchen oder eine luftige Biskuitrolle backen, der K-Haken und der Ballonschneebesen helfen Ihnen dabei, das Backen zu Hause zu einem großen Vergnügen zu machen. Kreieren Sie mit dem K-Haken leckere Beläge und Füllungen und schlagen Sie mit dem Schneebesen Ihr/e perfekte/s Schlagsahne/Schlagobers.

Strudel, Doughnuts, Brownies, butterweiche Plätzchen, Wiener Gebäck oder italienische Biscottikekse gelingen Ihnen mit dem Kenwood Zubehör immer, und wir bieten Ihnen in diesem Kochbuch eine große Auswahl an Rezepten, passend für jede Gelegenheit an.

KUCHEN UND GEBÄCK

ENGLISCHER WEIHNACHTSFRÜCHTEKUCHEN

ZUTATEN

115g kandierte Kirschen
325g Korinthen
280g Rosinen
325g Sultaninen
115g kandierte Obstschalen, gehackt
45ml (3 EL) Cognac
250g Butter, weich
250g brauner Zucker
5 leicht geschlagene Eier
300g Mehl
2,5 ml (1/2 TL) gemahlener Zimt
2,5 ml (1/2 TL) gemahlene Muskatnuss
Fein geriebene Schale einer Zitrone
115g blanchierte Mandeln, grob gehackt
60–90 ml Milch oder Orangensaft

ERGIBT EINEN KUCHEN MIT 20 CM (RUND) ODER 18 CM (QUADRATISCH) DURCHMESSER
VORBEREITUNGSZEIT: 40 MINUTEN PLUS EINWEICHEN UND ZIEHEN
BACKZEIT: 3,5 STUNDEN **ZUBEHÖR:** K-HAKEN

1. Die Kuchenform einfetten und mit Mehl bestäuben. Umhüllen Sie die Kuchenform von außen mit braunem Papier. Stellen Sie die Form auf ein Backblech, welches doppelt mit braunem Papier ausgelegt ist.

2. Waschen Sie die kandierten Kirschen, um den Sirup vollständig zu entfernen. Gießen Sie diese dann ab und tupfen Sie sie mit einem Küchenpapier trocken. Vierteln Sie die Kirschen. Mit den Korinthen, Rosinen, Sultaninen und kandierten Schalen in eine große Schüssel geben und mit Cognac beträufeln. Vermengen Sie die Zutaten gut und lassen Sie diese 3–4 Stunden oder, wenn möglich, auch über Nacht stehen.

3. Heizen Sie den Ofen auf 150°C vor. Schlagen Sie Butter und Zucker in der Kenwood Schüssel mit dem K-Haken auf Stufe 2 schaumig.

4. Geben Sie dann die geschlagenen Eier nach und nach dazu, während der K-Haken weiter in Betrieb ist.

5. Mehl, Zimt und Muskatnuss werden nun gemeinsam in eine Schüssel gesiebt. Auf kleinster Stufe wird die Hälfte der Mehlmischung in die Kenwood Schüssel gegeben. Dann schalten Sie die Küchenmaschine kurz aus und geben die Hälfte der Früchte und Mandeln in die Schüssel. Schalten Sie nun die Küchenmaschine mit dem K-Haken auf kleinster Stufe wieder an, um die Zutaten gleichmäßig miteinander zu vermengen.

6. Das restliche Mehl und die Früchtemischung werden nun hinzugefügt. Rühren Sie genug Getreidewein, Milch oder Orangensaft dazu, um eine feuchte und weiche Konsistenz zu erhalten. Geben Sie den Teig in die vorbereitete Form. Streichen Sie die Oberfläche mit Hilfe eines Metalllöffels glatt. Drücken Sie den Teig in der Mitte mit dem Löffel leicht runter, so dass der Kuchen beim Backen flach bleibt.

7. Backen Sie den Kuchen in der Mitte des Ofens. Die Backzeit beträgt 2 Stunden. Reduzieren Sie dann die Ofentemperatur auf 140°C und backen 1,5 Stunden weiter, bis der Kuchen durch ist. Decken Sie die Oberfläche mit Backpapier ab, falls der Kuchen zu braun werden sollte.

8. Stechen Sie die Mitte des Kuchens mit einem Zahnstocher an, um zu sehen, ob der Kuchen gar ist. Sollte der Zahnstocher sauber bleiben, kann der Kuchen aus dem Ofen genommen werden.

9. Lassen Sie den Kuchen zum Auskühlen in der Form, bis er lauwarm ist. Stürzen Sie den Kuchen dann auf einen Rost und lassen Sie ihn dort vollständig auskühlen. Wickeln Sie den Kuchen nun in Backpapier und dann doppelt in Aluminiumfolie ein. Bewahren Sie ihn an einem kühlen, trockenen Platz auf, wo er zwischen 2 Wochen und 2 Monaten durchziehen sollte. Bestreichen Sie die Oberfläche schließlich mit der Mandelpaste und der Glasur, siehe Seite 166–167.

Tipp vom Koch: Sollten Sie einen Kuchen backen, der 25 cm Durchmesser oder mehr hat, kann dieser nur mit der Kenwood Major zubereitet werden. Haben Sie jedoch nur eine Kenwood Chef zur Verfügung, benutzen Sie Ihre Küchenmaschine nur bis Schritt 4. Anschließend die Mixtur einfach in einen größeren Behälter umfüllen und Mehl, Obst und Nüsse mit der Hand hineinmischen. Natürlich können Sie den Teig auch in 2 Portionen teilen und ihn dann vor dem Backen mit der Hand zusammenmischen.

MENGENANGABEN FÜR VERSCHIEDENE GRÖSSEN DES WEIHNACHTSFRÜCHTEKUCHENS

FÜR EINE KUCHENFORM MIT EINEM DURCHMESSER VON 15 CM (RUND) ODER 12 CM (VIERECKIG)

ZUTATEN

40 g kandierte Kirschen
200 g Korinthen
150 g Rosinen
175 g Sultaninen
40 g kandierte Obstschalen, gehackt
30ml (2 EL) Cognac
150 g Butter, weich
150 g brauner Zucker
2 leicht geschlagene, große Eier
175 g Mehl
1,25ml (1/4 TL) gemahlener Zimt
1,25ml (1/4 TL) gemahlene Muskatnuss
Fein geriebene Schale einer halben Zitrone
40 g blanchierte Mandeln, grob gehackt
30 ml (2 EL) Milch oder Orangensaft

Backzeit:
1,5 Stunden bei 150°C, dann
1–1,5 Stunden bei 140°C

FÜR EINE KUCHENFORM MIT EINEM DURCHMESSER VON 18 CM (RUND) ODER 15 CM (VIERECKIG)

ZUTATEN

65 g kandierte Kirschen
225 g Korinthen
200 g Rosinen
225 g Sultaninen
65 g kandierte Obstschalen, gehackt
30ml (2 EL) Cognac
175 g Butter, weich
175 g brauner Zucker
3 leicht geschlagene Eier
225 g Mehl
2,5ml (0,5 TL) gemahlener Zimt
1,25ml (1/4 TL) gemahlene Muskatnuss
Fein geriebene Schale einer halben Zitrone
50 g blanchierte Mandeln, grob gehackt
45–60 ml Milch oder Orangesaft

Backzeit:
2 Stunden bei 150°C, dann
1–1,5 Stunden bei 140°C

FÜR EINE KUCHENFORM MIT EINEM DURCHMESSER VON 25 CM (RUND) ODER 23 CM (VIERECKIG)

ZUTATEN

200 g kandierte Kirschen
625 g Korinthen
500 g Rosinen
625 g Sultaninen
200 g kandierte Obstschalen, gehackt
60ml (4 EL) Cognac
500 g Butter, weich
500 g brauner Zucker
9 leicht geschlagene Eier
600 g Mehl
5ml (1 TL) gemahlener Zimt
5ml (1 TL) gemahlene Muskatnuss
Fein geriebene Schale von 1,5 Zitronen
175 g blanchierte Mandeln, grob gehackt
90ml Milch oder Orangensaft

Backzeit:
2 3/4 Stunden bei 150°C, dann
1 3/4 Stunden bei 140°C

FÜR EINE KUCHENFORM MIT EINEM DURCHMESSER VON 30 CM (RUND) ODER 28 CM (VIERECKIG)

ZUTATEN

275 g kandierte Kirschen
1 kg Korinthen
750 g Rosinen
1 kg Sultaninen
275 g kandierte Obstschalen, gehackt
90ml (6 EL) Cognac
750 g Butter, weich
750 g brauner Zucker
14 leicht geschlagene Eier
850 g Mehl
7,5ml (1,5 TL) gemahlener Zimt
7,5ml (1,5 TL) gemahlene Muskatnuss
Fein geriebene Schalen von 2 Zitronen
275 g blanchierte Mandeln, grob gehackt
120ml Milch oder Orangensaft

Backzeit:
4 Stunden bei 150°C, dann
2–2,5 Stunden bei 140°C

KAFFEEKUCHEN

ZUTATEN
115 g geschmolzene Butter
115 g Zucker
2 Eier
5ml (1 TL) Mandelaroma
15ml (1 EL) Zitronensaft
150 g Naturjoghurt
225 g Mehl
2,5 ml (1/2 TL) Salz
10ml (2 TL) Backpulver
50 g Walnussstücke
45 g Himbeermarmelade
15ml (1 EL) brauner Zucker
75 g Walnusshälften

ERGIBT EINEN KUCHEN MIT 23 CM DURCHMESSER VORBEREITUNGSZEIT: 20 MINUTEN
BACKZEIT: 30–40 MINUTEN ZUBEHÖR: K-HAKEN

1. Fetten Sie eine runde Backform mit 23 cm Durchmesser ein, deren Boden entfernt werden kann, und bestäuben Sie diese mit Mehl. Heizen Sie den Ofen auf 180°C vor.

2. Geben Sie geschmolzene Butter und Zucker in die Kenwood Schüssel und schlagen Sie die Zutaten mit dem K-Haken auf Stufe 2, bis die Mischung luftig und locker ist.

3. Vorsichtig Eier, Mandelaroma, Zitronensaft und Joghurt unterschlagen, bis die Masse cremig ist.

4. Mit dem K-Haken mischen Sie Mehl, Salz, Backpulver und Walnussstücke auf niedrigster Geschwindigkeitsstufe unter. Geben Sie die Hälfte des Teiges in die vorbereitete Form und verteilen Sie die Himbeermarmelade mit einem Löffel darauf. Der restliche Teig wird darüber geschichtet.

5. Streuen Sie den braunen Zucker über den Kuchen und dekorieren Sie ihn mit Walnusshälften. Die Backzeit beträgt 30–40 Minuten, bis der Kuchen ansteigt und fest ist. Lassen Sie den fertigen Kuchen 5 Minuten lang abkühlen und geben Sie ihn dann auf einen Rost. Lassen Sie Ihn komplett abkühlen – und fertig.

MANDELROLLE

ZUTATEN
25 g geröstete Mandelsplitter
115 g blanchierte, ganze Mandeln
150 g Zucker
5 Eier, Eigelb und Eiweiß getrennt
40 g Mehl
1,25ml (1/4 TL) Mandelaroma
150ml Sahne/Obers
150 g griechischer Joghurt
2 Nektarinen oder 6 reife Aprikosen, in Scheiben geschnitten
Puderzucker zum Dekorieren

FÜR 8 PERSONEN VORBEREITUNGSZEIT: 20 MINUTEN PLUS KÜHLZEIT BACKZEIT: 15–18 MINUTEN
ZUBEHÖR: FOOD PROZESSOR ODER TROMMELRAFFEL/BALLONSCHNEEBESEN

1. Legen Sie eine 33 x 23 cm große Rehrückenform mit Backpapier aus und bestreuen Sie sie mit den Mandelsplittern. Heizen Sie den Ofen auf 180°C/Gas Stufe 4 vor. Mit dem Edelstahlmesser des Food Prozessors oder der feinen Reibetrommel der Trommelraffel die blanchierten Mandeln fein hacken oder mahlen.

2. Geben Sie 125g Zucker und die Eigelb in die Kenwood Schüssel und schlagen Sie beides mit dem Schneebesen zu einer schaumigen und dickflüssigen Masse. Entfernen Sie die Schüssel von der Küchenmaschine und heben Sie geriebene Mandeln, Mehl und Mandelaroma unter die Zucker-Eigelb-Mischung.

3. Schlagen Sie mit dem Schneebesen Eiweiß und Zucker in einer anderen sauberen Kenwood Schüssel steif. Vorsichtig unter den Mandelteig heben, um diesen so luftig wie möglich zu halten.

4. Den Teig auf die vorbereitete Backform gießen und gleichmäßig verteilen. 15–18 Minuten lang backen, bis der Teig aufgegangen und fest ist. Blech aus dem Ofen nehmen und mit Backpapier und einem feuchten Küchentuch bedecken, um den Teig abzukühlen.

5. Stürzen Sie den Teig auf eine Schicht Backpapier und bestreuen Sie ein weiteres Backpapier mit Zucker. Die Rolle wird flach mit der unteren Seite auf das gezuckerte Backpapier gestürzt. Mit dem Schneebesen die Sahne/das Obers schlagen bis diese/s eine leicht feste Konsistenz hat. Heben Sie den griechischen Joghurt vorsichtig unter und verteilen Sie die entstandene Creme gleichmäßig auf der Rolle.

6. Verteilen Sie das in Stücke geschnittene Obst darauf. Rollen Sie die Rolle vorsichtig mit Hilfe des Backpapiers auf und sprenkeln Sie dann Puderzucker darüber. Servieren Sie die fertige Rolle auf einem Servierteller.

Siehe Abbildung gegenüber

TEESCHNITTE TROPIKANA

FÜR 8–10 PERSONEN VORBEREITUNGSZEIT: 15 MINUTEN BACKZEIT: 60–65 MINUTEN
ZUBEHÖR: K-HAKEN

ZUTATEN

100 g Butter
115 g Zucker
2 reife Bananen, ca. 200 g, geschält
3 Eier
200 g Mehl
5ml (1 TL) Backpulver
5ml (1 TL) gemahlener Zimt
140 g getrocknete tropische Früchte, entsteint und grob gehackt
50 g Pekannüsse, gehackt
10ml (2 TL) brauner Zucker

1. Eine rechteckige Kuchenform (1,1 Liter Fassungsvermögen) einfetten und mit Mehl bestäuben. Den Ofen auf 170°C vorheizen. Butter und Zucker in die Kenwood Schüssel geben und auf Stufe 3 mit dem K-Haken zu einer luftigen Masse verrühren.

2. Teilen Sie die Bananen in Stücke und geben Sie diese zu der Butter-Zucker-Mischung. Verrühren Sie die Zutaten, bis eine gleichmäßige Masse entsteht. Eier vorsichtig in die Masse einrühren, dann Mehl, Backpulver, Zimt, tropische Früchte und die Pekannüsse dazugeben und auf niedrigster Stufe vermengen. Teig in die vorgesehene Kuchenform geben und die Oberfläche glatt streichen.

3. Den Teig mit braunem Zucker bestreuen und 60–65 Minuten backen, bis dieser aufgegangen und fest ist. 5 Minuten lang in der Form auskühlen lassen und dann zum weiteren Abkühlen auf einen Rost stürzen.

Tipp vom Koch: Getrocknete tropische Früchte sind z. B. Papaya, Mango, Melone und Ananas. Sie können aber je nach Saison oder nach Ihrem persönlichen Geschmack auch andere Früchte verwenden.

ERDBEER-SAHNE-TORTE

FÜR 8–10 PERSONEN VORBEREITUNGSZEIT: 25 MINUTEN PLUS KÜHLZEIT BACKZEIT: 25–30 MINUTEN
ZUBEHÖR: BALLONSCHNEEBESEN

ZUTATEN

150 g Mehl
25 g Speisestärke
6 Eier
175 g Zucker
75 g Butter, geschmolzen
300ml Schlagsahne/Obers
15ml (1 EL) Zucker
Saft und geriebene Schale einer Orange
225 g Erdbeeren
Puderzucker zum Bestreuen

1. Heizen Sie Ihren Ofen auf 180°C vor. Eine tiefe Springform mit 23 cm Durchmesser oder 2 sehr flache Kuchenformen mit 23 cm Durchmesser einfetten und mit Mehl bestäuben. Mehl und Speisestärke werden gesiebt.

2. Eier und Zucker in der Kenwood Schüssel mit dem Ballonschneebesen cremig rühren, bis die Masse am Schneebesen haften bleibt.

3. Die Kenwood Schüssel aus der Küchenmaschine entnehmen, die Hälfte der Mehlmischung auf die Masse geben und mit einem großen Metalllöffel unterheben. Die Hälfte der Butter über den Rand der Schüssel langsam zugießen und unterheben. Vorsichtig auch die übrige Butter und Mehlmischung unterheben.

4. Gießen Sie die Masse in die vorbereitete Kuchenform und backen Sie sie 35–40 Minuten in der tiefen Springform oder jeweils 25–30 Minuten in den flachen Kuchenformen bis der Teig angestiegen und goldbraun ist und an den Kuchenformrändern zu schrumpfen beginnt. Stürzen Sie den Kuchen nun auf einen Rost und lassen Sie ihn auskühlen.

5. Sahne/Obers, Zucker und Orangensaft mit dem Schneebesen so lange schlagen, bis sich weiche Spitzen bilden. Orangenschale auf die Sahne/das Obers geben und unterheben. Legen Sie 5 Erdbeeren für die Dekoration beiseite und schneiden Sie den Rest in Scheiben.

6. Wenn Sie die tiefe Kuchenform verwendet haben, sollten Sie den Kuchen in zwei Schichten schneiden. Verteilen Sie Sahne/Obers und Erdbeeren gleichmäßig auf eine der Hälften und bedecken Sie diese mit der anderen Hälfte. Garnieren Sie die Torte mit den restlichen Erdbeeren und bestäuben Sie diese mit Puderzucker.

PASSIONSKUCHEN

ZUTATEN

275 g geschälte Karotten
225 g weiche Butter
225 g brauner Zucker
4 Eier, getrennt in Eigelb und Eiweiß
15ml (1 EL) Orangensaft
Geriebene Schale einer Orange
175 g Mehl
5ml (1 TL) Backpulver
5ml (1 TL) frisch geriebene Muskatnuss
50 g geriebene Mandeln
115 g gehackte Walnussstücke

Für die Glasur:

175 g Mascarpone oder Frischkäse (Vollrahmstufe)
40 g Pulverzucker
5ml (1 TL) Zitronensaft
30–45ml (2–3 EL) Walnussstücke zur Dekoration

FÜR 8 PERSONEN VORBEREITUNGSZEIT: 25 MINUTEN BACKZEIT: 1–1 1/4 STUNDEN
ZUBEHÖR: SCHNITZELWERK (GEMÜSESCHNELLSCHNEIDER) ODER TROMMFLRAFFEL/K-HAKEN/BALLONSCHNEEBESEN

1. Fetten Sie eine runde Kuchenform (20 cm) ein und bestäuben Sie diese anschließend mit Mehl. Heizen Sie den Ofen auf 180°C/Gas Stufe 4 vor. Reiben Sie die Karotten mit der feinen Raspelscheibe des Schnitzelwerks (Gemüseschnellschneiders) oder dem feinen Einsatz für die Trommelraffel.

2. Geben Sie Butter und Zucker in die Kenwood Schüssel und schlagen Sie die Zutaten mit dem K-Haken auf Geschwindigkeitsstufe 3, bis diese leicht und luftig sind. Rühren Sie Eigelb, Orangensaft und Orangenschale unter.

3. Fügen Sie Mehl, Backpulver, Muskatnuss und gemahlene Mandeln dazu und verrühren Sie die Zutaten weiter auf Stufe 1. Geben Sie die Karotten hinzu und mischen Sie diese mit unter die Masse.

4. Schlagen Sie das Eiweiß mit dem Schneebesen steif. Den Eischnee dann auf die Teigmasse geben und vorsichtig unterheben. Den Teig in die vorbereitete Kuchenform geben und 1–1 1/4 Stunden backen. Machen Sie zwischendurch den Zahnstochertest. Decken Sie gegen Ende der Backzeit den Kuchen mit Backpapier ab, falls die Oberfläche zu braun wird.

5. Lassen Sie den Kuchen 10 Minuten lang in der Kuchenform abkühlen und stürzen Sie ihn dann auf einen Rost, damit er vollständig auskühlen kann. Schließlich Mascarpone oder Frischkäse, Puderzucker und Zitronensaft in der Kenwood Schüssel mit dem K-Haken auf niedriger Stufe zu einer glatten Glasur verrühren.

6. Verstreichen Sie diese Glasur gleichmäßig auf dem Kuchen und bestreuen Sie ihn zum Schluss mit den Walnussstücken.

SCHOKOLADENTORTE

ZUTATEN

200 g Schokolade, zerbröckelt
175 g Butter, weich
175 g Zucker
4 Eier, in Eigelb und Eiweiß getrennt
115 g gemahlene Mandeln
75 g Mehl
15ml (1 EL) Kakaopulver

Für die Schokoladenglasur:

400ml Sahne/Obers
225 g Schokolade, zerbrockelt

FÜR 8-10 PERSONEN VORBEREITUNGSZEIT: 25 MINUTEN BACKZEIT: 40 MINUTEN
ZUBEHÖR: K-HAKEN/BALLONSCHNEEBESEN

1. Eine runde Springform mit 22 cm oder 23 cm Durchmesser einfetten und mit Mehl bestäuben. Den Ofen auf 180°C vorheizen. Die Schokolade in einem Wasserbad schmelzen.

2. Geben Sie Butter und Zucker gemeinsam in die Kenwood Schüssel, schalten Sie den K-Haken auf Stufe 4 und vermengen Sie die Zutaten, bis eine luftige Masse entsteht. Heben Sie vorsichtig die Eigelb unter.

3. Rühren Sie nun auf niedrigster Geschwindigkeitsstufe die gemahlenen Mandeln und die geschmolzene Schokolade, dann Mehl und Kakaopulver unter. Entfernen Sie die Kenwood Schüssel. Mit dem Schneebesen schlagen Sie nun das Eiweiß in einer separaten Schüssel zu Eischnee und heben diesen vorsichtig unter die Masse in der Kenwood Schüssel.

4. Geben Sie den Teig in die vorbereitete Form und backen Sie ihn 40 Minuten lang oder bis er eine feste Konsistenz hat. Lassen Sie ihn 5 Minuten abkühlen. Geben Sie den Kuchen zum weiteren Abkühlen auf einen Rost und schneiden Sie ihn in zwei Lagen.

5. Die Sahne/das Obers für die Füllung und die Glasur in einem Topf kurz aufkochen lassen. Nehmen Sie den Topf von der Herdplatte. Geben Sie nun die Schokoladenstücke hinzu und verrühren Sie die Zutaten, bis alles zu einer Creme verschmolzen ist. Lassen Sie die Masse 2–3 Minuten zum Abkühlen ruhen. Die Hälfte der Creme wird in der Kenwood Schüssel aufgeschlagen, bis sich weiche Spitzen formen. Verteilen Sie diese Creme als Füllung dann auf eine Kuchenlage und legen Sie anschließend die zweite Lage darüber.

6. Rühren Sie die restliche Glasur weiter, bis diese leicht eindickt, und geben Sie sie dann über den Kuchen. Sollte sich die Glasur nicht gleichmäßig verteilen, können Sie den Kuchen sanft schütteln. Die Glasur sollte nun an einem kühlen Ort fest werden.

KLEBRIGES INGWERBROT

FÜR EINE QUADRATISCHE BACKFORM MIT 18 CM DURCHMESSER **VORBEREITUNGSZEIT:** 15 MINUTEN
BACKZEIT: 60–75 MINUTEN **ZUBEHÖR:** K-HAKEN

ZUTATEN
280 g Mehl
10ml (2 TL) gemahlener Ingwer
5ml (1 TL) Backgewürzmischung
2,5ml (1/2 TL) Backpulver
7,5ml (1 1/2 TL) Natron
115 g Butter
50 g Melasse/Rübensirup
150 g Zuckerrübensirup
115g brauner Zucker
150ml Milch
2 Eier
115 g Ingwerwurzel in Sirup, abgetropft und in Scheiben geschnitten
30ml (2 EL) Sirup, in der die Ingwerwurzel eingelegt war, oder Zuckerrübensirup, erwärmt, zum Übergießen, wenn gewünscht.

1. Fetten Sie eine quadratische Backform mit 18 cm Durchmesser ein und legen Sie sie dann mit Backpapier aus. Heizen Sie Ihren Ofen auf 170°C vor. Mehl, gemahlenen Ingwer, Backgewürzmischung, Backpulver und Natron in die Kenwood Schüssel sieben.

2. Butter, Melasse, Sirup und Zucker in einen kleinen Topf geben und langsam erwärmen, bis die Butter geschmolzen ist.

3. Schalten Sie den K-Haken auf Stufe 1 und verrühren Sie nun die geschmolzene Masse, Milch, Eier und 75 g der Ingwerwurzel mit den trockenen Zutaten, bis ein gleichmäßiger Teig entsteht. Geben Sie dann die Teigmasse in die vorbereitete Form und bestreuen Sie den Teig mit dem restlichen Ingwer.

4. Lassen Sie Ihr Ingwerbrot nun 60–75 Minuten backen, bis es aufgegangen ist und eine feste Konsistenz hat. Lassen Sie es 10 Minuten in der Form abkühlen, um es dann zum Auskühlen auf einen Rost zu stellen. Bewahren Sie das erkaltete Ingwerbrot für einige Tage in einem luftdichten Behälter auf, damit es gut durchzieht und schön klebrig wird.

5. Geben Sie, je nach Geschmack, kurz vor dem Servieren noch den Ingwerwurzel- oder Zuckerrübensirup darüber.

BLAUBEER-PEKAN-MUFFINS

ERGIBT 12 MUFFINS **VORBEREITUNGSZEIT:** 10 MINUTEN **BACKZEIT:** 20–25 MINUTEN
ZUBEHÖR: K-HAKEN

ZUTATEN
400 g Mehl
15ml (1 EL) Backpulver
200 g Zucker
2 Eier
280ml Buttermilch
5ml (1 TL) Vanillearoma
75 g Butter, geschmolzen
100 g Pekannüsse, grob gehackt
140 g Blaubeeren

1. Legen Sie ein 12er-Muffinblech mit kleinen Papierschalen aus. Heizen Sie Ihren Ofen auf 200°C vor. Geben Sie Mehl, Backpulver und Zucker in die Kenwood Schüssel. Setzen Sie den K-Haken ein.

2. Eier, Buttermilch, Vanillearoma und geschmolzene Butter werden verrührt. Geben Sie diese Mischung nun zu den Zutaten in die Kenwood Schüssel dazu und verrühren Sie alles auf Stufe 1 zu einer einheitlichen Masse.

3. Heben Sie dreiviertel der Pekannüsse und die Blaubeeren vorsichtig unter den Muffinteig. Verteilen Sie den Teig in die Papierschalen.

4. Streuen Sie die übrigen Nüsse auf die Muffins. Backen Sie die Muffins anschließend 20–25 Minuten, bis sie aufgegangen und goldbraun sind. Die Muffins können dann kurz auf einem Rost auskühlen und sollten warm serviert werden.

Variationen: Statt Blaubeeren können Sie auch Himbeeren, Brombeeren oder Rhabarber (in Stücke zerkleinert) verwenden. Natürlich können Sie auch 15 ml (1 EL) braunen Zucker vor dem Backvorgang über die Muffins streuen, so dass eine knusprige Oberfläche entsteht.

Siehe Abbildung gegenüber

PFIRSICH-KIRSCH-STREUSELKUCHEN

ZUTATEN
250 g Mehl und etwas Backpulver
5ml (1 TL) gemahlener Zimt
175 g Butter, gewürfelt
115g Zucker
75 g gemahlene Mandeln
1 Ei
4 frische Pfirsiche, halbiert, entsteint und in Scheiben geschnitten
175 g frische Kirschen, entsteint, oder frische Himbeeren
10ml (2 TL) Mais- oder Stärkemehl

FÜR 8–10 **PERSONEN** **VORBEREITUNGSZEIT:** 20 MINUTEN **BACKZEIT:** 35–40 MINUTEN
ZUBEHÖR: K-HAKEN

1. Heizen Sie Ihren Ofen auf 200 °C vor. Fetten Sie eine Springform mit 23 cm Durchmesser ein. Mehl, Butter und Zimt nun in die Kenwood Schüssel geben. Mit dem K-Haken auf niedrigster Stufe verrühren, bis eine klebrige Teigmasse entsteht.

2. Geben Sie Zucker und Mandeln hinzu und verrühren Sie die Zutaten nun zu einem krümeligen Teig. Achtung! Nicht zu viel rühren!

3. Wiegen Sie 175 g des Teiges ab und legen Sie diesen beiseite. Geben Sie die Eier in den restlichen Teig und schlagen Sie alles mit dem K-Haken zu einer gleichmäßigen Teigmasse.

4. Geben Sie den Teig nun in die vorbereitete Form. Drücken Sie den Teig mit einem Löffel an den Boden und ca. 2,5 cm den Rand der Form hoch.

5. Wälzen Sie die Früchte nun im Maismehl und geben sie diese dann auf den Teig.

6. Bestreuen Sie die Zutaten mit der vorher beiseite gestellten Krümelmasse. Backen Sie Ihren Kuchen 35–40 Minuten oder bis er goldbraun ist. Lassen Sie ihn dann erst 30 Minuten in der Form und später auf einem Rost ganz auskühlen.

KÜCHLEIN AUS HAFER, HONIG UND ÄPFELN

ERGIBT 12 **KÜCHLEIN** **VORBEREITUNGSZEIT:** 15 MINUTEN **BACKZEIT:** 20 MINUTEN
ZUBEHÖR: GETREIDEMÜHLE/K-HAKEN

ZUTATEN
150 g Haferflocken
2,5ml (1/2 TL) Natron
20ml Pflanzenöl
50g Rosinen
60ml (4 EL) klarer Honig
2 kleine Äpfel, entkernt und fein gehackt

1. Geben Sie die Haferflocken in die Getreidemühle. Mahlen Sie die Haferflocken auf Stufe 1 in die Kenwood Schüssel. Heizen Sie Ihren Ofen auf 200 °C vor. Fetten Sie dann zwei Backbleche leicht ein.

2. Natron, Pflanzenöl, Rosinen, Honig und Äpfel in die Kenwood Schüssel geben und mit dem K-Haken auf niedrigster Stufe mischen.

3. Formen Sie nun 12 Häufchen und verteilen Sie sie auf die beiden Bleche. Lassen Sie genug Platz zwischen den Teighäufchen, damit sie während des Backens aufgehen können.

4. Backen Sie Ihre Küchlein nun 20 Minuten lang, bis sie goldbraun sind. Sie sollten außen knusprig und innen saftig sein. Lassen Sie die Küchlein dann auf einem Rost auskühlen.

HIMBEER-HASELNUSS-MILLE-FEUILLE

ZUTATEN
175 g Haselnüsse, geschält
375 g Blätterteig, siehe Seite 165
1 Ei, leicht geschlagen
300ml Sahne/Obers
25 g Zucker
2,5ml (1/2 TL) Vanillearoma
225–275 g Himbeeren
Puderzucker zum Bestäuben
Wahlweise Framboise oder Cointreau zum Darüberträufeln

FÜR 8 PERSONEN VORBEREITUNGSZEIT: 30 MINUTEN PLUS KÜHLZEIT BACKZEIT: 15–17 MINUTEN
ZUBEHÖR: FOOD PROZESSOR/BALLONSCHNEEBESEN

1. Heizen Sie Ihren Ofen auf 190°C vor. Verteilen Sie die Haselnüsse auf einem Backblech und lassen Sie sie 5 Minuten lang im Ofen bräunen. Wenn die Haselnüsse goldbraun werden, nehmen Sie sie aus dem Ofen und lassen Sie sie 5 Minuten abkühlen. Setzen Sie das Edelstahlmesser in den Food Prozessor und hacken Sie die Haselnüsse.

2. Rollen Sie den Blätterteig aus und schneiden Sie ihn in ein 30 x 28 cm großes Rechteck. Legen Sie die Teigplatte auf ein befeuchtetes Backblech.

3. Bestreichen Sie den Teig mit dem geschlagenen Ei, stechen Sie den Teig noch etwas ein und streuen Sie dann die Hälfte der Nüsse darüber. Backen Sie Ihr Gebäck nun 10–12 Minuten, bis es goldbraun und aufgegangen ist. Lassen Sie anschließend das Gebäck auf einem Rost auskühlen.

4. Entfernen Sie nun die Ränder und schneiden Sie den Teig in drei 10 x 23 cm große Streifen. Schlagen Sie dann mit dem Schneebesen Sahne/Obers, Zucker und Vanillearoma auf Stufe 1, bis sich sanfte Spitzen formen. Heben Sie schließlich die restlichen Haselnüsse mit einem Metalllöffel unter.

5. Legen Sie nun einen Streifen auf einen Servierteller. Verteilen Sie die Hälfte der Sahne/des Obers und eine großzügige Menge Himbeeren darauf. Legen Sie nun den zweiten Gebäckstreifen darauf, verteilen Sie den Rest der Sahne/des Obers und wieder Himbeeren darüber und decken Sie das Ganze mit dem dritten Gebäckstreifen ab.

6. Bestäuben Sie das Dessert mit Puderzucker. Schon ist es servierfertig. Am attraktivsten sieht es aus, wenn die drei Teigstreifen mit einem gezackten Messer ausgeschnitten werden.

7. Sollten Sie Ihre Gäste oder sich selbst besonders verwöhnen wollen, träufeln Sie etwas Framboise oder Cointreau über die einzelnen Scheiben.

ZITRONEN-QUARKTÖRTCHEN

ZUTATEN
1 Portion Nuss-Mürbeteig, siehe Seite 165
Für die Füllung:
3 Zitronen, halbiert
115 g Zucker
3 Eier
115 g Quark/Topfen
175 g fettreduzierte Sahne/Obers
2,5ml (1/2 TL) frisch gemahlene Muskatnuss
Himbeeren oder Blaubeeren zum Dekorieren
Puderzucker zum Bestäuben

ERGIBT 8–10 TÖRTCHEN VORBEREITUNGSZEIT: 20 MINUTEN BACKZEIT: 30 MINUTEN
ZUBEHÖR: ZITRUSPRESSE/BALLONSCHNEEBESEN

1. Rollen Sie den Teig aus. Schneiden Sie mit einem normalen oder gerillten Messer entweder 10 x 11 cm große Stücke für ein Muffinblech oder 8 x 12 cm große Stücke für Törtchenformen mit 10 cm Durchmesser aus. Legen Sie den Teig dann in die jeweilige Form.

2. Stechen Sie den Teig ein und decken Sie ihn mit Backpapier ab, gegebenenfalls beschweren Sie das Backpapier, damit es nicht verrutscht. Kühlen Sie den Teig für 20 Minuten.

3. Heizen Sie Ihren Ofen auf 190 °C vor. Backen Sie die Teigschalen ca 5 Minuten.

Siehe Abbildung auf Seite 124.

4. Während des Backvorgangs bereiten Sie die Füllung vor. Pressen Sie mit der Zitruspresse die Zitronenhälften aus. Geben Sie den Saft dann mit Zucker, Eiern und Quark/Topfen in die Kenwood Schüssel. Verrühren Sie die Zutaten mit dem Schneebesen und heben Sie die Sahne/das Obers unter.

5. Reduzieren Sie die Ofentemperatur auf 180 °C. Verteilen Sie nun die Fülle auf die Törtchen und bestäuben Sie diese mit Muskatnuss. Backen Sie die Törtchen 20 Minuten, bis sich die Füllung gesetzt hat.

6. Lassen Sie die Törtchen dann auf einem Rost vollständig auskühlen. Belegen Sie sie zum Servieren mit Himbeeren oder Blaubeeren und bestreuen Sie sie mit etwas Puderzucker.

DOUGHNUTS

ZUTATEN
450 g Mehl
5ml (1 TL) Salz
50g Butter
50g Zucker
7g (1 1/2 TL) Trockenhefe
1 Ei
140ml lauwarme Milch
Öl zum Frittieren
Zucker zum Bestreuen
45ml (3 EL) kernlose
Himbeermarmelade

ERGIBT 16 **DOUGHNUTS** **VORBEREITUNGSZEIT:** 30 MINUTEN PLUS GEHZEIT **BACKZEIT:** 16–20 MINUTEN
ZUBEHÖR: K-HAKEN/KNETHAKEN

1. Fetten Sie zwei Backbleche leicht ein. Geben Sie Mehl, Salz und Butter in die Kenwood Schüssel. Kneten Sie die Zutaten mit dem K-Haken auf Stufe 1 und fügen Sie dann Zucker und Hefe dazu.

2. Ersetzen Sie den K-Haken durch den Knethaken. Geben Sie nun auf niedrigster Stufe das Ei, die lauwarme Milch und ca. 90 ml lauwarmes Wasser unter die Mischung und lassen Sie den Teig so lange kneten bis ein cremiger Teig entsteht.

3. Kneten Sie den Teig für weitere 5–6 Minuten auf niedrigster Stufe, bis er elastisch ist. Decken Sie ihn dann mit einer leicht eingeölten Frischhaltefolie ab und lassen Sie ihn eine Stunde an einem warmen Ort aufgehen, bis er die doppelte Größe erreicht hat.

4. Lassen Sie anschließend den Teig mit dem Knethaken auf niedrigster Stufe noch einmal 30–60 Sekunden lang kneten und geben Sie ihn dann auf eine mit Mehl bestäubte Fläche. Teilen Sie ihn in 2 Hälften, um dann 8 Doughnuts in Ringform und 8 Doughnuts mit Marmeladenfüllung zu formen.

5. Decken Sie eine Hälfte des Teiges ab und rollen Sie die andere aus, so dass der Teig ca. 1,5 cm dick ist. Schneiden Sie Kreise mit ca. 8 cm Durchmesser aus (ergibt ca. 8 Stück davon) und schneiden Sie dann jeweils einen inneren Kreis von 4 cm Durchmesser aus der Mitte heraus und entfernen Sie ihn, um Doughnuts in Ringform zu formen.

6. Legen Sie sie dann auf eines der vorbereiteten Backbleche und decken Sie die Doughnuts mit einer leicht eingeölten Frischhaltefolie ab. Teilen Sie den übrigen Teig in acht Teile und formen Sie daraus 8 Kugeln. Legen Sie diese auf das andere Backblech und decken Sie sie ebenso mit der eingeölten Frischhaltefolie ab.

7. Lassen Sie die Doughnuts an einem warmen Ort 30 Minuten aufgehen, bis sie sich verdoppelt haben. Erhitzen Sie nun das Frittieröl auf 180°C oder bis ein Brotwürfel in 30–60 Sekunden goldbraun frittiert ist.

8. Frittieren Sie nun immer 3–4 Doughnuts für ca. 4–5 Minuten oder bis diese goldbraun sind. Nehmen Sie die Doughnuts mit einem Schaumlöffel aus dem Öl und legen Sie sie zum Abtropfen auf Küchenpapier.

9. Bestreuen Sie die Doughnuts zum Schluss mit dem Zucker und lassen Sie sie abkühlen. Um die Marmeladen-Doughnuts fertig zu stellen, sollten Sie 5 ml (1 TL) Wasser und die Marmelade in einem Topf erhitzen und unter Rühren vermengen. Lassen Sie die Mischung abkühlen und füllen Sie diese dann in eine Spritztüte mit kleiner Düse.

10. Verwenden Sie einen Spieß, um ein kleines Loch in die Seite eines jeden Doughnuts zu stechen, und spritzen Sie dann etwas Marmelade hinein.

Siehe Abbildung

APFELSTRUDEL

ZUTATEN
Geriebene Schale und Saft einer Zitrone
5ml (1 TL) Backgewürzmischung
115 g Sultaninen
25 g frische Semmelbrösel
15ml (1 EL) Mais- oder Stärkemehl
75 g Zucker
700 g Kochäpfel
12 Lagen Blätterteig, ca. 150 g
50 g geschmolzene Butter
50 g gemahlene Mandeln
Puderzucker zum Bestäuben

FÜR 8 PERSONEN VORBEREITUNGSZEIT: 25 MINUTEN BACKZEIT: 35–40 MINUTEN
ZUBEHÖR: SCHNITZELWERK (GEMÜSESCHNELLSCHNEIDER)

1. Heizen Sie Ihren Ofen auf 190 °C vor. Fetten Sie ein Backblech leicht ein. Zitronenschale, Backgewürzmischung, Sultaninen, Semmelbrösel, Mais-/Stärkemehl und den Zucker (bis auf 15 g) vermengen.

2. Schälen, vierteln und entkernen Sie die Äpfel. Setzen Sie die grobe Schneidscheibe in das Schnitzelwerk (Gemüseschnellschneider) ein und schneiden Sie die Äpfel in Scheiben. Träufeln Sie als nächstes den Zitronensaft darüber. Geben Sie nun die Semmelbröselmischung hinzu und vermengen Sie beides behutsam.

3. Legen Sie 4 Lagen Blätterteig Seite an Seite aus, so dass sich die Längsseiten jeweils 2,5 cm überschneiden. Bestreichen Sie nun den gesamten Teig mit Butter.

4. Legen Sie nun nochmals 4 Lagen darauf und bestreichen Sie diese ebenfalls mit Butter. Wiederholen Sie den Vorgang noch einmal mit den übrigen Blätterteiglagen und bestreuen Sie den ganzen Teig mit den gemahlenen Mandeln.

5. Geben Sie nun die Apfelfüllung auf den Teig, verteilen Sie diese so, dass ein 2,5 cm breiter Rand bleibt. Falten Sie diese Ränder über die Füllung und rollen Sie den Teig dann von der kurzen Seite auf.

6. Geben Sie Ihren Apfelstrudel auf das vorbereitete Backblech, bestreichen Sie ihn mit der übrigen Butter und streuen Sie den restlichen Zucker darauf. Backen Sie ihn nun 35–40 Minuten, bis die Äpfel gar sind.

7. Bestäuben Sie Ihren Apfelstrudel mit Puderzucker und servieren Sie ihn in Scheiben geschnitten.

SCHOTTISCHE KÜCHLEIN

ZUTATEN
325 g Kartoffeln, geschält
15 ml (1 EL) Zucker
115 g Kartoffelmehl
1 Ei
90ml Milch
Butter und Ahornsirup oder Honig zum Servieren

ERGIBT 10 KÜCHLEIN VORBEREITUNGSZEIT: 15 MINUTEN BACKZEIT: 12–15 MINUTEN
ZUBEHÖR: FRISCHSAFTZENTRIFUGE/K-HAKEN

1. Geben Sie die Kartoffeln in die Frischsaftzentrifuge, um sie in Saft und Mus zu trennen. Geben Sie das Mus in die Kenwood Schüssel und schütten Sie den Saft weg, da dieser zu stärkehaltig ist.

2. Geben Sie Zucker, Kartoffelmehl, Eier und Milch hinzu und kneten Sie diese Mischung mit dem K-Haken auf niedrigster Stufe zu einem dickflüssigen Teig.

3. Gießen Sie etwas Öl in eine schwere Pfanne und erwärmen Sie dieses auf mittlerer Hitze. Backen Sie die Mischung portionsweise, indem Sie immer einen Esslöffel voll Teig ins Fett geben und dieses Teighäufchen ein wenig flach drücken.

4. Backen Sie die Küchlein 2–3 Minuten lang, bis Blasen zu sehen sind. Wenden Sie sie und backen Sie die andere Seite weitere 2–3 Minuten, bis die Küchlein goldgelb werden. Legen Sie die fertigen Küchlein auf ein Backblech zwischen zwei Lagen Backpapier und halten Sie sie im Ofen warm, bis der Restteig verarbeitet ist.

5. Servieren Sie die heißen Küchlein mit Butter und Sirup oder Honig.

BROWNIES AUS WEISSER SCHOKOLADE

ZUTATEN
100 g Haselnüsse oder Walnüsse
250 g weiße Schokolade
50 g Butter
2 Eier
75 g Zucker
5ml (1 TL) Vanillearoma
75 g Mehl inklusive Backpulver

ERGIBT 16 BROWNIES VORBEREITUNGSZEIT: 20 MINUTEN BACKZEIT: 30–35 MINUTEN
ZUBEHÖR: FOOD PROZESSOR/TROMMELRAFFEL/K-HAKEN

1. Eine Backform mit 18 cm Durchmesser und einer Mindesthöhe von 5 cm einfetten und mit Backpapier auslegen. Heizen Sie Ihren Ofen auf 180 °C vor. Hacken Sie die Nüsse nun entweder manuell oder mit dem im Food Prozessor eingesetzten Edelstahlmesser.

2. Raspeln Sie dann 175 g weiße Schokolade mit der groben Reibetrommel in der Trommelraffel. Die restliche Schokolade wird fein gehackt.

3. Geben Sie 75 g der geraspelten Schokolade gemeinsam mit der Butter in einen kleinen Topf und erhitzen Sie das Ganze. Verrühren Sie die Zutaten ständig, bis diese geschmolzen sind. Lassen Sie die Mischung 5 Minuten abkühlen.

4. Eier, Zucker, Vanillearoma und die geschmolzenen Zutaten in die Kenwood Schüssel geben und mit dem K-Haken auf Stufe 1 verrühren, bis ein gleichmäßiger Teig entsteht. Nun Nüsse, die übrige Schokolade und das Mehl hinzufügen und untermischen.

5. Geben Sie den Teig in die vorbereitete Form. Backen Sie die Brownies 30–35 Minuten. Lassen Sie die Brownies dann in der Form abkühlen. Zum Servieren schneiden Sie sie in kleinere, quadratische Portionen.

HONIG-ZITRONEN-KEKSE

ERGIBT 18 KEKSE VORBEREITUNGSZEIT: 25 MINUTEN PLUS KÜHLZEIT BACKZEIT: 5–7 MINUTEN
ZUBEHÖR: K-HAKEN

ZUTATEN
225 g Mehl
50 g Zucker
100 g Butter (Zimmertemperatur), gewürfelt
100 g klaren Honig
Für die Füllung:
50 g Butter
100 g Zucker
fein geriebene Schale 1 Zitrone
15ml (1 TL) Zitronensaft

1. Fetten Sie zwei Backbleche leicht ein. Heizen Sie den Ofen auf 190°C vor. Mehl, Zucker und Butter in die Kenwood Schüssel geben.

2. Verrühren Sie die Zutaten mit dem K-Haken auf Stufe 1 zu einer bröseligen Masse. Geben Sie den Honig hinzu, damit ein weicher Teig entsteht.

3. Rollen Sie den Keksteig auf einer leicht mit Mehl bestäubten Oberfläche zu einer 3 mm starken Platte aus. Verwenden Sie nun einen geriffelten Gebäckschneider oder eine Form, um 36 Kreise auszu schneiden. (Wenn der Teig knapp wird, rollen Sie die Reste noch einmal aus.)

4. Stechen Sie in beliebiger Form bei 18 Kreisen die Mitte aus und entfernen Sie sie. Legen Sie alle Kreise dann auf die Backbleche und schieben Sie diese 5–7 Minuten in den Ofen, bis die Kekse goldbraun sind. Lassen Sie die Kekse dann auf einem Rost auskühlen.

5. Bereiten Sie die Zitronenfüllung zu, indem Sie Butter, Puderzucker, Zitronensaft und-schale in der Kenwood Schüssel mit dem K-Haken auf Stufe 1 locker und cremig verrühren.

6. Bestreichen Sie die Kekse mit der Füllung und decken Sie sie jeweils mit einem anderen Keks ab.

BUTTERSCOTCH AND CHOCOLATE CHIP COOKIES

ZUTATEN
125 g weiche Butter
150 g brauner Zucker
1 Ei
2,5ml (1/2 TL) Vanillearoma
175 g Mehl
2,5ml (1/2 TL) Backpulver
Eine Prise Salz
175 g Schokoladen-Chips oder fein gehackte Schokolade

ERGIBT 18 KEKSE **VORBEREITUNGSZEIT:** 15 MINUTEN **BACKZEIT:** 12–15 MINUTEN
ZUBEHÖR: K-HAKEN

1. Fetten Sie zwei Backbleche leicht ein. Heizen Sie den Backofen auf 190 °C vor. Nun geben Sie die Butter und den Zucker in die Kenwood Schüssel und verrühren die Zutaten mit dem K-Haken auf Stufe 2, bis die Masse leicht und luftig ist.

2. Rühren Sie das Ei und das Vanillearoma in die Masse ein. Sieben Sie das Mehl, das Backpulver und das Salz in den Teig und fügen Sie auf niedrigster Stufe die Schokolade hinzu, bis diese gut untergemengt ist.

3. Geben Sie nun große Löffelportionen des Teiges auf die Backbleche. Halten Sie einen gewissen Abstand zwischen den Keksen ein, da diese während des Backens aufgehen.

4. Backen Sie die Kekse 12–15 Minuten oder bis sie blassgold sind. Lassen Sie die Kekse leicht abkühlen, bevor Sie diese zum vollständigen Abkühlen auf einen Rost legen.

BISCOTTI

ZUTATEN
50 g ganze, geschälte Mandeln
50 g weiche Butter
115g Puderzucker
1 Ei
15ml (1 EL) Orangenlikör, z. B. Grand Marnier
Fein abgeriebene Schale einer Orange
175 g Mehl
10ml (2 TL) Backpulver
5ml (1 TL) gemahlener Koriander
40 g Polenta
50 g Pistazien

ERGIBT 24 BISCOTTI **VORBEREITUNGSZEIT:** 15 MINUTEN PLUS ABKÜHLZEIT **BACKZEIT:** 45–50 MINUTEN
ZUBEHÖR: K-HAKEN

1. Heizen Sie den Backofen auf 170 °C vor. Fetten Sie ein Backblech leicht ein. Verteilen Sie die Mandeln auf einem weiteren Backblech und rösten Sie diese im Backofen für ca. 5–10 Minuten, bis die Mandeln eine goldene Farbe angenommen haben. Abkühlen lassen und sehr grob hacken.

2. Geben Sie die Butter und den Zucker in die Kenwood Schüssel und vermengen Sie die Zutaten mit dem K-Haken auf Stufe 3, bis eine cremige Mischung entstanden ist. Rühren Sie nun das Ei, den Likör und die Orangenschale unter. Fügen Sie das Mehl, das Backpulver, den gemahlenen Koriander und die Polenta hinzu und rühren Sie weiter auf Stufe 1, bis ein geschmeidiger Teig entstanden ist.

3. Geben Sie den Teig auf eine bemehlte Arbeitsfläche, streuen Sie die Mandeln und die Pistazien darüber und kneten Sie diese in den Teig ein. Teilen Sie den Teig und formen Sie beide Hälften in 5 cm lange und 2 cm breite Rollen.

4. Geben Sie die Rollen auf das vorbereitete Backblech und backen Sie den Teig 30 Minuten, bis das Gebäck gerade fest ist. Geben Sie die Biscotti nun für ca. 10 Minuten auf einen Rost zum Abkühlen und schneiden Sie sie anschließend in ca. 1 cm breite Stücke.

5. Legen Sie das Gebäck mit der flachen Seite nach unten auf das Backblech und backen Sie die Biscotti nochmals 10 Minuten oder bis diese knusprig sind. Das Gebäck zum Auskühlen auf einen Rost geben und anschließend in einem luftundurchlässigen Behälter aufbewahren.

BUTTERTOFFEE-NUSS-BROCKEN

ZUTATEN
75 g ganze, geschälte Mandeln
75 g Vanilletoffee-Stücke
200 g Mehl
2,5ml (1/2 TL) Natron
115 g Butter (Zimmertemperatur), in kleinen Stücken
115g Zucker oder brauner Muscovado-Zucker
1 Ei
2,5ml (1/2 TL) Mandelaroma
25 g geraspelte Mandeln

ERGIBT 24 BROCKEN **VORBEREITUNGSZEIT:** 20 MINUTEN **BACKZEIT:** 12–15 MINUTEN
ZUBEHÖR: TROMMELRAFFEL/K-HAKEN

1. Fetten Sie zwei Backbleche leicht ein. Heizen Sie den Backofen auf 190°C/Gas Stufe 5 vor. Setzen Sie die feine Reibetrommel in die Trommelraffel ein.

2. Mahlen Sie nach und nach abwechselnd die Mandeln und das Toffee auf mittlerer Stufe, so dass die Mandeln das Toffee durch die Reibetrommel drücken.

3. Geben Sie das Mehl, das Natron und die Butter in die Kenwood Schüssel und vermischen Sie die Zutaten mit dem K-Haken auf Stufe 1, bis eine krümelige Masse entsteht.

4. Fügen Sie den Zucker, das Ei, das Mandelaroma und die gemahlene Mandel-Toffee-Mischung hinzu und vermischen Sie alle Zutaten zu einem Teig.

5. Formen Sie den Teig zu einer ca. 25 cm langen Rolle und schneiden Sie diese in 24 Scheiben. Legen Sie die Scheiben auf die Backbleche. Halten Sie Abstand zwischen den einzelnen Scheiben.

6. Bestreuen Sie das Gebäck mit den geraspelten Mandeln und backen Sie den Teig 12–15 Minuten oder bis das Gebäck goldbraun ist. Danach das Gebäck 4–5 Minuten leicht abkühlen lassen und zum kompletten Auskühlen auf einen Rost geben.

SPRITZGEBÄCK

ERGIBT 24 FINGER **VORBEREITUNGSZEIT:** 15 MINUTEN **BACKZEIT:** 10 MINUTEN
ZUBEHÖR: K-HAKEN

ZUTATEN
225 g Butter
50 g Puderzucker
2,5ml (1/2 TL) Vanillearoma
225 g Mehl
75 g Schokolade, in Stücke gebrochen
40 g geschälte und gehackte Pistazien

1. Fetten Sie zwei Backbleche leicht ein. Heizen Sie den Backofen auf 180 °C vor. Geben Sie die Butter und den Zucker in die Kenwood Schüssel und vermengen Sie die Zutaten mit dem K-Haken auf Stufe 1, bis eine leichte und luftige Masse entstanden ist.

2. Rühren Sie das Vanillearoma ein. Fügen Sie das Mehl hinzu und rühren Sie weiter auf niedrigster Stufe, bis sich ein Teig formt. Geben Sie den Teig in einen Spritzbeutel mit einem 1 cm großen Sternaufsatz.

3. Drücken Sie nun 6 cm lange Streifen auf die vorbereiteten Backbleche mit ausreichend Zwischenraum zwischen den einzelnen Gebäckstücken. Backen Sie den Teig 10 Minuten oder bis die Finger blassgolden sind. Geben Sie diese dann zum Auskühlen auf einen Rost.

4. Nun geben Sie die Schokolade in eine Schüssel über einem Topf mit kochendem Wasser und rühren diese, bis sie geschmolzen ist. Dippen Sie die Enden der Finger in die geschmolzene Schokolade, bestreuen Sie sie mit den gehackten Pistazien und legen Sie sie wieder auf einen Rost, bis die Schokolade erkaltet ist.

Variation: Drücken Sie den Teig zu Kringeln anstelle von Streifen. Nun können Sie entweder das Gebäck wieder in die Schokolade und die Pistazien dippen oder es mit der Schokolade beträufeln und mit den Pistazien bestreuen.

Ein Brot zu backen wird oft als schwieriger eingeschätzt als es tatsächlich ist. Gerade mit Hilfe der Kenwood Küchenmaschine und speziell ihrem Teighaken könnte es nicht einfacher sein. Geben Sie alle Zutaten in die Kenwood Schüssel, und der Teighaken mischt und knetet den Teig wie von allein. Sie brauchen hinterher den Teig nur noch zu formen und backen zu lassen.

In diesem Kapitel finden Sie die Grundrezepte für Brötchen, Vollkorn-, Mehrkorn- und Schwarzbrot, einfache Brotrezepte aus der ganzen Welt wie zum Beispiel irisches Sodabrot, indisches Naan, italienische Brotstangen, Focaccia und Schweizer Zopf, außerdem leckere Rezepte für süße Brote wie Stollen und Früchte- oder Preiselbeer-Honig-Hafer-Brot.

BROT

VOLLKORNBROT

ZUTATEN
375g Weizenvollkornmehl
75g Weizenmehl
10ml (2 TL) Salz
7g (1 1/2 TL) Trockenhefe
300ml lauwarmes Wasser
Für die Glasur:
30ml (2 EL) Wasser
2,5ml (1/2 TL) Salz
Weizenvollkornmehl zum Bestäuben

Siehe Abbildung auf Seite 142.

FÜR 1 BROT VORBEREITUNGSZEIT: 20 MINUTEN PLUS GEHZEIT BACKZEIT: 30 MINUTEN
ZUBEHÖR: KNETHAKEN

❶ Vollkorn- und Weizenmehl mischen und mit Salz und Hefe in die Kenwood Schüssel geben. Mit dem Knethaken auf niedrigster Geschwindigkeitsstufe nach und nach das lauwarme Wasser einkneten und alles zu einem weichen Teig verarbeiten.

❷ Kneten Sie den Teig eine Minute auf Minimalgeschwindigkeit und vier Minuten auf Geschwindigkeitsstufe 1, bis er geschmeidig und elastisch ist. Nehmen Sie ihn aus der Kenwood Schüssel, bedecken Sie ihn mit eingeölter Frischhaltefolie und lassen Sie ihn an einem warmen Ort etwa eine Stunde gehen oder bis die Teigmenge sich etwa verdoppelt hat.

❸ Danach den Teig mit dem Knethaken auf Minimalgeschwindigkeit nochmals ca. 30–60 Sekunden vorsichtig kneten. Auf eine bemehlte Arbeitsfläche geben und zu einer Kugel formen, indem Sie ihn von den Seiten Richtung Mitte kneten, dann wenden und auf ein bemehltes Backblech legen.

❹ Bedecken Sie den Teig mit eingeölter Frischhaltefolie und lassen Sie ihn weitere 30 Minuten gehen, bis die Teigmenge sich wieder verdoppelt hat. In der Zwischenzeit den Ofen auf 230 °C vorheizen. Wasser und Salz mischen, das Brot damit bestreichen und anschließend mit Mehl bestäuben.

❺ Mit einem scharfen Messer ritzen Sie das Brot drei- oder viermal an der Oberseite ein und dann genauso jeweils im rechten Winkel. Das Brot 10 Minuten backen lassen und danach die Temperatur auf 200 °C runterschalten und weitere 20 Minuten backen lassen oder bis es sich innen hohl anhört, wenn man darauf klopft. Auf einem Rost abkühlen lassen.

Variation Für Granary-Brot: Vollkorn- und weißes Mehl durch Granary-Mehl (Vollkornmehl mit zu Malz verarbeiteten Weizenkeimen) ersetzen und wie oben verfahren. Mit Roggen- und Weizenmehl bestreuen anstatt es mit Mehl zu bestäuben und einzuritzen.

ROGGENBROT

ZUTATEN
225g Roggenmehl
75g Weizenvollkornmehl
75g Weizenmehl
50g grobes Maismehl
5ml (1 TL) Kümmel
10ml (2 TL) Salz
7g (1 1/2 TL) Trockenhefe oder 20g frische Hefe
5ml (1 TL) klarer Honig
140ml lauwarmes Wasser
140ml lauwarme Milch
Vollkornmehl zum Bestäuben

FÜR 1 KLEINES BROT VORBEREITUNGSZEIT: 20 MINUTEN PLUS GEHZEIT BACKZEIT: 30–35 MINUTEN
ZUBEHÖR: KNETHAKEN

❶ Ein Backblech leicht ölen. Das Roggen-, Vollkorn- und Weizenmehl mit dem Maismehl, dem Kümmel, Salz und der Trockenhefe in die Kenwood Schüssel geben. Wenn Sie frische Hefe verwenden, diese mit dem Honig und dem Wasser mischen und 15 Minuten stehen lassen.

❷ Mit dem Knethaken auf minimaler Stufe nach und nach Honig, Wasser und Milch oder die Hefe-Mixtur und Milch hinzufügen und zu einem geschmeidigen Teig vermengen.

❸ Kneten Sie den Teig eine Minute auf Minimalgeschwindigkeit und vier Minuten auf Geschwindigkeitsstufe 1, bis er geschmeidig und elastisch ist. Nehmen Sie ihn aus der Kenwood Schüssel, bedecken Sie ihn mit eingeölter Frischhaltefolie und lassen Sie ihn an einem warmen Ort etwa 1 1/2–2 Stunden gehen oder bis die doppelte Teigmenge entstanden ist.

❹ Danach den Teig mit dem Knethaken auf Minimalgeschwindigkeit nochmals ca. 30–60 Sekunden vorsichtig kneten. Auf eine bemehlte Arbeitsfläche geben und zu einem ovalen Laib formen. Dann auf das vorbereitete Backblech legen.

❺ Mit Vollkornmehl bestäuben, mit eingeölter Frischhaltefolie bedecken und etwa 60 Minuten gehen lassen oder bis er sich verdoppelt hat. In der Zwischenzeit den Ofen auf 220 °C vorheizen.

❻ Das Brot 30–35 Minuten backen oder bis es sich innen hohl anhört, wenn man darauf klopft. Auf einem Rost abkühlen lassen.

CIABATTA

ZUTATEN

Für den Ansatz:

7g frische Hefe
200ml lauwarmes Wasser
172g Weizenmehl

Für den Teig:

7g frische Hefe
30ml (2 EL) Milch
200ml lauwarmes Wasser
30ml (2 EL) Olivenöl
325–340g Weizenmehl
7,5ml (1 1/2 TL) Salz
Mehl zum Bestäuben

FÜR 2 BROTE VORBEREITUNGSZEIT: 35 MINUTEN PLUS GEHZEIT BACKZEIT: 25–30 MINUTEN
ZUBEHÖR: K-HAKEN/KNETHAKEN

1 Für den Ansatz die Hefe mit ein wenig Wasser cremig rühren. Das Mehl in die Kenwood Schüssel geben. Die Hefemixtur und das restliche Wasser dazugeben. Mit dem K-Haken auf kleinster Stufe zu einem dicken Teig verrühren.

2 Die Kenwood Schüssel aus der Küchenmaschine herausnehmen, mit leicht eingeölter Frischhaltefolie abdecken und an einem warmen Ort für ca. 12 Stunden oder über Nacht oder bis der Teig sich verdoppelt hat und fast zusammensinkt gehen lassen.

3 Die Hefe für den Teig mit der Milch vermischen. Mit dem Knethaken auf niedrigster Stufe mit dem Ansatz, Wasser und Olivenöl vermischen. Auf Geschwindigkeitsstufe 1 hochschalten.

4 Nach und nach 325 g Mehl und das Salz hinzugeben und zu einem sehr weichen Teig verarbeiten, der zu weich ist, um auf einer Arbeitsfläche geknetet zu werden. Mit dem Knethaken 5–6 Minuten weiterkneten, bis der Teig elastisch wird und anfängt, sich von den Seiten der Schüssel zu lösen. Das restliche Mehl hinzugeben, wenn nötig.

5 Den Teig mit leicht eingeölter Frischhaltefolie abdecken und ca. 1 1/2–2 Stunden oder bis er dreimal so groß geworden ist, gehen lassen. Zwei Backbleche mit Mehl bestäuben.

6 Mit einem Teigschaber oder Löffel den Teig in zwei Hälften teilen und eine Hälfte auf das vorbereitete Backblech geben und wenn möglich nicht die Luftblasen herausklopfen. Mit bemehlten Händen zu einem rechteckigen Laib formen, der ca. 2,5 cm dick ist. Glätten Sie den Laib, indem Sie mit mehligen Händen daran entlangfahren und vorsichtig eventuelle Verformungen an den Seiten darunter einschlagen.

7 Die andere Teighälfte genauso formen. Beide Laibe mit Mehl bestäuben und an einem warmen Platz etwa 20 Minuten gehen lassen. Die Brote werden sich sowohl in der Breite als auch in der Höhe ausdehnen. In der Zwischenzeit den Ofen auf 220 °C vorheizen.

8 Die Laibe 25–30 Minuten backen lassen oder bis die Brote aufgegangen und goldbraun sind und sie sich innen hohl anhören, wenn man darauf klopft. Auf einem Rost abkühlen lassen. Warm servieren, eventuell mit Olivenöl zum Eintunken.

Tipp: Der Teig für dieses Brot ist extrem feucht. Geben Sie kein extra Mehl dazu, um den Teig griffiger zu machen. Es sind der Ansatzteig, das langsame Gehen und der hohe Feuchtigkeitsgehalt, die dem Ciabatta-Brot seine einzigartige, lockere, mit Löchern durchsetzte Konsistenz geben.

FOCACCIA

ZUTATEN
350 g Weizenmehl
2,5ml (1/2 TL) Salz
7 g (1 1/2 TL) Trockenhefe
210ml lauwarmes Wasser
15ml (1 EL) Olivenöl
Für den Belag:
6 frische Salbeiblätter
1/2 rote Zwiebel, dünn geschnitten
Grobes Meersalz oder Kristallsalz
Grob gemahlener schwarzer Pfeffer
30ml (2 EL) Olivenöl

FÜR 1 BROT VORBEREITUNGSZEIT: 25 MINUTEN PLUS GEHZEIT BACKZEIT: 20–25 MINUTEN
ZUBEHÖR: KNETHAKEN

1. Eine flache, runde Kuchenform oder Pizzaform mit 25 cm Durchmesser leicht einölen. Das Mehl, Salz und die Hefe in die Kenwood Schüssel geben. Mit dem Knethaken auf kleinster Stufe das lauwarme Wasser und Olivenöl nach und nach einrühren, bis der Teig weich und geschmeidig ist.

2. Kneten Sie den Teig eine Minute auf Minimalgeschwindigkeit und vier Minuten auf Geschwindigkeitsstufe 1, bis er geschmeidig und elastisch ist. Nehmen Sie ihn aus der Kenwood Schüssel, bedecken Sie ihn mit eingeölter Frischhaltefolie und lassen Sie ihn an einem warmen Ort etwa eine Stunde gehen oder bis etwa die doppelte Teigmenge entstanden ist.

3. Danach den Teig mit dem Knethaken auf Minimalgeschwindigkeit ca. 30–60 Sekunden vorsichtig kneten.

4. Auf eine bemehlte Arbeitsfläche geben und zu einer Kugel formen. Zu einem Kreis mit 25 cm Durchmesser ausrollen und in die vorbereitete Backform geben.

5. Bedecken Sie den Teig mit eingeölter Frischhaltefolie und lassen Sie ihn an einem warmen Ort etwa 20 Minuten gehen oder bis doppelt so viel Teig entstanden ist. Mit den Fingerspitzen Vertiefungen in den Teig drücken. Abdecken und weitere 10 Minuten gehen lassen.

6. In der Zwischenzeit den Ofen auf 200 °C vorheizen. Die Folie vom Teig entfernen und die Salbeiblätter, die roten Zwiebeln, Salz und Pfeffer darauf streuen. Das Olivenöl darüber träufeln und 20–25 Minuten backen, bis alles goldbraun ist. Auf einem Rost abkühlen lassen. Warm servieren.

PROSCIUTTO-PARMESAN-BROT

ZUTATEN
450 g Weizenmehl
50 g frisch geriebener Parmesankäse
7,5ml (1 1/2 TL) Salz
2,5ml (1/2 TL) frisch gemahlener schwarzer Pfeffer
7 g (1 1/2 TL) Trockenhefe
15ml (1 EL) Olivenöl
1 Ei, leicht geschlagen
250 ml lauwarmes Wasser
50 g Prosciutto, in kleine Stücke geschnitten
Maismehl zum Bestäuben

FÜR 2 KLEINE BROTE VORBEREITUNGSZEIT: 20 MINUTEN PLUS GEHZEIT BACKZEIT: 25 MINUTEN
ZUBEHÖR: KNETHAKEN

1. Mehl, Parmesankäse, Salz, Pfeffer und Hefe in eine Schüssel geben. Mit dem Knethaken auf kleinster Stufe nach und nach Olivenöl, Ei und lauwarmes Wasser einrühren und alles zu einem weichen Teig vermischen.

2. Kneten Sie den Teig eine Minute auf Minimalgeschwindigkeit und vier Minuten auf Geschwindigkeitsstufe 1, bis er geschmeidig und elastisch ist. Nehmen Sie ihn aus der Kenwood Schüssel heraus, bedecken Sie ihn mit eingeölter Frischhaltefolie und lassen Sie ihn an einem warmen Ort etwa eine Stunde gehen oder bis sich die Teigmenge verdoppelt hat.

3. Danach den Teig mit dem Knethaken auf Minimalgeschwindigkeit ca. 30–60 Sekunden vorsichtig kneten. Auf eine bemehlte Arbeitsfläche geben und in zwei Teile teilen. Jedes zu einem flachen Kreis formen und die Hälfte des Prosciutto darüber streuen.

4. Jedes Teigstück auf der Hälfte falten, leicht flach drücken und den übrigen Schinken darüber streuen. Zu einer Rolle formen, die Seiten einfalten und zu langen, dicken Broten rollen. Auf ein mit Maismehl bestäubtes Backblech legen. Bitte achten Sie darauf, Abstand zwischen den Broten zu lassen. Bedecken Sie sie jeweils mit eingeölter Frischhaltefolie und lassen Sie die Brote weitere 30 Minuten gehen, bis sie jeweils doppelt so groß geworden sind.

5. In der Zwischenzeit den Ofen auf 200 °C vorheizen. Die Brote mit Wasser bepinseln und mit Maismehl bestäuben. Die Oberseite fünf- bis sechsmal diagonal einritzen. 20 Minuten backen oder bis die Brote goldbraun sind und sich hohl anhören, wenn man darauf klopft. Auf einem Rost abkühlen lassen.

Beide Brote sind gegenüber abgebildet

NAAN-BROTE

ZUTATEN
450 g Weizenmehl
5ml (1 TL) Salz
7 g (1 1/2 TL) Trockenhefe
75 g (5 EL) Naturjoghurt
15ml (1 EL) geschmolzenes Ghee oder Butter
200–225ml lauwarmes Wasser
45ml (3 EL) geschmolzenes Ghee oder Butter zum Einpinseln

FÜR 6 BROTE VORBEREITUNGSZEIT: 25 MINUTEN PLUS GEHZEIT BACKZEIT: 15 MINUTEN
ZUBEHÖR: KNETHAKEN

1. Mehl, Salz und Hefe in die Kenwood Schüssel geben. Joghurt, geschmolzenes Ghee oder Butter hinzufügen und nach und nach genügend Wasser dazugeben, um einen weichen Teig herzustellen.

2. Kneten Sie den Teig eine Minute auf Minimalgeschwindigkeit und vier Minuten auf Geschwindigkeitsstufe 1, bis er geschmeidig und elastisch ist. Nehmen Sie den Teig dann aus der Kenwood Schüssel, bedecken Sie ihn mit eingeölter Frischhaltefolie und lassen Sie ihn an einem warmen Ort etwa eine Stunde gehen oder bis die doppelte Teigmenge entstanden ist.

3. Danach den Teig mit dem Knethaken auf Minimalgeschwindigkeit ca. 30–60 Sekunden vorsichtig kneten. Den Ofen auf 230 °C vorheizen. Drei Backbleche im Ofen anwärmen. Den Teig auf eine leicht bemehlte Arbeitsfläche geben und zu sechs Kugeln formen.

4. Fünf Kugeln mit eingeölter Frischhaltefolie bedecken. Die restliche Teigkugel in Tropfenform 25 cm lang und ca. 5–8 cm dick ausrollen. Mit eingeölter Frischhaltefolie bedecken. Dann formen Sie zwei weitere Naan-Brote aus zwei Teigkugeln.

5. Die drei Naan-Brote auf die vorgeheizten Backbleche legen und 4–5 Minuten backen, bis sie aufgegangen sind. In der Zwischenzeit den Grill auf höchster Stufe vorheizen.

6. Jedes Backblech nach dem Backen für ein paar Sekunden unter den Grill schieben, bis die Oberseite der Naans anfängt, braun zu werden. In ein sauberes Geschirrtuch einschlagen und warm halten, während Sie die verbleibenden Naans ausrollen und backen. Mit geschmolzenem Ghee oder mit Butter bestreichen und warm servieren.

ITALIENISCHE BROTSTANGEN

ZUTATEN
350 g Weizenmehl
7,5ml (1 1/2 TL) Salz
7 g (1 1/2 TL) Trockenhefe
200ml lauwarmes Wasser
45ml (3 TL) Olivenöl
Olivenöl zum Einpinseln
Evtl. Sesam, Mohn oder grobes Meersalz

FÜR 30 STANGEN VORBEREITUNGSZEIT: 35 MINUTEN PLUS GEHZEIT BACKZEIT: 15–20 MINUTEN
ZUBEHÖR: KNETHAKEN

1. Das Weizenmehl mit Salz und Hefe in die Kenwood Schüssel geben. Mit dem Knethaken auf niedrigster Stufe schrittweise das lauwarme Wasser und Olivenöl einkneten und alles zu einem weichen Teig verarbeiten.

2. Kneten Sie den Teig eine Minute auf Minimalgeschwindigkeit und vier Minuten auf Geschwindigkeitsstufe 1, bis er geschmeidig und elastisch ist. Nehmen Sie den Teig aus der Kenwood Schüssel heraus, bedecken Sie ihn mit eingeölter Frischhaltefolie und lassen Sie ihn an einem warmen Ort etwa eine Stunde gehen, bis die doppelte Menge entstanden ist.

3. Danach den Teig mit dem Knethaken auf Minimalgeschwindigkeit ca. 30–60 Sekunden nochmals vorsichtig kneten Auf eine bemehlte Arbeitsfläche geben und zu einem ca. 20 x 23 cm großen Viereck ausrollen.

4. In 3 Rechtecke von je 20 x 7,5 cm schneiden. Jedes Rechteck in zehn 7,5 cm lange Streifen teilen. Jeden Streifen vorsichtig rollen und auf 25–30 cm Länge strecken.

5. Mit Olivenöl bepinseln und je nach Geschmack in Sesam, Mohn oder Meersalz rollen oder damit bestreuen. Auf die Backbleche legen (jeweils Abstand zwischen den einzelnen Brotstangen beachten), mit eingeölter Frischhaltefolie bedecken und ca. 15–20 Minuten aufgehen lassen.

6. In der Zwischenzeit den Ofen auf 200 °C vorheizen. Die Teigstangen 15–20 Minuten backen oder bis sie goldbraun sind. Auf einem Rost abkühlen lassen.

WEISSE BRÖTCHEN

ZUTATEN

1 Portion Weißbrotteig mit 300 ml lauwarmer Milch statt mit Wasser zubereiten,
siehe Seite 164

Zum Bestreichen:

1 Eigelb
15ml (1 EL) Wasser
Sesam oder Mohn zum Bestreuen

FÜR 12 BRÖTCHEN VORBEREITUNGSZEIT: 30 MINUTEN PLUS GEHZEIT BACKZEIT: 15–18 MINUTEN
ZUBEHÖR: KNETHAKEN

1. Zwei Backbleche mit Öl bepinseln. Den Teig gemäß den Angaben auf Seite 164 bis zu Schritt 4 zubereiten, aber mit Milch statt mit Wasser. Dann den Teig in 12 gleiche Teile teilen.

2. Sie können anschließend Brötchen in Form von kleinen Baguettes, Knoten, Zöpfen oder nach herkömmlicher Art formen.
Brötchen in Baguetteform: Formen Sie den Teig in längliche Dreiecke und schneiden Sie die Oberfläche zwei- bis dreimal diagonal ein.
Brötchen in Knotenform: Rollen Sie die Teigstücken zu dicken Schnüren aus und formen Sie jede zu einem Knoten.
Brötchen in Zopfform: Teilen Sie jedes Teigteil wiederum in drei Teile und rollen Sie jedes zu langen Schnüren aus. Drücken Sie die oberen Enden der drei Schnüre zusammen und flechten Sie die drei Schnüre. Die unteren Enden anschließend zusammendrücken und einschlagen.
Cottage Rolls: Teilen Sie die Teigportionen in 2 Teile, ein Teil umfasst 2/3 des Teigs und der andere 1/3. Formen Sie beide Teile zu Kugeln und setzen Sie die kleinere auf die größere und bohren Sie mit einem mehligen Finger ein Loch durch die Mitte beider.

3. Auf die vorbereiteten Bleche legen, die geformten Brötchen mit eingeölter Frischhaltefolie bedecken und etwa 30 Minuten gehen lassen, bis sie zu doppelter Größe aufgegangen sind. In der Zwischenzeit den Ofen auf 220 °C vorheizen.

4. Eigelb und Wasser vermischen und die Brötchen bepinseln. Je nach Geschmack noch mit Mohn oder Sesam bestreuen. 15–18 Minuten backen lassen oder bis die Brötchen golden sind. Auf einem Rost abkühlen lassen.

Variation Für weichere, flachere Brötchen nehmen Sie je 150 ml Milch und Wasser für den Teig. Teilen Sie ihn dann in 10 Teile auf, die Sie zu Kreisen mit 9 cm Durchmesser formen. Nach dem Gehen leicht mit den 3 mittleren Fingern auf die Oberflächen drücken. Mit Milch bepinseln und mit Mehl besprenkeln. 15–20 Minuten bei 200 °C backen.

DINKELBROT

ZUTATEN

450 g Dinkelkorn
7,5ml (1 1/2 TL) Salz
7 g (1 1/2 TL) Trockenhefe
30ml (2 EL) Sonnenblumenöl
5ml klarer Honig
400ml lauwarmes Wasser

FÜR 1 BROT VORBEREITUNGSZEIT: 20 MINUTEN PLUS GEHZEIT BACKZEIT: 35 MINUTEN
ZUBEHÖR: GETREIDEMÜHLE/KNETHAKEN

1. Mit der Getreidemühle auf feinster Stufe die Dinkelkörner direkt in die Kenwood Schüssel mahlen. Eine Brotform mit 900 g Fassungsvermögen einölen.

2. Das Salz, die Hefe, das Sonnenblumenöl und den Honig in die Schüssel geben. Mit dem Knethaken auf kleinster Stufe nach und nach zu einem weichen, klebrigen Teig verarbeiten.

3. Kneten Sie den Teig 4 Minuten auf Geschwindigkeitsstufe 1. Nehmen Sie die Kenwood Schüssel heraus, decken Sie sie mit eingeölter Frischhaltefolie ab und lassen Sie den Teig an einem warmen Ort etwa eine Stunde gehen, bis die doppelte Menge entstanden ist.

4. Danach den Teig wieder mit dem Knethaken auf Minimalgeschwindigkeit ca. 30–60 Sekunden vorsichtig kneten. Mit Hilfe eines Spatels in die vorbereitete Form geben. Er wird sehr klebrig sein, also klopfen Sie ihn vom Spatel, wenn nötig lösen Sie ihn mit etwas Dinkelmehl.

5. Bedecken Sie den geformten Teig mit eingeölter Frischhaltefolie und lassen Sie ihn noch einmal ca. 30 Minuten gehen. In der Zwischenzeit den Ofen auf 190 °C vorheizen. 35 Minuten backen, bis das Brot fest ist und es sich innen hohl anhört, wenn man darauf klopft. Auf einem Rost abkühlen lassen.

FESTLICHER STOLLEN

ZUTATEN

75 g Sultaninen
75 g Rosinen
50 g gemischte, gehackte Zitrusschalen
60ml (4 EL) dunkler Rum
400 g ungebleichtes Weizenmehl
2,5ml (1/2 TL) Salz
50 g Zucker
2,5ml (1/2 TL) Zimt
7g (1 1/2 TL) Trockenhefe
1 Ei
140ml lauwarme Milch
50 g geschmolzene Butter
50 g geschälte Mandeln, gehackt
50 g glasierte Kirschen
225 g Mandelpaste, siehe Seite 166
Geschmolzene Butter zum Bepinseln
Puderzucker zum Bestäuben

FÜR EINEN STOLLEN **VORBEREITUNGSZEIT:** 20 MINUTEN PLUS GEHZEIT **BACKZEIT:** 30 MINUTEN
ZUBEHÖR: KNETHAKEN

1. Die Sultaninen, Rosinen und die gehackten Zitrusschalen in eine Schüssel geben. Den Rum darüber gießen und alles zum Durchziehen zur Seite stellen. Ein Backblech leicht einölen.

2. Das Mehl in die Kenwood Schüssel sieben. Den Zucker, den Zimt und die Hefe dazugeben und verrühren. Danach das Ei, Milch und Butter hinzufügen und mit dem Knethaken zu einem weichen Teig mischen. Lassen Sie den Teig vier Minuten auf Geschwindigkeitsstufe 1 kneten, bis er geschmeidig und elastisch ist.

3. Nehmen Sie die Kenwood Schüssel aus der Küchenmaschine heraus, bedecken Sie sie mit eingeölter Frischhaltefolie und lassen Sie den Teig an einem warmen Ort etwa 1 1/2 Stunden gehen, bis sich die Menge verdoppelt hat.

4. Kneten Sie dann den Teig 45–60 Sekunden lang mit dem Knethaken auf Stufe 1. Den Teig auf eine leicht bemehlte Fläche geben und zu einem 2,5 cm dicken Rechteck ausrollen. Die durchgezogenen Früchte, die Mandeln und glasierten Kirschen darüberstreuen und einfalten, so dass alle Früchte und Nüsse im Teig „eingepackt“ sind.

5. Zu einem 23 x 30 cm großen Oval ausrollen, in der Mitte etwas dünner als an den Rändern. Die Mandelpaste zu einer 20 cm langen „Wurst“ rollen und in die Teigmitte legen. Den übrigen Teig darüber schlagen und festdrücken.

6. Legen Sie dann den Stollen auf ein leicht bemehltes Backblech, bedecken Sie ihn mit eingeölter Frischhaltefolie und lassen Sie ihn an einem warmen Ort etwa 45–60 Minuten gehen, bis sich die Teigmenge verdoppelt hat. Den Ofen auf 190 °C vorheizen.

7. Lassen Sie den Stollen für 30 Minuten backen, bis er sich hohl anhört, wenn man darauf klopft. Die Oberseite mit geschmolzener Butter bepinseln und mit Puderzucker bestäuben. Auf einem Rost abkühlen lassen.

IRISCHES SODABROT

ZUTATEN
325 g Weizenvollkornmehl
115 g Weizenmehl
5ml (1 TL) Salz
5ml (1 TL) Soda
5ml (1 TL) Weinstein
25 g Butter
50 g Haferflocken
450ml Buttermilch

FÜR EIN BROT VORBEREITUNGSZEIT: 10 MINUTEN PLUS GEHZEIT BACKZEIT: 35–40 MINUTEN
ZUBEHÖR: K-HAKEN

1. Ein Backblech leicht einfetten. Den Ofen auf 230 °C vorheizen.

2. Vollkorn- und Weizenmehl, Salz, Soda, Weinstein und Butter in die Kenwood Schüssel geben und mit dem K-Haken auf Stufe 1 die Butter unterrühren.

3. Geben Sie dann die Haferflocken dazu. Während der K-Haken auf Geschwindigkeitsstufe 2 arbeitet, schütten Sie so lange Buttermilch dazu, bis ein weicher Teig entsteht. Lassen Sie den Teig nicht zu lange mischen, damit er nicht zu schwer wird.

4. Auf einer leicht bemehlten Arbeitsfläche den Teig zu einem großen Kreis formen und auf das vorbereitete Blech legen. Schneiden Sie ein tiefes Kreuz in die Oberfläche.

5. Lassen Sie den Teig dann 15 Minuten backen und reduzieren Sie die Temperatur anschließend auf 200 °C und lassen Sie das Brot weitere 20–25 Minuten backen, bis es sich hohl anhört, wenn man darauf klopft. Zum Schluss auf einem Rost abkühlen lassen und warm mit etwas Butter servieren.

ZOPF

FÜR EINEN ZOPF VORBEREITUNGSZEIT: 20 MINUTEN PLUS GEHZEIT BACKZEIT: 30 MINUTEN
ZUBEHÖR: KNETHAKEN

ZUTATEN
450 g Weizenmehl
25 g Zucker
7,5ml (1 1/2 TL) Salz
7 g (1 1/2 TL) Trockenhefe
1 Ei, leicht geschlagen
150ml lauwarme Milch
75 g geschmolzene Butter
Für den Überzug:
1 Eigelb
10ml (2 TL) Wasser

1. Das Weizenmehl mit Zucker, Salz und Hefe in die Kenwood Schüssel geben. Mit dem Knethaken auf kleinster Stufe nach und nach das Ei, die lauwarme Milch und die geschmolzene Butter einkneten und alles zu einem weichen Teig verarbeiten.

2. Lassen Sie den Teig vier Minuten auf Geschwindigkeitsstufe 1 kneten, bis er geschmeidig und elastisch ist. Nehmen Sie dann die Kenwood Schüssel aus der Küchenmaschine heraus, bedecken Sie sie mit eingeölter Frischhaltefolie und lassen Sie den Teig an einem warmen Ort etwa 1–1 1/2 Stunden gehen, bis sich die Menge verdoppelt hat.

3. Kneten Sie den Teig wieder mit dem Knethaken auf Minimalgeschwindigkeit ca. 30–60 Sekunden. Legen Sie ihn dann auf eine bemehlte Arbeitsfläche und teilen Sie ihn in 3 Teile.

4. Rollen Sie jedes Stück zu einer langen Schnur aus und legen Sie diese dann nebeneinander. Flechten Sie aus den drei Schnüren einen Zopf. Drücken Sie die das obere und das untere Ende zusammen und schlagen Sie sie ein.

5. Legen Sie den Zopf dann auf ein leicht eingeöltes Backblech. Mit ebenfalls eingeölter Frischhaltefolie bedecken und den Teig an einem warmen Ort etwa 30 Minuten gehen lassen, bis die doppelte Menge entstanden ist.

6. Den Ofen auf 190 °C vorheizen. Das Eigelb mit Wasser vermischen und den Zopf damit einpinseln. Lassen Sie ihn dann 30 Minuten backen, bis er sich hohl anhört, wenn man auf ihn klopft. Auf einem Rost abkühlen lassen.

CHELSEA BUNS

ZUTATEN
500 g Weizenmehl
5ml (1 TL) Salz
7 g (1 1/2 TL) Trockenhefe
75 g Zucker
50 g weiche Butter
225ml lauwarme Milch
1 Ei
25 g Butter, geschmolzen
30 g Muscovado-Zucker
5ml (1 TL) Gewürzmischung
75 g Sultaninen
50 g Rosinen
25g gehackte, kandierte Zitrusschale
Für die Glasur:
40 g Zucker
60ml (4 EL) Wasser
5ml (1 EL) Orangenblütenwasser

FÜR 12 BUNS VORBEREITUNGSZEIT: 25 MINUTEN PLUS GEHZEIT BACKZEIT: 20–25 MINUTEN
ZUBEHÖR: KNETHAKEN

1 Das Mehl und Salz in die Kenwood Schüssel sieben. Die Hefe, Zucker, Butter, Milch und Ei dazugeben. Mit dem Knethaken bei Minimalgeschwindigkeit zu einem weichen Teig verarbeiten.

2 Vier Minuten weiter auf Stufe 1 kneten lassen, bis der Teig geschmeidig ist. Die Kenwood Schüssel aus der Küchenmaschine herausnehmen, mit leicht eingeölter Frischhaltefolie abdecken. Den Teig in der Schüssel an einem warmen Ort ca. eine Stunde oder bis sich die Menge verdoppelt hat gehen lassen.

3 Eine quadratische Kuchenform mit 23 cm Seitenlänge leicht einfetten. Mit dem Knethaken den Teig auf Minimalgeschwindigkeit nochmals eine Minute kneten. Dann auf eine leicht bemehlte Arbeitsfläche legen und zu einem 30 cm langen Quadrat ausrollen.

4 Den Teig mit geschmolzener Butter bestreichen und mit Muscovado-Zucker, Gewürzmischung, Sultaninen, Rosinen und kandierter Zitrusschale bestreuen. Dabei 1 cm Abstand zum Rand lassen.

5 Von einem Ende aus den Teig und die Fruchtfüllung aufrollen, in Richtung des anderen Endes. Die Rolle in 12 gleiche Schnitten schneiden und diese mit der Schnittseite nach oben in die vorbereitete Form setzen.

6 Mit eingeölter Frischhaltefolie bedecken, die Teigschnitten an einem warmen Ort etwa 30 Minuten gehen lassen, bis sich ihre Größe verdoppelt hat. Den Ofen auf 200 °C vorheizen.

7 20–25 Minuten backen, bis die Teigschnitten aufgegangen und goldbraun sind. Zuerst in der Form auskühlen lassen, bevor Sie sie auf einen Rost zum weiteren Auskühlen geben.

8 Die Glasur herstellen: Den Zucker und das Wasser in einen kleinen Topf geben und vorsichtig erhitzen, dabei umrühren, um den Zucker aufzulösen. Zum Kochen bringen und 1–2 Minuten kochen lassen, bis die Flüssigkeit eine sirupartige Konsistenz hat. Das Orangenblütenwasser unterrühren und die Glasur auf die warmen Buns streichen. Warm servieren.

Tipp: Wenn Sie frische Hefe statt Trockenhefe verwenden, verrühren Sie 15 g Hefe mit Milch und lassen Sie die Mischung zuerst 10 Minuten gehen, bevor Sie sie zu den anderen Zutaten geben.

MEDITERRANER FRÜCHTERING

FÜR EINEN RING **VORBEREITUNGSZEIT:** 35 MINUTEN PLUS GEHZEIT **BACKZEIT:** 30 MINUTEN
ZUBEHÖR: KNETHAKEN

ZUTATEN
450 g Weizenmehl
5ml (1 TL) gemahlener Zimt
2,5ml (1/2 TL) gemahlener Ingwer
2,5ml (1/2 TL) Salz
7 g (1 1/2 TL) Trockenhefe
50 g gehackte Mandeln oder Walnüsse
75 g Sultaninen
50 g Zucker
Abgeriebene Schale einer halben Zitrone
60ml (4 EL) Olivenöl
300ml lauwarme Milch
1 geschlagenes Eigelb zum Glasieren

1. Mehl, Zimt und Salz in die Kenwood Schüssel sieben. Hefe, Nüsse, Sultaninen, Zucker, Zitronenschale, Olivenöl und Milch dazugeben. Den Knethaken einsetzen und bei minimaler Geschwindigkeit zu einem weichen Teig verarbeiten.

2. Auf Stufe 4 für sieben Minuten kneten, bis der Teig glatt und elastisch ist. Die Schüssel mit dem Teig entnehmen, mit leicht eingeölter Frischhaltefolie abdecken und den Teig an einem warmen Ort ca. 1–1 1/2 Stunden oder bis sich der Teig verdoppelt hat gehen lassen.

3. Ein Backblech leicht einölen. Den Teig mit dem Knethaken nochmals auf Minimalgeschwindigkeit eine Minute kneten. Ihn dann auf eine leicht bemehlte Arbeitsfläche geben und in drei gleiche Teile teilen. Jedes zu einer gedrehten Rolle formen und alle Teile nebeneinander legen.

4. Dann flechten Sie die 3 Rollen und formen aus dem Zopf einen Ring.

5. Auf das Backblech legen, mit eingeölter Frischhaltefolie bedecken und den Teig an einem warmen Ort etwa 30–45 Minuten gehen lassen. Heizen Sie den Ofen in der Zwischenzeit auf 200 °C vor.

6. Bestreichen Sie den Ring mit dem Eigelb und lassen Sie ihn 25–30 Minuten backen oder bis er aufgegangen und goldbraun ist. Auf einem Rost abkühlen lassen, aufgeschnitten servieren.

PREISELBEER-HONIG-HAFER-BROT

FÜR 2 BROTE **VORBEREITUNGSZEIT:** 25 MINUTEN PLUS GEHZEIT **BACKZEIT:** 20–25 MINUTEN
ZUBEHÖR: GETREIDEMÜHLE/KNETHAKEN

ZUTATEN
65 g großflockige Haferflocken
450 g Weizenmehl
2,5ml (1 TL) Salz
7 g (1 1/2 TL) Trockenhefe
30ml (2 EL) Honig
30ml (2 EL) Zuckerrohrsirup
50 g Butter
120ml Milch
120ml Wasser
75 g Preiselbeeren
40 g gehackte Walnüsse
Milch zum Glasieren
Haferflocken zum Bestreuen

1. Mit der Getreidemühle auf Stufe 2 die Haferflocken direkt in die Kenwood Schüssel mahlen. Das Mehl, Salz und die Hefe dazugeben.

2. Honig, Sirup, Butter und Milch vorsichtig in einem Topf erhitzen, bis die Butter schmilzt. Das Wasser einrühren. Die Mischung sollte lauwarm sein. Notfalls etwas abkühlen lassen. Den Knethaken einsetzen.

3. Die flüssigen zu den trockenen Zutaten geben. Lassen Sie den Teig eine Minute auf Minimalgeschwindigkeit und vier Minuten auf Geschwindigkeitsstufe 1 kneten, bis er geschmeidig und elastisch ist. Nehmen Sie die Kenwood Schüssel aus der Küchenmaschine heraus, bedecken Sie sie mit eingeölter Frischhaltefolie und lassen Sie den Teig an einem warmen Ort etwa eine Stunde gehen oder bis sich die Teigmenge verdoppelt hat.

4. Zwei Backbleche leicht einfetten. Den Teig nochmals mit dem Knethaken auf Minimalgeschwindigkeit eine Minute kneten. Die Preiselbeeren und Walnüsse untermischen. Auf eine leicht bemehlte Arbeitsfläche geben, in 2 Teile teilen und zu dicken Kugeln formen. Auf die vorbereiteten Backbleche legen.

5. Mit eingeölter Frischhaltefolie abgedeckt an einem warmen Ort etwa eine Stunde gehen lassen oder bis sich die Teigmenge verdoppelt hat. In der Zwischenzeit heizen Sie den Ofen auf 200 °C auf.

6. Bepinseln Sie die Brote mit der Milch, ritzen Sie sie mit dem Messer quer ein und bestreuen Sie sie mit Haferflocken. 20–25 Minuten backen oder bis sie aufgegangen und goldbraun sind. Auf einem Rost abkühlen lassen.

In diesem Kapitel finden Sie viele Ideen für frische Frucht- und Gemüsesäfte, die Sie ganz einfach mit der Zitruspresse oder der Frischsaftzentrifuge zubereiten können. Mahlen Sie Ihre Kaffeebohnen mit der Kräuter- und Gewürzmühle für die perfekte, frische Tasse Kaffee.

Zaubern Sie mit dem Mixeraufsatz köstliche Bananen- und Erdbeershakes, Himbeer-Orange-Joghurtdrinks oder Schoko-Orange- und Ingwer-Smoothies. Auch die Kenwood-Limonade gelingt damit perfekt.

GETRÄNKE

KENWOOD-LIMONADE

ZUTATEN
1 Zitrone mit dünner Schale, gewaschen
30ml (2 EL) Zucker
6 große Eiswürfel
600ml Wasser, gekühlt
1 ganzes Ei mit Schale, gewaschen
Extra Eiswürfel und Zitronenscheiben zum Servieren

FÜR 4–6 PERSONEN VORBEREITUNGSZEIT: 5 MINUTEN
ZUBEHÖR: MIXERAUFSATZ

1 Halbieren Sie die Zitrone und geben Sie sie mit Eiswürfeln, Zucker, Wasser und dem ganzen Ei in den Mixeraufsatz. Schalten Sie diesen dann für 10–20 Sekunden auf die höchste Stufe.

2 Sieben Sie die Limonade in einen Krug und servieren Sie sie mit zusätzlichen Eiswürfeln und Zitronenscheiben zur Dekoration.

EXOTISCHER FRÜCHTECOCKTAIL

ZUTATEN
1/2 reife Mango, geschält
1/2 Papaya, geschält
300ml Naturjoghurt
30ml (2 EL) klarer Honig
30ml (2 EL) Zitronensaft

FÜR 4 PERSONEN VORBEREITUNGSZEIT: 5 MINUTEN
ZUBEHÖR: MIXERAUFSATZ

1 Ensteinen und entkernen Sie Mango und Papaya. Geben Sie Früchte, Honig, Zitronensaft und Joghurt in den Mixeraufsatz.

2 Mixen Sie auf hoher Stufe einen dickflüssigen Cocktail und servieren Sie ihn sofort in zwei hohen Gläsern, um ihn frisch zu genießen.

BIRNE-ANANAS-TROPFEN

ZUTATEN
2 Birnen
2 Scheiben frische Ananas

FÜR 1 PERSON VORBEREITUNGSZEIT: 5 MINUTEN
ZUBEHÖR: FRISCHSAFTZENTRIFUGE

1 Vierteln Sie die Birne. Entfernen Sie die Schale der Ananas und halbieren Sie die Scheiben.

2 Mit der Frischsaftzentrifuge auf Geschwindigkeitsstufe 1 können Sie nun die Birnenstücke und Ananasscheiben entsaften. Rühren Sie den Saft gut um und servieren Sie ihn dann sofort.

Siehe Abbildung auf Seite 154

SOMMER-COOLER

ZUTATEN

1 Gurke, gewaschen
4 Äpfel, gewaschen und geviertelt
4 Minzeblätter
2 Stangen Sellerie, gewaschen
Eiswürfel zum Servieren
Minzeblätter zum Dekorieren

FÜR 2 PERSONEN VORBEREITUNGSZEIT: 10 MINUTEN ZUBEHÖR: FRISCHSAFTZENTRIFUGE

1. Entsaften Sie mit der Frischsaftzentrifuge erst die Gurke, dann die Äpfel, dann die Minzeblätter und schließlich den Sellerie.

2. Verrühren Sie die Zutaten so lange, bis sich ein gemischter Saft ergibt, den Sie mit Eiswürfeln servieren und beliebig mit Minze dekorieren.

Siehe Abbildung auf Seite 154

ZITRUSPRESSÉ

ZUTATEN

1 Orange, halbiert
1 Limette, halbiert
1 Zitrone, halbiert
1 Grapefruit, halbiert
175g Zucker
900ml kochendes Wasser
Eiswürfel und Zitronenscheiben zum Servieren

FÜR 8 PERSONEN VORBEREITUNGSZEIT: 10 MINUTEN PLUS KÜHLZEIT ZUBEHÖR: ZITRUSPRESSE

1. Entsaften Sie Orange, Zitrone, Limette und Grapefruit mit der Zitruspresse. Füllen Sie den Saft in einen hitzebeständigen Krug und rühren Sie den Zucker hinein.

2. Geben Sie dann das kochende Wasser hinzu und verrühren Sie alles, bis ein gemischter Saft entsteht, den Sie zwei Stunden lang zugedeckt auskühlen lassen, dann kalt stellen und schließlich mit Eiswürfeln und Zitronenscheiben servieren.

ITALIENISCHER TOMATENSAFT

ZUTATEN

2–3 frische Basilikumblätter
3 reife Eiertomaten, längs halbiert
5ml (1 TL) Zitronensaft
Einige Tropfen Tabasco
Eiswürfel zum Servieren

FÜR 1 PERSON VORBEREITUNGSZEIT: 5 MINUTEN ZUBEHÖR: FRISCHSAFTZENTRIFUGE

1. Entsaften Sie die Basilikumblätter und die Tomaten mit der Frischsaftzentrifuge auf Stufe 1. Anschließend Zitronensaft und Tabasco unterrühren.

2. Servieren Sie den Tomatensaft frisch und auf Eiswürfeln.

Siehe Abbildung auf Seite 154

KAFFEELIKÖR-SMOOTHIE

FÜR 2 PERSONEN VORBEREITUNGSZEIT: 5 MINUTEN ZUBEHÖR: MIXERAUFSATZ

ZUTATEN
200ml Espresso
150ml Milch
30ml (2 EL) Irish-Whiskey-Cremelikör, z. B. Baileys
5–10ml (2 TL) Zucker, wahlweise
4 kleine Bällchen (ca. 200 g) Vanilleeis

1. Kaffee, Milch, Likör und Zucker in den Mixeraufsatz geben. Vanilleeis dazugeben und 10 Sekunden lang auf Stufe 1 mixen lassen. Dann auf die Höchststufe stellen, bis die Flüssigkeit gleichmäßig vermengt ist.

2. Sofort in zwei hohen Gläsern servieren.

SCHOKO-ORANGEN-SMOOTHIE

FÜR 2 PERSONEN VORBEREITUNGSZEIT: 5 MINUTEN ZUBEHÖR: MIXERAUFSATZ

ZUTATEN
400ml Orangensaft
30ml (2 EL) Orangenlikör, z. B. Cointreau
4 kleine Bällchen (ca. 200 g) Schokoladeneis

1. Mixen Sie Orangensaft, Likör und Schokoladeneis 10 Sekunden lang auf Geschwindigkeitsstufe 1 oder 2 im Mixeraufsatz. Dann auf die Höchststufe stellen und mixen, bis die Flüssigkeit gleichmäßig vermischt ist.

2. Sofort in zwei hohen Gläsern servieren.

PFIRSICH-BELLINI

FÜR 6 PERSONEN VORBEREITUNGSZEIT: 5 MINUTEN ZUBEHÖR: FRISCHSAFTZENTRIFUGE

ZUTATEN
3 reife Pfirsiche, halbiert und entsteint
45ml (3 EL) Grenadine
1 Flasche trockener Sekt, gekühlt

1. Entsaften Sie mit der Frischsaftzentrifuge die Pfirsichhälften in einen großen Krug. Rühren Sie dann die Grenadine unter und füllen Sie den Krug mit dem Sekt auf.

2. Servieren Sie den Bellini sofort in Weingläsern.

IRISH COFFEE

ZUTATEN
- 45ml (3 EL) Kaffeebohnen
- 350ml Wasser
- 90ml Sahne/Obers
- 60ml (4 EL) irischer Whiskey
- 10ml (2 TL) Zucker
- Kakaopulver zum Bestreuen

FÜR 2 PERSONEN **VORBEREITUNGSZEIT:** 10 MINUTEN
ZUBEHÖR: KRÄUTER- UND GEWÜRZMÜHLE/BALLONSCHNEEBESEN

1. Mahlen Sie die Kaffeebohnen in der Kräuter- und Gewürzmühle und kochen Sie mit den 350ml Wasser einen Kaffee.

2. Mit dem Ballonschneebesen wird als nächstes die Sahne/das Obers geschlagen, bis sie/es eine mittelfeste Konsistenz erreicht. Erwärmen Sie zwei Irish-Coffee-Gläser, indem Sie heißes, jedoch nicht kochendes Wasser hineinfüllen und die Gläser eine Minute stehen lassen und dann das Wasser wieder ausgießen.

3. Füllen Sie nun den Kaffee in die Gläser und rühren Sie den Whiskey und den Zucker unter. Halten Sie dann einen Löffel verkehrt herum direkt über den Kaffee und gießen Sie die Sahne/das Obers über die Rückseite des Löffels, damit sie/es den Kaffee bedeckt, sich aber nicht damit vermengt.

4. Streuen Sie jetzt noch Kakaopulver darüber und servieren Sie den Irish Coffee sofort.

MOCHA FINO

FÜR 1 PERSON **VORBEREITUNGSZEIT:** 5 MINUTEN **KOCHDAUER:** 5 MINUTEN
ZUBEHÖR: KRÄUTER- UND GEWÜRZMÜHLE

ZUTATEN
- 45ml (3 EL) Kaffeebohnen
- 120ml Wasser
- 120ml Milch
- 10ml (2 TL) Zucker
- 1,25 ml (1/4 TL) Kakaopulver
- 1,25 ml (1/4 TL) gemahlener Zimt
- 15ml (1 EL) Bitterschokolade, geraspelt

1. Mahlen Sie die Kaffeebohnen in der Kräuter- und Gewürzmühle und kochen Sie in der Kaffeemaschine oder in der Espressomaschine mit dem Wasser einen Kaffee.

2. Erhitzen Sie währenddessen die Milch, bis sie fast kocht. Mischen Sie Zucker, Kakao und Zimt in einer Tasse, gießen Sie den Kaffee darüber und rühren Sie die Mischung gut um.

3. Gießen Sie dann noch die heiße Milch in den Kaffee, streuen Sie Schokoraspel auf die Oberfläche und servieren Sie ihn sofort.

ERDBEER-MELONEN-FRAPPÉ

ZUTATEN
125 g Erdbeeren, halbiert
1/4 Honigmelone oder Galia-Melone, geschält und in Stücke geschnitten
2 Eiswürfel
10ml (2 TL) Streuzucker

FÜR 1 PERSON VORBEREITUNGSZEIT: 10 MINUTEN PLUS GEFRIEREN ZUBEHÖR: MIXERAUFSATZ

❶ Legen Sie die Erdbeeren in einen mit Frischhaltefolie ausgelegten Behälter und frieren Sie die Früchte 1 1/2 Stunden ein.

❷ Geben Sie danach die Melonenstücke, Erdbeeren, Eiswürfel und Zucker in den Mixeraufsatz plus 30ml (2 TL) Wasser. Lassen Sie dann die Zutaten zu einer Masse mit eisähnlicher Struktur mixen.

Variation Mit 15–30ml (1–2 TL) griechischem Joghurt statt Wasser können Sie ein cremiges Frappé zaubern.

INGWER-SMOOTHIE

ZUTATEN
300ml Milch
6 Stücke Ingwer in Sirup
30ml (2 EL) Ingwersirup
4 kleine Bällchen (ca. 200 g) Vanilleeis

FÜR 2 PERSONEN VORBEREITUNGSZEIT: 5 MINUTEN ZUBEHÖR: MIXERAUFSATZ

❶ Geben Sie Milch, Ingwer und Sirup in den Mixeraufsatz. Fügen Sie dann das Eis hinzu und mixen Sie die Zutaten 15 Sekunden lang auf Stufe 1. Anschließend 30 Sekunden auf Höchststufe mixen, bis die Flüssigkeit gleichmäßig vermischt ist.

❷ Den Smoothie dann in zwei Gläser gießen und sofort servieren.

HIMBEER-ORANGEN-JOGHURTDRINK

ZUTATEN
450 g Himbeerjoghurt
250ml Orangensaft
150 g gefrorene Himbeeren
150 g Vanillejoghurt, gefroren

FÜR 4 PERSONEN VORBEREITUNGSZEIT: 5 MINUTEN ZUBEHÖR: MIXERAUFSATZ

❶ Geben Sie den Himbeerjoghurt und den Orangensaft in den Mixeraufsatz, die gefrorenen Himbeeren und den gefrorenen Vanillejoghurt obenauf.

❷ Lassen Sie alles 15 Sekunden lang auf Geschwindigkeitsstufe 1 mixen. Dann auf Höchststufe stellen, bis die Flüssigkeit gleichmäßig vermengt und cremig ist. Sofort in hohen Gläsern servieren.

Siehe Abbildung auf Seite 154

SPRUDEL-LIMONADE

ZUTATEN

4 Zitronen, halbiert

225 g Zucker

Mineralwasser, gekühlt, zum Servieren

FÜR 8–10 PERSONEN VORBEREITUNGSZEIT: 10 MINUTEN PLUS KÜHLZEIT KOCHDAUER: 5 MINUTEN
ZUBEHÖR: ZITRUSPRESSE

1. Entsaften Sie die Zitronenhälften mit der Zitruspresse. Erhitzen Sie den Saft dann zusammen mit dem Zucker auf kleiner Flamme unter ständigem Rühren, bis sich der Zucker aufgelöst hat. Gießen Sie den Saft in einen Krug, decken Sie ihn ab und lassen Sie ihn auskühlen.

2. Servieren Sie nur ein wenig von dem Konzentrat in einem Glas und füllen Sie dann mit Mineralwasser auf.

Siehe Bild unten.

KAROTTEN-INGWER-ERFRISCHUNG

ZUTATEN

2,5 cm frische Ingwerwurzel

3 Karotten

1 Orange, geschält und zerteilt

FÜR 1 PERSON VORBEREITUNGSZEIT: 5 MINUTEN
ZUBEHÖR: FRISCHSAFTZENTRIFUGE

1. Entsaften Sie den Ingwer und die Karotten mit der Frischsaftzentrifuge und geben Sie anschließend die Orangenstücke hinzu.

2. Rühren Sie die verschiedenen Säfte so lange zusammen, bis sie sich gut vermischt haben, und servieren Sie den Saft sofort.

BANANEN-SHAKE

ZUTATEN

2 Bananen, geschält und halbiert

200ml Milch

2,5ml (1/2 TL) Vanillearoma

4 Bällchen Vanilleeis

FÜR 2 PERSONEN VORBEREITUNGSZEIT: 5 MINUTEN
ZUBEHÖR: MIXERAUFSATZ

1. Geben Sie Bananen, Milch, Vanillearoma und Vanilleeis in den Mixeraufsatz und lassen Sie alles auf Stufe 1 oder 2 mixen, bis die Zutaten gleichmäßig vermischt sind.

2. Gießen Sie den Bananen-Shake in zwei Gläser und servieren Sie den Shake sofort.

Sie werden Ihre Kenwood Chef und Major immer wieder gerne für die folgenden Grundrezepte benutzen. Dieses Kapitel zeigt Ihnen verschiedene Teigvariationen wie z. B. Mürbeteig mit Nüssen oder Haferschrot, süße Teige für Torten und Kuchen, Blätterteig und Brandteig für Profiteroles und Gougère.

Leichtes und luftiges Weißbrot, Pfannkuchen und Crêpes sind auch ein Kinderspiel. Zum Abschluss finden Sie noch Rezepte für eine Mandelpaste und eine Tortenglasur für Festtagstorten in verschiedenen Größen.

GRUNDREZEPTE

WEISSBROT

ZUTATEN
15 g frische Hefe oder
7 g Trockenhefe
300ml lauwarmes Wasser
5ml (1 TL) Zucker
450g Mehl
7,5g (1 1/2 TL) Salz

Das Hüttenbrot ist auf Seite 162 im Hintergrund abgebildet.

ERGIBT 1 BROT VORBEREITUNGSZEIT: 20 MINUTEN PLUS GEHZEIT BACKZEIT: 25–30 MINUTEN
ZUBEHÖR: KNETHAKEN

1. Sollten Sie frische Hefe verwenden, mischen Sie die Hefe mit der Hälfte des Wassers und des Zuckers. Lassen Sie die Mischung 15 Minuten ruhen. Geben Sie dann das Mehl und das Salz in die Kenwood Schüssel. Sollten Sie Trockenhefe verwenden, geben Sie diese mit dem Zucker zum Mehl.

2. Kneten Sie nun mit dem Knethaken die Hefemischung auf unterster Stufe unter das Mehl und geben Sie das restliche Wasser hinzu (oder das gesamte Wasser bei Trockenhefe), bis ein weicher Teig entsteht.

3. Kneten Sie alles 1 Minute auf niedrigster Stufe und weitere vier Minuten auf Geschwindigkeitsstufe 1, bis der Teig weich und elastisch ist. Decken Sie nun den Teig in der Kenwood Schüssel mit einer eingeölten Frischhaltefolie ab und lassen Sie den Teig zum Gehen für 1 Stunde oder bis sich die Teigmenge verdoppelt hat an einem warmen Ort ruhen.

4. Anschließend kneten Sie den Teig nochmals mit dem Knethaken auf niedrigster Stufe für 30–60 Sekunden durch. Geben Sie den Teig auf eine leicht bemehlte Arbeitsplatte und formen Sie ihn. Decken Sie ihn wieder mit einer eingeölten Frischhaltefolie ab und lassen Sie ihn weitere 30 Minuten gehen oder bis sich die Teigmenge nochmals verdoppelt hat.

5. Heizen Sie den Backofen auf 220 °C vor und backen Sie das Brot 25–30 Minuten oder bis es goldbraun ist.

Variationen
Rundbrot Formen Sie den Teig zu einer Kugel. Kneten Sie den Rand zur Mitte hin, drehen Sie den Teig um und geben Sie ihn auf ein gefettetes Backblech. Ritzen Sie die Oberfläche ein.
Hüttenbrot Erhöhen Sie die Zutatenmengen (außer die Hefe) um 50 %. Teilen Sie den Teig in 2/3 und 1/3 und formen Sie zwei Kugeln. Geben Sie diese auf ein gefettetes Backblech, decken Sie den Teig ab und lassen Sie ihn für 20 Minuten gehen. Ritzen Sie nun die größere Teigkugel kreuzförmig (etwa 4 cm) ein. Bepinseln Sie den Schnitt mit Wasser und setzen Sie die kleinere Teigkugel obenauf. Drücken Sie mit zwei Fingern eine Öffnung in die Mitte der oberen Teigkugel. Lassen Sie den Teig nochmals 10 Minuten gehen und backen Sie ihn anschließend 30–35 Minuten lang.
Klassische Kastenform Formen Sie den Teig als Rechteck in der Länge einer Kastenform. Rollen Sie ihn längsseits ein, schlagen Sie die Teigenden unter und geben Sie den Teig in eine Kastenform (Fassungsvermögen 900 g). Lassen Sie den Teig ruhen, bis er sich fast verdoppelt hat, bestäuben Sie ihn mit Mehl und setzen Sie einen Schnitt über die gesamte Länge des Brotes.

BRANDTEIG

ZUTATEN
225ml kaltes Wasser
75 g Butter
115 g Mehl
Eine Prise Salz
3 Eier, leicht aufgeschlagen

ERGIBT CA. 30 PROFITEROLES ODER 12–16 ECLAIRS ODER 1 GOUGÈRE VORBEREITUNGSZEIT: 10 MINUTEN
ZUBEHÖR: FOOD PROZESSOR

1. Setzen Sie das Edelstahlmesser in den Food Prozessor ein. Geben Sie das Wasser und die Butter in eine Pfanne und erhitzen Sie sie langsam, bis die Butter schmilzt, und kochen Sie dann alles auf.

2. Nehmen Sie die Pfanne von der Kochplatte und geben Sie das Mehl dazu. Verrühren Sie nun alles mit einem Holzlöffel. Stellen Sie die Pfanne wieder auf den Herd und erhitzen Sie die Masse für einige Sekunden auf kleinster Stufe, bis sich der Teig von der Pfanne löst und sich zu einer Kugel formt. Bitte achten Sie darauf, den Teig nicht zu stark zu verrühren.

3. Geben Sie die Masse nun in den Food Prozessor. Schalten Sie die Küchenmaschine auf Minimalgeschwindigkeit ein und geben Sie nun nach und nach die Eier durch die Einfüllöffnung hinzu. Lassen Sie alles mischen, bis sich ein fester, glänzender Teig bildet. Nicht zu lange mischen lassen, sonst wird der Teig zu dünn. Nun verwenden Sie den Teig wie gewünscht.

Tipp vom Koch: Brandteig kann sowohl fur Windbeutel, Profiteroles, Eclairs als auch für Gougère verwendet werden. Für süßes Gebäck können 5–10 ml (1–2 TL) Zucker hinzugefügt werden. Geriebener Käse, Kräuter oder Paprika sind ideal für pikantes Gebäck.

MÜRBETEIG UND VARIATIONEN

ZUTATEN
175 g Mehl
Eine Prise Salz
85 g Butter oder Margarine, in kleinen Stücken
oder 50:50-Mischung: Butter oder Margarine und Schweineschmalz oder Pflanzenfett
35–40ml (2–3 EL) kaltes Wasser

ERGIBT 250 g TEIG, AUSREICHEND FÜR EINE SPRINGFORM MIT 20–23 CM DURCHMESSER
VORBEREITUNGSZEIT: 10 MINUTEN PLUS ABKÜHLZEIT ZUBEHÖR: K-HAKEN

1. Geben Sie Mehl, Salz und Fett in die Kenwood Schüssel. Lassen Sie die Zutaten mit dem K-Haken auf Stufe 2 kneten, bis feine Streusel entstehen.

2. Geben Sie nun unter Rühren löffelweise das Wasser dazu, bis sich ein Teig bildet.

3. Der Teig wird auf eine bemehlte Arbeitsfläche gelegt und zu einen flachen Ball geformt. Bearbeiten Sie den Teig nicht zu stark und wickeln Sie ihn anschließend in Frischhaltefolie. Nun wird der Teig zum Kühlen und Ruhen für 30 Minuten in den Kühlschrank gelegt und dann ausgerollt.

Variationen

Hafermehl-Mürbeteig Ersetzen Sie 75 g Mehl durch 50 g Hafermehl und 25 g Vollkornmehl.
Nuss-Mürbeteig Geben Sie 25 g fein gehackte Mandeln, Haselnüsse oder Walnüsse zu den Streuseln.
Reichhaltiger Mürbeteig Ersetzen Sie einen Teil des Wassers durch ein Eigelb oder ein ganzes Ei (leicht geschlagen). In Schritt 2 wird dann zunächst das Ei und danach das Wasser hinzugegeben, um den Teig herzustellen.
Süßer reichhaltiger Mürbeteig Fügen Sie 10–15 ml (2–3 TL) Streuzucker am Ende von Schritt 1 hinzu.

Der Mürbeteig ist auf Seite 162 abgebildet.

BLÄTTERTEIG

ERGIBT CA. 1,2 KG TEIG VORBEREITUNGSZEIT: 20 MINUTEN PLUS RUHE- UND KÜHLZEIT
ZUBEHÖR: K-HAKEN

Der Blätterteig ist als „Vol-au-vents" auf Seite 162 abgebildet.

ZUTATEN
225 g Stärkemehl
225 g weißes Mehl
2,5ml (1/2 TL) Salz
450 g Butter
10ml (2 TL) Zitronensaft oder Weißweinessig
280ml eiskaltes Wasser

1. Geben Sie Mehl und Salz in die Kenwood Schüssel. Fügen Sie 50 g Butter hinzu und lassen Sie den K-Haken die Zutaten auf Stufe 1 mischen. Die restliche Butter formen Sie zu einem 2 cm dicken Block.

2. Vermischen Sie mit dem K-Haken Zitronensaft, genügend eiskaltes Wasser und Mehl, um einen weichen, elastischen Teig zu erhalten. Geben Sie den Teig nun auf eine bemehlte Fläche und rollen Sie ihn zu einer rechteckigen Form aus, etwas breiter und knapp doppelt so lang wie der Butterblock.

3. Geben Sie den Butterblock auf die eine Hälfte des Teiges und falten Sie die andere Hälfte des Teiges darüber. Drücken Sie die Teigenden zusammen, um sie zu verschließen. Wickeln Sie den Teig in Frischhaltefolie und lassen Sie ihn 15 Minuten abkühlen.

4. Drücken Sie den Teig sanft mit dem Nudelholz und rollen Sie ihn dann in ein ca. 2 cm dickes und ca. zweimal so langes wie breites Rechteck aus.

5. Falten Sie das untere Drittel nach oben und das obere Drittel nach unten. Den Teig nun abgedeckt 20 Minuten abkühlen lassen.

6. Geben Sie den Teig auf eine leicht bemehlte Arbeitsplatte. Wiederholen Sie das Ausrollen, Falten und Abkühlen wie in Schritt 4 und 5 beschrieben noch fünfmal, wobei Sie nach jedem Ausrollen und Falten den Teig um ein Viertel drehen.

7. Sollte die Butter im Teig sichtbar werden, bestreuen Sie sie mit Mehl und lassen Sie den Teig 1 Stunde abkühlen, bevor Sie ihn weiter verarbeiten.

Tipp vom Koch: Da Blätterteig sehr gut eingefroren werden kann, ist es sinnvoll, eine größere Menge herzustellen.

PFANNKUCHEN UND CRÊPES (PALATSCHINKEN)

ERGIBT 8 PFANNKUCHEN ODER CRÊPES VORBEREITUNGSZEIT: 5 MINUTEN PLUS RUHEZEIT
KOCHDAUER: 15 MINUTEN ZUBEHÖR: BALLONSCHNEEBESEN

ZUTATEN

115 g Mehl
Eine Prise Salz
1 Ei
280ml Milch
Etwas Öl zum Ausbacken

1. Geben Sie Mehl, Salz, das Ei und ein Viertel der Milch in die Kenwood Schüssel. Vermischen Sie die Zutaten mit dem Ballonschneebesen auf Geschwindigkeitsstufe 1, bis ein weicher Teig entsteht. Nun nach und nach die restliche Milch unter Rühren hinzufügen.

2. Füllen Sie den Teig in einen Krug, decken Sie diesen ab und lassen Sie den Teig 30 Minuten ruhen, so dass sich die Stärke entwickeln kann und ein leichter Teig entsteht.

3. Erhitzen Sie etwas Öl in einer Pfanne mit ca. 20 cm Durchmesser und geben Sie gerade so viel Teig in die Pfanne, um den Boden dünn zu bedecken. Schütteln Sie die Pfanne leicht, so dass sich der Teig gleichmäßig in der Pfanne verteilt.

4. Backen Sie den Pfannkuchen auf mittlerer Hitze ca. eine Minute oder bis dieser goldbraun ist. Wenden Sie den Pfannkuchen und backen Sie ihn weitere 30 Sekunden oder bis er goldbraun ist.

5. Geben Sie ihn auf einen Teller. Backen Sie nun aus dem restlichen Teig etwa 8 Pfannkuchen und stapeln Sie diese auf einem Teller übereinander (eventuell mit Pergamentpapier zwischen den einzelnen Pfannkuchen). Halten Sie die fertigen Pfannkuchen im Backofen warm, während Sie den restlichen Teig verarbeiten.

6. Bestreuen Sie die Pfannkuchen mit Zucker und/oder beträufeln Sie sie mit Zitronensaft, bevor Sie sie servieren.

MANDELPASTE

ERGIBT 450 g MANDELPASTE VORBEREITUNGSZEIT: 10 MINUTEN ZUBEHÖR: K-HAKEN

ZUTATEN

225 g geriebene Mandeln
115 g Puderzucker
115 g Zucker
1 Ei, leicht aufgeschlagen
5ml (1 TL) Zitronensaft
1–2 Tropfen Vanille- oder Mandelaroma

Mengenangaben für Mandelpaste:

15 cm Ø oder 12 cm viereckiger Kuchen:
350 g Mandelpaste
18 cm Ø oder 15 cm viereckiger Kuchen:
450 g Mandelpaste
20 cm Ø oder 18 cm viereckiger Kuchen:
550 g Mandelpaste
25 cm Ø oder 23 cm viereckiger Kuchen:
900 g Mandelpaste
30 cm Ø oder 28 cm viereckiger Kuchen:
1,1 kg Mandelpaste

1. Geben Sie alle Zutaten in die Kenwood Schüssel. Vermischen Sie die Zutaten mit dem K-Haken auf niedrigster Stufe, bis sich eine Paste bildet.

2. Geben Sie die Paste nun auf eine mit etwas Puderzucker bestäubte Arbeitsplatte und kneten Sie die Masse zu einer Kugel. Decken Sie die Paste bis zur weiteren Verwendung ab.

Tipp vom Koch: Falls Sie auf die Verwendung eines rohen Eies verzichten wollen, ersetzen Sie dieses durch Wasser.

Tortenguss aus Mandelpaste

1. Zuerst stellen Sie eine Aprikosenglasur her, indem Sie 115 g Aprikosenmarmelade mit 30ml (2 EL) Wasser erhitzen, schmelzen lassen und dann unter Rühren aufkochen lassen. Absieben und warm verwenden.

2. Wenn die Oberfläche Ihres Kuchens sehr ungleichmäßig ist, können Sie ihn auch wenden, so dass die flache Unterseite zur ebenmäßigen Oberfläche wird.

3. Messen Sie nun den Umfang des Kuchens mit einem Küchenfaden ab und mit einem zweiten den Durchmesser des Kuchens, um die Menge an Mandelpaste zu bemessen, die nötig ist, um den Kuchen an den Seiten und auf der Oberfläche zu bedecken.

4. Auf einer mit Puderzucker bestäubten Arbeitsplatte rollen Sie 2/3 der Mandelpaste aus, lang genug, um den gesamten Rand des Kuchens zu bedecken (verwenden Sie den Küchenfaden als Längenmaß). Schneiden Sie die Mandelpaste entsprechend und rollen Sie sie locker auf.

5. Bestreichen Sie den Rand des Kuchens mit der Aprikosenglasur und entrollen Sie die Mandelpaste um den Kuchen herum. Gleichen Sie den Rand mit Hilfe eines Messers oder Spatels aus. Rollen Sie nun mit einem glatten Marmeladenglas am Kuchenrand entlang, um so die Paste mit dem Kuchen zu verbinden.

6. Rollen Sie jetzt die verbliebene Mandelpaste aus, um den Kuchen vollständig oben abzudecken. Bestreichen Sie den Kuchen mit Aprikosenglasur und heben Sie die Paste mit Hilfe eines Nudelholzes auf den Kuchen. Rollen Sie die Paste sacht auf den Kuchen und lassen Sie ihn dann 1–2 Tage austrocknen.

FESTTAGSGLASUR

ZUTATEN

2 Eiweiß
450 g Puderzucker, gesiebt
5ml (1 TL) Glyzerin

Mengenangaben für Festtagsglasur:

15 cm Ø oder 12 cm viereckiger Kuchen:
450 g Festtagsglasur

18 cm Ø oder 15 cm viereckiger Kuchen:
550 g Festtagsglasur

20 cm Ø oder 18 cm viereckiger Kuchen:
700 g Festtagsglasur

25 cm Ø oder 23 cm viereckiger Kuchen:
1 kg Festtagsglasur

30 cm Ø oder 28 cm viereckiger Kuchen:
1,4 kg Festtagsglasur

ERGIBT 450 g GLASUR VORBEREITUNGSZEIT: 15 MINUTEN PLUS WARTEZEIT ZUBEHÖR: K-HAKEN

1 Geben Sie die beiden Eiweiße in die Kenwood Schüssel und schlagen Sie mit dem K-Haken auf niedrigster Geschwindigkeitsstufe langsam den Puderzucker unter.

2 Geben Sie so lange den Puderzucker hinzu bis die Mischung steif ist und in sanften Spitzen hochsteht, ideal zum Glasieren eines Kuchens.

3 Geben Sie nun das Glyzerin hinzu, um zu vermeiden, dass die Glasur hart wird. Soll ein mehrstufiger Kuchen glasiert werden, ist eine feste Oberfläche nötig, um die Stufen zu unterstützen. Deshalb können Sie dann auf das Glyzerin verzichten.

4 Geben Sie die Glasur nun in einen luftdichten Behälter, um das Austrocknen der Glasur zu vermeiden, bis diese aufgebraucht wird. Die Glasur sollte sowieso einige Stunden ruhen, damit entstandene Luftblasen an die Oberfläche treten können.

Für eine spitze „Schnee"-Glasur

Sorgen Sie dafür, dass die Glasur gerade fest genug ist, um mit dem Rücken eines Löffels wohlgeformte Spitzen zu formen. Geben Sie die Glasur auf den Kuchen und kreieren Sie die Schneespitzen mit einem Löffel. Lassen Sie den Kuchen 24 Stunden trocknen.

Für eine flache Glasur

1 Geben Sie die Glasur auf die Mandelpaste. Geben Sie beinahe die Hälfte der Glasur auf die Oberfläche des Kuchens und verteilen Sie diese gleichmäßig mit einem Spachtelmesser. Gehen Sie zügig vor, um Luftbläschen zu entfernen.

2 Ziehen Sie nun einen Gussabzieher mit leichtem Druck über die Oberfläche und entfernen Sie überflüssige Glasur. Wenn möglich, lassen Sie den Kuchen 24 Stunden trocknen.

3 Um die Ränder zu glasieren, stellen Sie den Kuchen auf einen Rost. Bestreichen Sie den Kuchenrand gleichmäßig mit einem Messer. Danach ziehen Sie das Messer oder einen Spatel um den Kuchen herum, um die Fläche auszugleichen.

4 Bei einem Kastenkuchen bestreichen Sie eine Seite nach der anderen.

5 Für eine wirklich feine Bearbeitung verstreichen Sie eine zweite, dünnere Schicht der Glasur. Verwenden Sie ein feines Sandpapier, um Unebenheiten auszugleichen, bevor Sie die Schicht aufstreichen. Bürsten Sie lose Glasurstücke mit einem sauberen Backpinsel von der Oberfläche.

Ein Leitfaden für Küchenfachausdrücke, Zubereitungsmethoden und Zutaten, die in bestimmten Ländern möglicherweise weniger gut verfügbar sind.

Abreiben - dünnes Abschaben der Schalen von Zitrus oder anderen Früchten oder Gemüse.

Abschrecken - Rasches Abkühlen von heißem Gemüse. Dieses wird nach dem Kochen unter fließend kaltes Wasser gehalten - so wird der Garprozess schlagartig unterbrochen.

Al Dente - Die italienische Bezeichnung für knapp weich gekochte Nudeln, die noch "Biss" haben.

Amaretto di Saronno - Der bekannteste italienische Likör mit Mandel- und Marillegeschmack, als auch mit aromatischen Extrakten versehen.

Anti-Haft-Backpapier - Ein beschichtetes Papier, das in Backformen oder auf Backblechen ausgelegt wird, um ein Ankleben des Backgutes zu verhindern.

Apfelwein - Ein kohlensäurehaltiges alkoholisches Getränk aus vergörenen Äpfeln. Kann durch Apfelsaft mit oder ohne Kohlensäure ersetzt werden. Fügen sie Brandy oder Calvados hinzu, um den Geschmack zu variieren.

Aubergine - Auch bekannt als Eierpflanze.

Auflaufförmchen - kleines rundes, geradflankiges Gefäß oder Schälchen aus Steingut, Porzellan oder Glas zum Zubereiten oder Servieren bestimmter Gerichte wie Soufflés oder Pasteten.

Backform - Rechteckige Form mit hohen Wänden zum Backen von Brot und Kuchen.

Back-Natron - Ein anderer Name für Backpulver.

Backpulver - Ein zum Backen verwendetes Treibmittel. Es handelt sich um eine Mischung aus Natriumhydrogencarbonat (kurz Natron; Handelsname: Speise- oder Backsoda) und einem Säuerungsmittel, normalerweise Zitronen- oder Weinsäure. Diese produzieren Kohlendioxid, welches sich während des Backvorgangs ausdehnt und das jeweilige Gebäck im Ofen aufgehen lässt.

Bain Marie (franz.) - (Wasserbad) - Ein Kochverfahren, bei dem der direkte Kontakt mit der Wärmequelle vermieden werden soll. Ein Bräter oder ein tiefer Topf wird zur Hälfte mit heißem Wasser gefüllt. Empfindliche oder heikle Gerichte wie Puddings, Terrinen und Eiercremes werden nur indirekt über das heiße Wasser erhitzt und laufen nicht Gefahr überhitzt zu werden.

Balsamico-Essig - Italienischer, im Eichenfass gereifter Essig, der sich durch süßsauren Geschmack und dunkelbraune Farbe auszeichnet.

Bestäuben - Bestreuen von Kochgut oder Backwaren mit Puderzucker, Kakao oder Mehl, normalerweise mit Hilfe eines Siebs.

Blanchieren - Bezeichnung für das kurze Überbrühen von Gemüse, Obst oder Nüssen, um diese leichter häuten zu können (z. B. Tomaten, Mandeln, Pfirsiche). Für die Zubereitung vieler Gerichte ist das Blanchieren der erste Kochschritt, um beispielweise die Farbe von Kräutern und Gemüse zu bewahren, die in einem späteren Schritt länger gegart oder gekocht werden müssen.

Blauschimmelkäse - Eine Art von Edelpilzkäse, meistens hergestellt aus Kuhmilch, z. B. Stilton, Gorgonzola, Roquefort, Dolcelatte.

Blindbacken - Bezeichnung für das Vorbacken von Tortenböden ohne Füllung. Der Tortenboden wird mit Backpapier ausgelegt und mit Trockenbohnen oder Backbohnen aus Keramik beschwert, damit der Teig während des Backvorgangs nicht aufgehen kann.

Bouquet garni - Kleines Kräutersträußchen, das zum Aromatisieren verschiedener Gerichte wie Eintöpfe, Suppen und Saucen mitgekocht wird. Die Kräuter werden entweder in ein Musselin-Säckchen gefüllt oder mit dem äußeren Blatt einer Lauchstange umwickelt. An einem Bindfaden befestigt wir das Bouquet garni beim Kochen in das jeweilige Gericht getaucht, und vor dem Servieren wieder herausgenommen. Das Bouquet garni besteht traditionell aus 3 Stängeln Petersilie, 2 Lorbeerblättern und 2 Thymianzweiglein.

Brie - Ein französischer Vollfettkäse hergestellt aus Kuhmilch, welcher eine weiche Konsistenz hat, umhüllt von einer weichen, weißen Kruste.

Brioche - Kleines französisches Hefegebäck. Der Hefeteig enthält Butter, Eier und Zucker und wird in Form eines "Cottage Loaf", entweder als kleiner Wecken oder als großer Laib gebacken. Brioche ist ein beliebtes Frühstücksgebäck und ist zudem dealer Ersatz für Biskuit oder Brot in Trifles oder in Bread-and-Butter-Puddings.

Brühe (Bouillon) - Eine mit Aromen angereicherte, aus Fleisch, Fisch, Geflügel oder Gemüse hergestellte Flüssigkeit. Brühe dient als Grundlage für die Zubereitung von Saucen, Eintöpfen, Suppen und anderen schmackhaften Gerichten.

Buchweizen - Auch Sarrazin, Blè Noir, Beaucuit oder Bucail genannt. Es ist ein kleiner, trianglförmig, kornähnlicher Samen, wessen Geschmack an Buchecker erinnert.

Bulgurweizen - Auch Boulghour, Bulghur oder Burghul oder vorgekochter Weizen genannt. Bulgur wird aus Hartweizen hergestellt, der noch den Getreidekeim enthält. Er wird gekocht und getrocknet, und nach der Trocknung wird die freigelegte Kleie entfernt.

Bündel - Eine genaue Menge von Zutaten, welche in einem Zubehör oder Schüssel verarbeitet werden.

Cajun-Gewürze - Eine fertige Gewürzmischung wie sie typisch für die Gegend in und um New Orleans ist. Diese Mischung enthält Chilipulver, Piment, Pfeffer, Knoblauch, Ingwer und Piment. Sie kann durch jede mexikanische, jamaikanische oder kreolische Gewürzmischung ersetzt werden.

Cheddar -Ein mittelharter englischer Vollfettkäse, welcher mittlerweile weltweit produziert wird. Er kann durch Gruyère, Emmentaler oder Monterrey Jack ersetzt werden.

Coulis - Französische Bezeichnung für ein glattes Püree aus frischen Früchten oder Gemüse.

Couscous - Ein Grundnahrungsmittel der nordafrikanischen Küche, das aus zerriebenem Hartweizengrieß besteht. Für die Zubereitung Couscous mit kochendem Wasser quellen lassen und dann 5 Minuten stehen lassen. Servieren.

Crème Double (Doppelrahm) - Ein besonders gehaltvolles koch- und löffelfestes Sahneerzeugnis zum Verfeinern von Suppen, Saucen und Desserts.

Crème Fraîche - Ein französisches Sahneerzeugnis aus Kuhmilch. Sie hat einen leicht säuerlichen Geschmack und ist von dicker Konsistenz. Als Ersatz, wenn keine Crème Fraîche zur Hand, kann Sauerrahm verwendet werden.

Crêpes - Französischer Pfann- oder Eierkuchen; der vorbereitete Teig wird in einer flachen Pfanne hauchdünn verteilt und dann ausgebacken.

Demerara-Zucker (spezielle Art von Rohrzucker) - Demerara-Zucker zeichnet sich durch seine goldbrauner Farbe und relativ große glänzende Zuckerkristalle aus und eignet sich gut zum Dekorieren von Kuchen und Keksen.

Durchschlagen - Bezeichnung für das Kneten von Hefeteig nach der Ruhephase. Durch das Durchschlagen erhält man einen glatten, homogenen Teig.

Einfetten - Einreiben einer Backform oder Ähnlichem mit Öl, Butter oder Margarine um das Anbacken zu verhindern.

Emmentaler - Mittelharter Vollfettkäse, der ursprünglich aus der Schweiz stammt. Er hat eine feste, glatte Oberfläche und zeichnet sich durch einen mild-würzigen leicht nussigen Geschmack aus.

Entkernen - Obst oder Gemüse bei dem der Samen entfernt wurde.

Feta - Griechischer Vollfettkäse ursprünglich aus Schafmilch welche heute in der Regel aus Kuhmilch hergestellt und in Salzlake gelagert wird.

Filo - oder Filloteig - Eine in der griechischen und arabischen Küche häufig verwendete Teigart, die an Blätter- oder Strudelteig erinnert. Filoteig ist tiefgefroren oder im Kühlregal in Form von fertig geschnittenen Teigblättern erhältlich.

Flambiert - Aromatisieren von Gerichten mit Alkohol, meist Rum oder Branntwein. Durch das Anzünden verbrennt der Alkoholgehalt.

Flanform - Eine runde flache Form, oft auch als Springform erhältlich, zum Backen von Pies, Kuchen und Flans.

Frischhaltefolie - Eine durchsichtige elastische Folie zum Abdecken und Aufbewahren.

Fudge - weiches, nicht klebriges Karamellkonfekt aus Zucker, Butter und Kondensmilch.

Gelatine - Wird als Geliermittel verwendet. Gelatine wird aus tierischem Eiweiß gewonnen und ist in Pulverform oder als Blattgelatine erhältlich.

Gelbe Kohlrübe - Wurzel mit leicht süßem Geschmack und orange-gelber Fleischfarbe. Oft verwendet in Eintöpfen, salzigen Gerichten oder püriert als Beilage.

Gerinnen - Beschreibt das Ausfällen der Sauce oder cremigen Masse nach der Zugabe von Ei. Dies geschieht entweder durch Überhitzen oder zu schnelles Einrühren des Eis in die Sauce. Bei der Verwendung von Trockenei nur eine kleine Menge in die Masse geben, damit die Masse wieder ihre richtige Konsistenz erhält.

Ghee - geklärte Butter, die in der indischen Küche als Zutat weit verbreitet ist (siehe auch "geklärte Butter").

Geklärte Butter (Butterschmalz) - Durch das "Klären" wird der Butter Wasser und Milcheiweiß entzogen. Zurück bleibt das reine Butterfett. Zum Klären die ungesalzene Butter in einem Topf erhitzen und schmelzen. Diese fängt dabei zu schäumen und zu blubbern an. Wenn das blubbernde Geräusch versiegt, Butter vom Feuer nehmen und stehen lassen, bis sich die festen Milchbestandteile auf dem Topfboden abgesetzt haben. Das flüssige Fett vorsichtig abgießen und durch ein Musselin - Tuch streichen. Den Rückstand wegschütten.

Glasieren - Verfahren, bei dem Süßspeisen und würziges Kochgut mit einer bestimmten Flüssigkeit überglänzt oder überzogen werden. Teig oder Brot wird vor dem Backen mit Ei oder Milch bestrichen. Kuchen werden nach dem Backvorgang mit Honig, gekochter Aprikosenmarmelade oder Zuckersirup überzogen.

Gluten - Ein klebriger Proteinbestandteil des Weizens. Der im Mehl enthaltene Glutenanteil variiert und ist mit für die verschiedenen Texturen von Kuchen und Brot verantwortlich.

Glycerin - ist eine dickflüssige, farblose Substanz mit leicht süßlichem Geschmack. Glycerin wird verwendet, um die weiche Beschaffenheit von Royal Icing bzw. Festtagsglasur zu bewahren. Glycerin ist in großen Supermärkten und in den meisten Apotheken erhältlich.

Graupe - Auch Roll- oder Kochgerste genannt, sind geschälte, polierte Gersten- oder Weizenkörner von halb- oder länglich-runder Form. Durch das Schälen werden die Randschichten des Korns entfernt dadurch kocht sie schneller und eignet sich hervorragend zu Suppen.

Griechischer Joghurt - sahniger Naturjoghurt aus Schafsmilch, und daher besonders geeignet für Menschen, die an einer Kuhmilchallergie leiden. Griechischer Joghurt zeichnet sich durch den für ihn typischen säuerlichen Geschmack aus.

Grillen - Garen von Nahrungsmitteln bei hohen Temperaturen durch Strahlungshitze, die entweder von oben oder unten zugeführt wird. Eine gesunde Zubereitungsart, da das Fett normalerweise in eine Auffangpfanne abtropft, und das Kochgut nicht im Fett schwimmt.

Kandierte Kirschen - in Sirup eingelegte Kirschen.

Kaper - Eine Blütenknospe eingelegt in Essig oder in Salzwasser und wird als Gewürz für viele Gerichte verwendet.

Karamel - Ist das Resultat wenn man Zucker oder Zuckersirup sehr langsam kocht und er dadurch eine braune Farbe erhält.

Kirschwasser - klarer Obstbrand, der aus der vergorenen Frucht der Kirsche hergestellt wird. Ein deutsches Produkt.

Kneten - behutsames und gleichzeitig festes Verarbeiten von Brotteig. Durch das beständige Kneten kann sich das im Mehl vorhandene Gluten entfalten.

Knollensellerie - Ein Wurzelgemüse mit weißem Fleisch und einem süßen, nussigen sellerieähnlichen Geschmack.

Köcheln - Langsames und stetiges Kochen von Gargut und Flüssigkeiten auf kleiner Flamme, immer unterhalb des Siedepunktes.

Kochsahne - Eine fettarme, schüttfähige Sahne für die Zubereitung von Suppen, Saucen, Kaffee oder als Garnierung von Desserts und Gebäck.

Kokosnuss Milch Pulver - Getrocknete Kokosmilch zur Verfeinerung einer Vielzahl von Gerichten. Alternativ kann auch Kokoscreme verwendet werden.

Konservieren - Marmelade aus ganzen Früchten.

Koriander - Aromatisches grünes Blattkraut auch als griechische Petersilie bekannt.

Kurz anbraten - Schnelle Art zu Kochen. Das Kochgut in wenig Öl auf hoher Temperatur kurz anbraten, meistens in einem Wok. Das Kochgut immer umrühren bis es gekocht ist.

Lauwarm - etwa Körpertemperatur, d. h. ca, 37 °C.

Maisgries - Ein goldfarbenes Getreideprodukt aus Italien. Daraus wird unter anderem ein weicher schmackhafter Brei hergestellt, die sogenannte Polenta.

Malibu - Weißer mit natürlichem Kokosnussextrakt versetzter Rum. Malibu kann durch Kokosnusslikör ersetzt werden.

Mandelblättchen - hauchdünn geschnittene blanchierte Mandeln.

Marinade - Sauce zum Marinieren. Marinieren beschreibt ein Verfahren, in dem Fleisch oder andere Lebensmittel vor dem Kochvorgang über einen bestimmten Zeitraum in Marinade eingelegt werden, um diese mürbe oder würzig zu machen.

Mark - Die innerste weiße Schicht unter der Schale einer Zitrusfrucht. Das Mark ist normalerweise sehr bitter.

Marmelade - Bezeichnung für eingemachte Zitrusfrüchte bzw. Konfitüre aus Zitrusfrüchten.

Mascarpone - Milder, cremiger Frischkäse italienischen Ursprungs. Er zeichnet sich durch seidig glatte Konsistenz und sahnigen Geschmack aus.

Natriumhydrogencarbonat - (Kurzbezeichnung: Natron, Handelsname: Speise oder Backsoda). Hauptbestandteil von Backpulver, kann aber auch alleine als Backtriebmittel verwendet werden.

Orangenblütenwasser - Fine aromatische Flüssigkeit, die als Nebenprodukt bei der Destillation von Knospen der Sevilla-Orange entsteht. Orangenblütenwasser dient zum Aromatisieren von Gebäck.

Pfeilwurz - Es kann anstatt Mehl verwendet werden, um Saucen oder Glausen einzudicken. Die Pfeilwurz macht eine klare Sauce, ganz anders als Mehl, dieses macht eine dunkle Sauce.

Prosciutto crudo - italienische Bezeichnung für rohen, luftgetrockneten Schinken, ähnlich dem Parma-Schinken.

Puderzucker - Zucker in Pulverform wird meist zur Herstellung von Zuckerguss verwendet.

Püree - zu einem glatten Brei gemixtes/r, passiertes/r oder zerstampftes/r Obst, Gemüse, Fleisch oder Fisch.

Puy Linsen - kleine grüne französische Linsen, können wenn nicht verfügbar durch alle Arten von grünen oder braunen Linsen ersetzt werden.

Quark (Weißkäse) - Weicher feiner Frischkäse mit leicht säuerlichem Geschmack. Sofern kein Quark zu Hand ist, durch Doppelrahmfrischkäse, versetzt mit ein paar Tropfen Zitronensaft, ersetzen.

Reduzieren - Starkes Einkochen von Saucen oder Flüssigkeiten durch kräftiges, schnelles Kochen in einem unbedeckten Topf.

Risotto - Ein italienisches Reisgericht. Der Reis wird in Butter oder Öl angebraten, mit Brühe aufgegossen und mit Fleisch, Meeresfrüchten oder Gemüse, häufig auch mit Parmesan vermengt serviert.

Roggen - Eine Getreidesorte mit niedrigem Glutengehalt. Insbesondere in Europa wird Roggenmehl daher beim Backen von Brot und Knäckebrot häufig mit Weizenmehl vermischt.

Rote Paprika - Große, süß, fleischige Paprika mit milden Geschmack, nicht zu verwechseln mit Chilischoten, auch erhältlich in grün, gelb und orange.

Rucola (Rauke) - Salatpflanze mit intensivem Geschmack, die vor allem in der italienischen und französischen Küche sehr verbreitet ist. Rucola zeichnet sich durch seinen charakteristischen bitteren und leicht schaften Geschmack aus.

Ruhen - Ein in der Zubereitung von Kuchen- oder Brotteig wichtiger Schritt. Durch den Ruheprozess kann sich das im Mehl enthaltene Gluten zusammenziehen. Dies bewirkt, dass sich der Teig besser ausrollen lässt und während des Backvorgangs nicht eingehen kann.

Sardellen-Essenz - Eine reichhaltige Sardellensauce für mehr Geschmack. Diese kann ersetzt werden durch Sardellenpüree, das aus Sardellen aus der Dose gemacht wird. Es wird mit ein wenig Wasser gemixt, um eine Paste zu erhalten.

Sautieren - Kurzes Anbraten von Kochgut in einer kleinen Menge Fett/Öl, wobei das Kochgut schnell braune Farbe annimmt.

Scharf anbraten - Fleisch kurz in ein wenig heißem Fett anbraten.

Schaumig schlagen - Beschreibt den Vorgang des Vermischens von Fett z.B. Butter mit Zucker bis eine luftige, leichte Masse entstanden ist. Angewandt vor allem bei der Herstellung von Kuchen oder Puddings mit einen hohen Fettanteil um Luft unter zu heben.

Schlagen - Mit einem Schwingbesen schnell Luft in eine Masse schlagen.

Schnittlauch - Grünes, langes und dünnes Kraut welches zur Familie der Frühlingszwiebel gehört.

Self-raising flour - Mit Backtreibmittel versetztes Mehl, um das Aufgehen von Kuchen zu erleichtern. Kann durch einfaches Mehl und Backpulver ersetzt werden.

Sepiatinte - Eine schwarze, aus Tintenfisch gewonnene Substanz, die als natürlicher Farbstoff für Saucen und Nudeln verwendet wird.

Stangenbohnen - Lange grüne Bohnen gepflückt bevor die Erbsen sich entwickelt haben. Normalerweise aufgeschnitten, dann dampfgegart, gekocht oder angebraten.

Starkes einfaches Mehl - Mehl mit hohem Protein- und gutem Glutengehalt, das ideale Mehl zum Brot backen.

Stem-Ingwer - Frische, in Sirup eingelegte Ingwerwurzel.

Streuzucker - Auch bekannt als Feinkristallzucker. Es ist ein weißer Kristallzucker, feiner als der Granulierte, aber grober als Puderzucker.

Teig gehen lassen: Hefeteig muss nach dem Knetvorgang ruhen, bis er das doppelte seines Volumens erreicht hat.

Tropfkonsistenz - Beschreibt die Beschaffenheit einer Kuchen- oder Puddingmischung kurz vor dem Kochen. Etwas von der Masse auf einen Löffel geben und diesen seitlich über die Schüssel hallten. Die Masse sollte innerhalb von 5 Sekunden herunterfallen.

Unterziehen bzw. unterheben - etwas schwieriges Verfahren, eine steif oder cremig geschlagene Masse durch vorsichtiges Eintauchen und Herausheben mit anderen Zutaten zu vermengen, so dass die Masse ihre Leichtigkeit behält und nicht in sich zusammenfällt. Dieses Verfahren wird hauptsächlich für die Zubereitung von Soufflés, Baisers und bestimmten Kuchenteigen angewendet. Hierzu nimmt man einen großen Metall-Löffel, dessen Kante schmäler als bei einem Holzlöffel ist.

Verbrannt - Gekocht bis Zutaten schwarz verbrannt sind.

Vollkornkeks - Kekse aus Schrotmehl, die sich durch ihren nussigen Geschmack auszeichnen.

Wasser mit Kohensäure - Wasser mit etwas Zitronensaft oder Essig, in welches Früchte und Gemüse eingetaucht werden, das sich schnell verfärbt, z.B. Äpfel, Jerusalem Artischocken und Sellerie. 15 ml (1 EL) Zitronensaft oder Essig in 1 Liter kaltes Wasser einfüllen.

Weiche / steife Spitzen - Bezieht sich auf das steif Schlagen von Sahne oder Eischnee. Weiche Spitzen kippen um, während sich steife Einschnee- oder Sahnespitzen nicht bewegen. Bei gut steif geschlagener Sahne oder steifem Eischnee könnte man auch die Schüssel umdrehen, ohne dass der Inhalt herausfallen würde.

Weißfisch - Wenn ein Rezept "Weißfisch" verlangt, kann jegliche Art von lokalem, festem, weißem Fisch verwendet werden, z.B.. Heilbutt, Dorsch, Hecht, Merlan, Goldbutt oder Seezunge.

Würzen - Würzmittel dem Gericht hinzufügen, meistens Salz und Pfeffer, um den Geschmack anzureichern.

Zeste - Die ölige, äußere Schicht von Zitronen- oder Orangenschalen, ohne Mark. Wird gewöhnlich als Geschmackszusatz verwendet.

Zusammenfallen - Dieser Ausdruck wird verwendet, um zu erklären wie grüne Blätter z.B. Spinat oder Pak Choï gekocht werden. Die grünen Blätter noch feucht vom Waschen in eine Pfanne geben. Die Blätter kurz kochen, umrühren und schwenken bis sie ihren natürlichen Saft ausscheiden und weich werden, nicht aber ihre Farbe verlieren.

INDEX NACH KAPITELN

INDEX NACH KAPITELN

INDEX